Friedrich Ratzel

Städte und Kulturbilder aus Nordamerika

Zweiter Teil

Friedrich Ratzel

Städte und Kulturbilder aus Nordamerika
Zweiter Teil

ISBN/EAN: 9783743443839

Hergestellt in Europa, USA, Kanada, Australien, Japan

Cover: Foto ©Andreas Hilbeck / pixelio.de

Manufactured and distributed by brebook publishing software (www.brebook.com)

Friedrich Ratzel

Städte und Kulturbilder aus Nordamerika

Städte- und Culturbilder

aus

Nordamerika.

Von

Friedrich Ratzel.

Zweiter Theil.

Leipzig:
F. A. Brockhaus.
1876.

Inhalt.

Seite

Südliche Städte.
Nord und Süd in den Vereinigten Staaten. Verschiebung der Grenze durch die Städte. Charakter der südstaatlichen Städte. Ihr Negerproletariat. Die Seehandelsplätze. Die Städte des Innern. Bildungswesen 1

Richmond.
Südliches Klima. Negerquartiere. Schönheit der Lage. Sehenswürdigkeiten. Wachsthum. Einige Gespräche mit Richmondern. 10

Charleston.
Lage. Allgemeiner Eindruck. Gärten. Bauart der Häuser. Landschaftlicher Charakter der Umgebung. Gesundheitszustand. Handel. Die deutsche Colonie . . . 24

Columbia.
Lage. Allgemeines über die Lage der Hauptstädte in den Südstaaten. Zerstörung im letzten Kriege. Jetzige Gestalt. Die schwarze Legislatur. Schwarze und weiße Redner. 37

Savannah.
Die Stadt der Bäume . . . 48

Ansiedelungen und Curorte in Florida.

Das Klima. Wintercurorte. Ansiedler und Ansiedelungen. Die wirthschaftliche Rolle der Landkaufleute . . . 52

Durch Georgia und Alabama.

Dünnbevölkertes Land. Ein Eisenbahnknotenpunkt. Overlaying. Südliche Eisenbahnen. Macon im Regen. Montgomery. Ein Arbeiterboardinghaus. Einige Betrachtungen über sociale Verhältnisse. Der Alabamafluß. Flußabwärts nach Mobile. 63

Neuorleans.

1. Vortheile der Lage. Gegenwärtiger Stand des Handels. Die Mississippimündung. Dammbauten . . . 88
2. Die Hauptstraße. Geschäftsstraßen. Wohnhäuser. Parke und Gärten. Grabmäler. 100
3. Ueberschwemmungen. Klima. Gesundheitszustand . . 111

Mississippi und Ohio.

1. Reise flußaufwärts. Der Dampfer. Treiben vor der Abreise. Flußscenerie bei Neuorleans. Baton-Rouge 126
2. Der Eindruck großer Ströme. Landschaftlicher Charakter des Mississippi. Uferwaldungen. Anbau. Städte am Ufer. Der Verkehr auf dem Mississippi. Bevölkerung der Uferstaaten. Der Ohio. Seine Uferlandschaft 135

Die drei Hauptstädte des Westens.

1. Die vier großen Verkehrsgebiete im Innern der Vereinigten Staaten. Ihre Hauptstädte. Schrittweise Entwickelung. Cincinnati. Sie ist die frühestentwickelte. Bedeutung des Ohio für die Besiedelung des Westens. Die alte Einwandererstraße. Die zwei Einwandererströme. Wachsthum der Bevölkerung im Ohiobecken. Die Lage von Cincinnati. Anlage der

Stadt. Bauart. Allgemeiner Eindruck. Industrielle
Bedeutung. Handel. Cincinnatis Bedeutung für
den Südosten 151
2. Saint-Louis. Die centrale Stadt des Innern. Grün=
dung und erste Jahre. Eindringen der Angloameri=
kaner. Bedeutung des Mississippi für Saint=Louis.
Einflüsse des Südens. Ihre allmähliche Verdrängung
durch die von Osten her wirkenden Einflüsse. In=
dustrie und Handel. Allgemeiner Eindruck. Die
Mississippibrücke. Bildungsmittel. Sociale Atmo=
sphäre 166
3. Chicago. Die Anfänge. Günstige Lage für Handel
und Verkehr. Die ersten Eisenbahnen. Entwickelung
des Nordwestens. Innige Verbindung mit Newyork.
Verbindung mit Quebec. Handelsverkehr und In=
dustrie in Chicago. Der Unternehmungsgeist der
Bevölkerung. Der große Brand von 1871 und der
Wiederaufbau 178

Denver.

Eine Pilzstadt. Ihre öde Lage auf der Prairie. Das
Panorama des Felsengebirges. Ihre jugendliche Ge=
schichte. Sie wird bedeutender Eisenbahnknotenpunkt.
Aeußeres Ansehen. Die Gesellschaft 191

Reise auf der Pacificbahn.

1. Die verschiedenen Theile der Pacificbahn. Aufstieg
in die Schwarzen Berge bei Cheyenne. Wüste.
Phantastische Fels= und Baumgestalten. Schutzmittel
gegen Schneewehen. Höchst öde Landschaft. Kärgliche
Staffage. Pflanzenwuchs in der Hochwüste. Die Fahrt 204
2. Contrast der Rocky=Mountainbahn zu deutschen Alpen=
bahnen. Durchgängiger Wüstencharakter. Oasenhafte
Alpenbilder. Trestle=Works. Zum Großen Salzsee

hinab. Der See in Abendbeleuchtung. Neuerdings in der Wüste. Oase bei Station Humboldt. Ueber die Sierra Nevada. In Californien. 214

San-Francisco.

1. Die Bai von San-Francisco. Ihre günstige Handelslage. Lage der Stadt. Handel und Verkehr . . . 225
2. San-Franciscos Zukunft. Zweifelnde Stimmen. Mängel des architektonischen Eindrucks. Umgebungen. Dünen. Stadtplan 231
3. Merkwürdige Witterungsverhältnisse. Staub. Straßenleben. Chinesen. Hinterwälder 239

Ruinen.

Amerika altert schnell. Culturruinen an der Pacificbahn und in den Erzgebieten. Spuren des Kriegsungewitters im Süden. Ruinen in Florida 248

Südliche Städte.

Nord und Süd in den Vereinigten Staaten. Verschiebung der Grenze durch die Städte. Charakter der südstaatlichen Städte. Ihr Negerproletariat. Die Seehandelsplätze. Die Städte des Innern. Bildungswesen.

Wer zu Fuße von Canada bis Florida reisen würde und vermiede die Städte, dem würde der Uebergang vom Norden zum Süden, und zwar zu einem fast schon subtropischen Süden, ein sehr allmählicher zu sein scheinen, denn in der Natur sind hier keine Schranken gezogen, wie sie in Gestalt von Alpen- und Karpatengebirgen in Europa bestehen, und es wohnt im Süden kein anderer Volksstamm als im Norden. Und selbst wenn Gebirgsschranken beständen, würden die eigenthümlichen klimatischen Verhältnisse dieses Erdtheiles den Süden nicht so weit vom Norden verschieden sein lassen wie in Europa, denn die Winter sind selbst in Georgia oder Alabama viel rauher als im südlichen Italien oder Spanien, wie denn erst in Florida die Zucht der Citronen und Orangen ein so bedeutender Zweig der Landwirthschaft werden kann wie in jenen Gegenden Europas.

Aber die Städte bewirken, daß auch in Amerika der Unterschied ein sehr scharfer wird. Sie stellen einen Extract der Landesbevölkerung vor Augen, der in dieser Verdichtung die eigenthümlichen Merkmale derselben bestimmter hervortreten läßt; sie zeigen äußerlich schon darin einen südlichen Charakter, daß gewisse Aufgaben, die den Stadtbevölkerungen obliegen, im Süden fast überall weniger vollkommen gelöst werden als im Norden; sie führen endlich die südliche Flora, mit deren Vertretern die Menschen vorzüglich gern die Umgebung ihrer Wohnungen schmücken, meistens viel weiter nach Norden hinauf, als sie in der freien Natur zu gelangen vermöchten, wo keine schützenden Mauern um sie stehen. Die Hügel um Lyon sagen wenig vom warmen Süden, aber die immergrünen Anlagen in der innern Stadt führen für den Nordländer eine um so erfreulichere Sprache, und so ist es mit den Lorbern und Palmen in Cannes und Nizza und andern geschützten Orten in der Nähe. Und so ist es auch in Richmond und allen Städten weiter südlich. Es mag der Schneesturm brausen, wie er will, man sieht die herrlichen Magnolien, fast lindenbaumgroße, die vor den Häusern in Parken und Gärten stehen, man sieht sie mit den wie Birken aufschießenden Ilex (vom Geschlechte unsers Stechpalmenstrauches) und den dichtlaubigen, dunkelgrünen Lebenseichen schöne Haine bilden und kann nicht zweifeln, daß man auf der Schwelle des Südens steht.

Man hat im Süden alte und neue Städte wie im Norden, öde und betriebsame, stillstehende und fortschreitende. In dem jungen Staate Florida und in vielen Theilen der ältern Sklavenstaaten, vorzüglich in

Georgia und Alabama, sind weite Strecken erst in der
Besiedelung begriffen und gleichen in ihren Culturzu=
ständen und dem Charakter ihrer städtischen Ansiedelungen
den westlichen Staaten des Nordens, die sich in ähn=
licher Entwickelung befinden. Dagegen ist Saint=Augustin
(Florida) die älteste Stadt diesseit des Mississippi, und
in Richmond begrüßt man eine der geschichtlich bedeut=
samsten Städte der Union. Auch an Handelsstädten, die
sich würdig einem Boston, Philadelphia oder Baltimore
zur Seite stellen, fehlt es im Süden nicht. Aber was
vollständig fehlt, das sind gerade die charakteristischen
Städtetypen des Nordens: die pilzartig wachsenden
Großstädte, die bedeutenden Industriecentren, die großen
Bildungsmittelpunkte. Ihr Fehlen hilft den Süden in
seinem wahren Wesen charakterisiren. Es zeichnet ihn
als den Sitz der landwirthschaftlichen Großproduction,
die sich bei den fetten Erträgnissen der Sklavenarbeit zu
behaglich fühlte, um mit dem regen, strebsamen, gebildeten
Norden die Wettbewerbung auch nur versuchen zu wollen.
Nach dem Bürgerkriege hat mit dem Aufhören jenes
„eigenthümlichen" Wirthschaftssystems, das nicht anders
konnte als die Trägheit fördern und den Fleiß und die
Unternehmung der Masse zu Gunsten des Vortheils von
wenigen hintanhalten, eine wirthschaftliche Umwälzung
begonnen, die bereits die Grenzstaaten des Südens, wie
Maryland, Virginien, Kentucky, in erheblicher Ausdehnung
den Zuständen und Anschauungen des Nordens assimilirt
und auch selbst in den Golfstaaten nicht ohne Wirkung
bleibt. Sie ist selbst in Florida fühlbar. Aber in den
Städten zeigt sich wol weniger von Besserung als auf

1*

dem flachen Lande. Sie haben mehr als dieses von den Zuständen gelitten, die den Bürgerkrieg hervorriefen, und dann noch mehr von diesem selbst, und wenn auch einige jüngere durch neue Eisenbahnlinien und die beginnende Industrie gewonnen haben, so tragen doch die ältern ausnahmslos starke Spuren des Verfalls. Die Masse des Negerproletariats, das seit der Aufhebung der Sklaverei sich mit besonderer Vorliebe in die Städte gezogen hat, trägt nicht wenig dazu bei, diese Spuren hippokratisch scharf hervortreten zu lassen, und hängt sich mit seiner Armuth und Trägheit wie ein Bleigewicht an die thätigern Klassen der Bevölkerung. Wo es stark vertreten ist, hat die Aufregung, Misstimmung, Feindseligkeit, welche seine politischen Ansprüche erregen, und die Corruption, welche den Rassenconflict begleitet, so bedeutende Städte wie Neuorleans und Charleston in dem Aufschwunge gehindert, der ihnen nach Beendigung des Bürgerkrieges verheißen schien. Dieses farbige Proletariat ist auch in den nördlichen Großstädten diesseit der Alleghanies, besonders in Boston, Neuyork und Philadelphia stark vertreten, aber als ausgeprägter, stark bestimmender Zug fängt es erst in Baltimore und Washington an sich geltend zu machen. Schon Richmond ist dann aber statt der Fabrikvorstädte der nördlichen Städte von Negerdörfern umgeben, die die Zigeunervorstädte ungarischer und rumänischer Vorstädte an Schmutz, Faulheit und Demoralisation, aber auch an pittoresker Regel- und Civilisationslosigkeit weit übertreffen. In mancher noch südlicher gelegenen Stadt bestimmen die Neger und

Mulatten den Charakter des Straßenlebens mehr als die Weißen.

Indessen würde auch ohne die Negerbevölkerung der Gesammtcharakter der Städte in den Südstaaten noch stark verschieden sein von dem der nördlichen und westlichen. Diejenigen, welche am Meere gelegen sind und gute Häfen für den Seehandel besitzen, haben bekanntlich zum Theil eine nicht geringe Handelsbedeutung, welche vorwiegend auf der Ausfuhr der südlichen Hauptproducte: Baumwolle, Holz, Taback und Reis beruht. Indessen ist dies eine einseitige Bedeutung, denn die Einfuhr zur See steht bei allen weit hinter der Ausfuhr zurück und für viele Bedürfnisse sind sie auf die großen Handelsstädte des Nordens angewiesen. Dem Handel verschwistert sich hier noch keine irgend erhebliche Industriethätigkeit, wenn auch manche Spuren von Entwickelung zu einer gesunden, unabhängigern Wirthschaftsthätigkeit sich in dem letzten Jahrzehnt zu zeigen beginnen. Es sind daher neben den großen Kaufleuten weder die großen Industriellen, noch die höhern Handwerker, noch eine kräftige weiße Arbeiterbevölkerung in nennenswerther Zahl vertreten. Die Krämer und kleinen Handwerker füllen die Lücke nicht aus, welche der Mangel dieser gesunden, Bildung und Reichthum schaffenden Klassen erzeugt. Die bürgerliche Gesellschaft hat daher in diesen Städten, nachdem ihre Hauptstütze, die reichen Großgrundbesitzer, welche in den Städten ihre Renten zu verzehren pflegten, fast verschwunden sind, einen unvollkommenen, halben Charakter, wie er den industrielosen Hauptstädten der vorwiegend ackerbauenden Länder anzukleben pflegt. Neuorleans, Mobile, Savannah, Charleston erinnern in dieser Beziehung mehr an Havana und Veracruz als etwa an Boston oder Portland. Auch liegt ihr Großhandel ganz wie dort vorwiegend in den Händen von Fremden, zunächst Deutschen, welche der übrigen Bevölkerung fremder gegenüberstehen als etwa die fremden Kaufleute in Neuyork und selbst Baltimore. Diese verknüpfen die mannichfaltigsten Interessen mit dem Leben einer solchen vielseitigen Stadt, die stolz, einflußreich und bildend ihr „independent life" führt; jene hingegen fühlen sich in ihren Baumwollenemporien nicht viel heimischer als in irgendeiner echt tropischen Handelscolonie, wo man nur so lange bleibt, als nöthig ist, um die gewünschten Reichthümer zu sammeln. Die Ungesundheit der meist tief und in Sumpfumgebungen gelegenen südstaatlichen Seestädte bestärkt ihre Handelsgemeinden in diesem colonialen Charakter, dessen Gründe jedoch vorwiegend die erwähnten wirthschaftlichen und gesellschaftlichen Zustände sind.

Denkt man sich den Großhandel weg, so kann man sich die meisten Städte des Innern nach dem Bilde der Seestädte geartet denken, nur daß in ihnen bei der farbigen Bevölkerung noch mehr Trägheit und Elend und bei der weißen noch weniger großartige Thätigkeit, weniger selbständiger Erwerb, weniger Wohlstand zu finden ist. Andererseits ist aber nicht zu leugnen, daß mehrere von diesen Städten durch die Umwandlung des ganzen Wirthschaftssystems, d. h. durch die Aufhebung der Sklaverei entschieden gewonnen haben und eine schöne Zukunft vor sich sehen. Die ausgezeichnet

günstige Lage, welche eine ganze Reihe derselben am
Ostrande der Alleghanies beim Hervorbrechen wasser=
reicher Flüsse und Bäche aus dem Innern dieses Ge=
birges einnimmt, schafft durch Wasserkraft und Holz=
reichthum günstige Bedingungen für die Industrie; andere
sind bei dem raschen Aus= und Neubau von Eisenbahn=
linien, welche nach dem Kriege erfolgte, wichtige Ver=
kehrscentren geworden; andere wieder sind auf dem Wege,
amerikanische Nizzas und Mentones für die Tausende von
Kranken und Vergnügungsreisenden zu werden, welche
sich alljährlich nach dem Süden, besonders nach Florida
begeben, um Winter und Frühling daselbst zuzubringen.
Die Zahl der Städte des Innern, die als Industrie=
plätze, Verkehrsmittelpunkte, klimatische Curorte eine Zu=
kunft und zum Theil sicherlich eine große Zukunft
vor sich haben, ist nicht gering, und einige von ihnen,
wie Augusta und Atlanta in Georgia und Lynchburg in
Virginien, sind schon zu erheblicher Bedeutung in diesen
Richtungen gelangt. Die Kohlen= und Eisenlager von
Alabama, nächst den pennsylvanischen die bedeutendsten
in den Vereinigten Staaten, geben einigen Südstaaten
Vortheile für die industrielle Entwickelung in die Hand
wie wenig andern Staaten der Union, und lassen am
Süd= und Südwestabhange der Alleghanies eine der=
einstige blühende Städteentwickelung mit Sicherheit er=
warten. Aber die weiße Arbeiterbevölkerung, welche zu
deren Ausnutzung unbedingt erfordert wird, sammelt
sich nur langsam in einem Staate, wo seit Jahren die
Schreckbilder von Negeraufständen und die Gewaltstreiche
der Weißen sich jagen, und man muß sich in dieser wie

jeder andern Beziehung betreffs der Culturfortschritte
hier an ein bedeutend langsameres Tempo gewöhnen
als im Norden. Man würde seine Hoffnungen auch nicht
zu rasch sinken lassen dürfen, wenn selbst der Rassenkampf,
den man leichtsinnigerweise schon seit Jahren als etwas
Unvermeidliches behandelt, die kaum begonnenen Ent=
wickelungen wieder für ein paar Jahre hinausrücken sollte.

Das geistige Leben in den südstaatlichen Städten
ist weder an Breite noch Intensität auch nur entfernt
mit dem der Städte des Nordens oder Westens zu
vergleichen. Die allgemeinen Culturzustände lassen das
begreiflich erscheinen. Selbst in den jungen Städten
des Westens, die noch kaum ein Menschenalter bestehen,
ist mehr anregendes und schaffendes Bildungsinteresse
vorhanden, wird mehr gelesen, gelehrt, geschrieben und
gedruckt und vor allem mehr Geld für hohen und
niedern Unterricht ausgegeben als selbst in Neuorleans
oder Charleston. Keine einzige Stadt des Südens kann so
wohleingerichtete, reiche und zugängliche Volksbibliotheken
und öffentliche Leseräume aufweisen wie z. B. Cincinnati
oder Saint=Louis oder auch selbst nur wie das junge San=
Francisco. Was in frühern bessern Zeiten in einigen
Südstaaten Hervorragendes für Bildungszwecke geleistet
wurde, war bei der geringen Zahl der Bildungsbe=
dürftigen und Bildungsfähigen und bei dem Banne, der
unter der Sklavenhalterherrschaft auf der Freiheit der
Meinungsäußerung ruhte, mehr nur ein Luxus und hat
denn in der That wenig dauernde Spuren hinterlassen.
Für die Volksschulen und besonders für die, welche die
Negerjugend heranbilden sollen, ist in den letzten zehn

Jahren viel geschehen, aber die Zeit ist zu kurz, um den Werth dieser so plötzlich zu Hunderten ins Leben gerufenen Schulen und die praktischen Ergebnisse des Unterrichts der Negerjugend abzuschätzen. Man kann nur im allgemeinen sagen, daß die neue Bahn, in welche diese einst so trägen und selbstgenügenden Bevölkerungen geworfen worden sind, ihren Sinn für die Nothwendigkeit des Wissens mehr geöffnet hat, als es zur Zeit der Sklaverei jemals möglich gewesen wäre.

Richmond.

Südliches Klima. Negerquartiere. Schönheit der Lage. Sehenswürdigkeiten. Wachsthum. Einige Gespräche mit Richmondern.

In Baltimore und Washington wüthete der Schneesturm, als ich sie vor zwei Wochen zum ersten male sah; als er aufhörte, bliesen eisige Winde über den Schnee, und dieser lag so dicht und tief, daß seine Weiße den Marmor des Capitols beschämte. Acht Tage nachher ging der Wind nach Süd und Südost um, in einer Nacht war Schnee und Eis verschwunden und mitten im Januar wurde es frühlingshaft. Ich habe gedacht, das sei die beste Zeit, einen Blick nach Virginien zu thun, denn es ist billig, daß man das Land des Frühlings in dem Lichte sähe, das seinem Wesen entspricht, und nicht im Ausnahmezustande der eisigen Tage, die sich freilich dann und wann selbst bis an den Golf von Mexico mit ihrem kalten Hauche fühlbar machen.

Nun bin ich froh um den Entschluß, denn besser konnte ich es nicht finden. Der Himmel ist vom Morgen bis zum Abend klar und die Tage sind warm wie die schönsten Apriltage des deutschen Frühlings. Die Luft ist so frisch und wieder so weich, man meint, man könne niemals wieder müde oder verdrossen werden. Man fühlt aber auch keine Anregung zu reichlicher Bewegung, möchte wol am liebsten in der Sonne liegen, sich ruhig ihres Lichtes und ihrer Wärme freuen und alles Elends der Welt vergessen. Solcher Tage haben wir wenige, hier sind sie, mit Ausnahme des Sommers, häufig. Unsere hellen Tage sind im Winter kalt, im Sommer heiß und im Frühling und Herbst engt sie der Wind und Regen ein. Dies sind aber vor allem die Tage, welche den Menschen heitern, sorglosen Sinn geben und erhalten. Wären die verschiedenen Dutzend Neger, die ich nun vor dem Gasthause faulenzen sehe, etwas weniger braun und ungeschlacht, so könnten sie recht wohl Lazzaroni oder palermitanische Eckensteher darstellen, denn die Hauptsache theilen sie mit diesen ganz: ihnen behagt das Leben, es ist ihnen wohl in der Welt, sie brauchen keine Arbeit, brauchen keine guten Kleider, keine gute Nahrung, brauchen weder Geist noch Hände zu beschäftigen, da dieses Behagen kein Gefühl der Leere und Unruhe aufkommen läßt, welches nach Ausfüllung zu streben hätte.

Klarer Himmel und müßige Menschen sind wol die besten Zeichen des Südens; aber Richmond hat in dieser Linie noch einiges mehr aufzuweisen. Seine Straßen sind nicht gar eng und nicht winkelig, denn es ist eine amerikanische Stadt; aber an Schmuz stehen viele nicht hinter Neapels letztem Vicolo zurück, und die Mehrzahl der Häuser ist in dem vernachlässigten Zustande, der eine träge Bevölkerung bekundet. Auch ist die Belebung der Straßen ungemein gering und sind die Kaufläden, wiewol zahlreich, nicht so ausgestattet, wie man sie in einer wohlhabenden Stadt von dieser Größe — zählt doch Richmond jetzt zwischen 50—60000 Einwohner — erwarten dürfte. Aber auf der andern Seite ist es malerisch, wie keine Stadt in den nördlichen Staaten selbst bei so herrlicher Lage sein würde. Es sind da keine Fabrik- und keine Arbeiterviertel, keine uniformen Häuserreihen, nichts von dem Abgezirkelten und Aufgepufften, das dort das Auge beleidigt. Man wird kaum in irgendeiner Straße, die drei oder vier hervorragendsten ausgenommen, ein paar hundert Schritte gehen, ohne einem Hüttencomplex zu begegnen, wo alle möglichen Formen von Wohnstätten mit Ställen und Schuppen beisammenstehen. Oft stehen sie hinter Bäumen, oft grasen die Kühe und Ziegen auf der Straße vor ihnen oder auf den Plätzen, die zwischen ihnen liegen, und in ganz geringer Entfernung von den Hauptstraßen findet man weite Plätze, wo nur vereinzelte Hütten und Gärten stehen. Dabei wird so viele Arbeit im Freien gethan, finden sich in den Negervierteln so zahllose Kinder, ist so viel Vieh und Geflügel vorhanden, daß es hier eigentlich belebter ist als im Herzen der Stadt, und diese Belebung ist zwar nicht elegant und auch nicht reinlich, aber sie ist kräftig, reich, mannichfaltig. Sie spricht als ein Stück ungeschminkter Natur zu uns, als welche sie beurtheilt sein will.

Dann ist die Lage Richmonds von einer Schönheit, mit der wenige Städte in den Vereinigten Staaten wetteifern dürften. Es liegt in einem Thale, dessen Boden eine Kette kleiner Hügel ist, und auf und zwischen diesen Hügeln ist es erbaut, sodaß keine der Straßen vollkommen eben ist und die

Hauptstraße sogar zwei sehr bedeutende Steigungen hat. Auf dem höchsten Hügel steht das Staatshaus (Capitol), ein stolzer Bau, der einem griechischen Tempel gleicht und weithin sichtbar ist. Der Jamesfluß macht gerade bei Richmond den Uebergang von reißendem Fließen zu meeresbuchtartiger Ausbreitung; während er daher an der Stadt wie ein Gebirgsbach hinrauscht, hat er noch in ihrer Bannmeile Ebbe und Flut. Er ist im Bereiche der Stadt breit und voll von großen und kleinen Inseln, die meistens dicht mit Bäumen bestanden sind. Im Sommer, wenn diese und das Ufer begrünt sind, muß hier ein herrliches Flußbild sein.

In der Stadt selbst bringt uns fast jeder Gang nach irgendeinem höhern Punkte, von dem wir in tiefer liegende Stadttheile, auf den Fluß oder nach den Hügeln schauen, die Richmond auf allen Seiten umgeben; da sieht man wol alle Arten Häuser und Hütten an einem Hügel hinaufgebaut, und hinter diesem schaut der Thurm einer tiefer gelegenen Kirche her. Geht man über den Fluß, wo die Vorstadt Manchester liegt, so sieht man fast ganz Richmond vor sich die verschiedenen Höhen hinaufziehen, und geht man von der Petersburgbrücke ein paar hundert Schritte flußaufwärts, so ist man mitten im Lärm und Qualm großer Eisenwerke. Jeder Schritt bringt ein betrachtenswerthes Bild vor Augen und jedes Bild ist durch die hügelige Lage der Stadt, die Unregelmäßigkeit ihrer Bauten, durch den Fluß und durch die beherrschende Lage des imposanten Capitols, in dessen Nähe noch drei Kirchen mit hohen Thürmen stehen, neu und in sich reich und mannichfaltig.

Von den einzelnen Sehenswürdigkeiten ist nicht viel zu sagen. Der Amerikaner, der nördliche wie der südliche, findet natürlich in der einstigen Hauptstadt der Conföderirten manches, selbst aus der jüngsten Zeit, das ihm betrachtenswerth dünkt, was aber für uns, die wir der innern Geschichte des Landes ferner stehen, nur geringes Interesse hat. Die einstigen Waffenwerkstätten, die jetzt Eisenwerke sind, das einstige Schatzamt, das nun die Post beherbergt, das berüchtigte Libby Prison, jetzt Tabacksfabrik, die Häuser, wo Lee, Davis, Jackson und in frühern glücklichern Jahren Monroe lebten — diese und ähnliche geschichtliche Denkmale erregen in uns nicht die lebhaften Erinnerungen wie in den Gemüthern der Landesbewohner. Wir können sie nur mit weniger noch als Schatten, nur mit einigen Begriffen bevölkern, die wir uns von den Menschen und Dingen jener Zeit nach lückenhafter Kenntniß gebildet. Das reicht aber nicht aus, um Stätten, die an sich unbedeutend sind, eine tiefere Bedeutung zu verleihen. Aber doch schwebt auch für den Fremden ein ehrwürdiger Hauch über dieser einstigen Hauptstadt der Conföderation. Man mag über die Sache des Südens denken wie man will, den Heroismus der Führer und des Heeres muß man achten. Für die Energie und Ausdauer, für welche die Geschichte Richmonds von 1861—65 herrliche Zeugnisse aufweist, kann selbst ein Feind Sympathie empfinden. Daß eine Thatkraft und Ausdauer in den Häuptern des Aufstandes lebte und weithin in alle Schichten der freien Bevölkerung verbreitet war, wie manches andere Volk sie in ähnlichen Zeiten der Prüfung kaum bewiesen hat, unterliegt keinem

Zweifel. Welches nun auch das Ziel dieser Anstrengungen gewesen sei — wir sehen vortreffliche Kräfte in Wirksamkeit treten, sobald die Verhältnisse sie aus dem Schlummer rufen, und mir wenigstens thut dieser Anblick in einem Volke wohl, das, wie das amerikanische, so lange nur in den allerfriedlichsten, theilweise gar niedrigen Bestrebungen aufzugehen schien.

Jetzt wird freilich Richmond immer mehr Fabrik- und Handelsstadt und darin den Städten des Nordens ähnlicher werden, denn rascher als alle andern frühern Sklavenstaaten, Missouri vielleicht ausgenommen, bequemt sich Virginien in die neuen Verhältnisse, wie es denn zum Glück eine nicht übermäßig zahlreiche farbige Bevölkerung und ein für jede Art Arbeit minder beschwerliches Klima hat. Soweit ich in der kurzen Zeit erfahren konnte, sind gegenwärtig die Verarbeitung des im Lande gezogenen Tabacks, dann die Eisenindustrie und die Förderung und Vorbereitung des schönen Granits, der in der nächsten Nähe bricht, die wichtigsten Zweige der Gewerbthätigkeit; die Arbeiter, die in denselben verwendet werden, sind für die niedern Grade ausschließlich Schwarze. In einem der Granitbrüche werden an 300 schwarze Sträflinge beschäftigt.

Richmonds Geschichte zeigt, wie es den Verhältnissen des von Anfang an so ausgedehnt mit Sklaven arbeitenden ganzen Südens entspricht, ein sehr langsames Anwachsen. Erst eine kleine Ansiedelung, dann ein Fort, dann (seit 1742) eine eigene Gemeinde und erst seit 1779 infolge der ausgesetzten Lage Williamsburgs Hauptstadt von Virginien, ist es langsamer gewachsen als selbst die meisten deutschen Städte von ähnlicher Größe. Es hatte 1800 etwas über sechsthalbtausend, 1830 sechzehntausend, 1860 vierzigtausend und 1870 einundfunfzigtausend Einwohner. Der Zuwachs im letztern Jahrzehnt fällt auf die Zeit nach dem Kriege und zeigt allem Anscheine nach den Beginn eines raschern Aufstrebens an.

Ich hatte in Richmond einige interessante Begegnungen mit Landsleuten, von denen ich hier eine erwähnen will, welche die dortigen Zustände in dem Lichte zeigt, in welchem sie einem harmlosen hessischen Gewerbsmann erscheinen. Ich trat eines Tages in der Broadstreet, der Hauptstraße, in einen engen Kaufladen, an dessen Fenstern Naturstöcke, Angel- und Jagdgeräthe und ein paar ausgestopfte Wildenten ausgestellt waren. Ich hatte den Namen des Inhabers nicht gelesen, erkannte aber sofort den Deutschen, als er mir entgegenkam. Er hatte eine schönere Auswahl von Stöcken aus einheimischem Holze in seinen Winkeln stehen, als ich in den größten Gewölben Neuyorks gesehen. Ich wählte mir einen und schaute dann in der Werkstatt zu, daß eine gute Zwinge angesetzt wurde. Unter der Arbeit erzählte er mir manches Stücklein aus seinem Leben, und als die Arbeit fertig war, hatte er mir so manches zu zeigen, daß ich noch eine gute Zeit blieb. Den andern Tag ging ich wieder hin, um Pulver und Schrot einzukaufen, hauptsächlich aber, um noch einiges zu plaudern. Sofort bot er mir den Dreifuß neben seinem Schraubstocke zum Sitzen an und begann zu fragen und zu erzählen.

Wir kamen auf die deutschen Zustände zu sprechen, wie sie sich durch die Kriegsgewitter von 1866 und 1870 geläutert haben. Er meinte, wie so viele, es wäre fast besser gewesen, wenn er in Deutschland geblieben wäre, denn hier habe er nicht viel gute Tage gehabt. „Anyhow, wer kann's wissen?" Im Jahre 1854 hatte er über tausend Dollars gespart und ging hinüber, hätte damals auch bleiben können, überwarf sich aber mit seinem Onkel, der es nicht gern sah, daß der „Amerikaner" sein Geld so freigebig verspendete; später hat sich sein Onkel wieder verheirathet und vom Erben war dann keine Rede mehr. „So blieb ich und so sitz' ich denn in Richmond, habe nun selbst Frau und Kinder, lebe auch soweit ganz behaglich, komme aber schwer dazu, etwas zurückzulegen. Die Conföderation hat uns alle zurückgebracht. Warten Sie, ich muß Ihnen doch auch etwas von meinen Ersparnissen austheilen."

Er ging zu einem Schranke, nahm eine alte Brieftasche heraus und zeigte mir ein Bündel südstaatliches Papiergeld, das bekanntlich mit dem Ende des Krieges allen Werth verlor. Er schenkte mir eine Dollarnote aus der Sammlung.

„Gut war's", fuhr er fort, „daß wir mittlern Leute damals bereits so weit verarmt waren, daß wir keine große Summe von diesem Gelde in der Kasse hatten. Aber von der Armuth, die nach dem Ende des Krieges herrschte, haben Sie keinen Begriff. Wir leiden noch heute an den Folgen; Richmond ist eine arme Stadt, und mit allem Plagen und Mühen erwirbt man sich eben das Nothdürftigste. Und was haben wir nicht sehen müssen! Eine Zeit lang arbeitete ich in der Armory, die schönste Armory, die ich noch je gesehen, aber später wurden wir in die Wachtmannschaft eingereiht, und da gehörte ich zu einer Compagnie, in welcher vier Leute an Stöcken gingen. Das Gewehr hängten sie um und humpelten an ihren Krückstöcken mit. Ich werde nie vergessen, wie es damals in Libby Prison zuging, wo wir Wache standen. Noch nie hat eine Nation ihre Kriegsgefangenen so unmenschlich behandelt. Sie gaben ihren eigenen Leuten nicht genug zu essen, geschweige den Prisoners, die sie am liebsten gleich umgebracht hätten. Einige gruben einen Gang unter einer Straße durch und sechzehn, wenn ich nicht irre, entkamen auf diese Art. Und als der Krieg beendigt war, wurden die Sklaven freigelassen und die machten das Elend nur noch größer, arbeiteten nicht und lebten wie das liebe Vieh. In diese habe ich alles Vertrauen verloren, seit ich sehe, wie sie ihre Freiheit benutzen. Ich sage Ihnen, als ich hierher kam, hatte ich so viel Mitleid mit ihrem Schicksal und suchte ein gutes Herz zu zeigen, wo ich es nur konnte; aber ich glaube, es gibt sehr wenige unter ihnen, mit denen man anders als herrisch verkehren kann. Geben Sie einem den Finger, so nimmt er die Hand; je rougher Sie ihn behandeln, desto besser benimmt er sich. Das ist die Regel. Ja, ja, man muß hier manches miterleben, von dem man draußen nichts weiß."

Wir kamen auf Gewehre zu sprechen, und er zeigte mir eine Reihe von Gewehren der verschiedensten Art, die nebeneinander in der Werkstätte hingen. Da war

ein österreichisches Infanteriegewehr, eine englische Jagd=
flinte, ein belgisches Gewehr, alles Waffen, welche die
Conföderirten zur Kriegszeit eingeschmuggelt hatten. Dann
nahm er eine schwere Kugelbüchse von der Wand, von
guter Arbeit und alterthümlicher Form, wie die
Tiroler sie beim Scheibenschießen gebrauchen. „Das ist
das beste Gewehr", sagte er, „das ich noch je in der
Hand gehabt, und es thut mir nur leid, daß ich es
nicht selber benutzen kann. Es stammt aus der tirolischen
Niederlassung, die wir hier hatten. Diese Geschichte
müssen Sie auch hören. Da hatte ein Ritter von X.
in Tirol einen ungerathenen Sohn, dem kaufte er eine
ausgedehnte Farm in der Nähe von Richmond, fittete
sie aus, brachte tüchtige Arbeiter aus Tirol und setzte
den Sohn über das Gut. Der Vater war ein großer
Naturfreund, ich habe ihm manchen Vogel ausgestopft,
und als er zurückkehrte, nahm er seinen Koffer voll
allerlei Naturmerkwürdigkeiten mit; er saß oft hier in
der Werkstatt und erzählte von den tiroler Gebirgen.
Solange der Vater da war, ging alles gut, aber kaum
hatte er den Rücken gewandt, so begann der Sohn ein
looses Leben, und als sein Bruder herüberkam, der
nicht viel besser war, hatten sie miteinander bald alles
durchgebracht. Wer weiß, wo sie jetzt sind. Mit den
Tirolerfamilien haben wir unsere liebe Noth gehabt und
viele Zeit verloren, bis sie untergebracht waren. Einige
kehrten ärmer zurück, als sie gekommen, andere schlagen
sich hier durch, wie es eben gehen will. Es sind fleißige,
ehrliche Leute. So schlägt aber einer sein Glück aus
und andere plagen sich und erreichen's nie. Vor ein

paar Jahren kamen auch zwei Deutsche aus Rheinpreußen, die wollten eine Mill am River bauen. Die Mühlen renten sonst so und so viel Wasser aus dem Kanale, die wollten's aus dem Flusse nehmen, wo sie keine Rente zu bezahlen brauchten. Sie hatten einen Russen zum Baumeister, der verbaute ihnen in kurzer Zeit hunderttausend Dollars, dann wurde eins ihrer Schiffe den Fluß hinabgetrieben und mußte mit großen Kosten wieder heraufgebracht werden. Am Ende stellte es sich heraus, daß die ganze Enterprise nicht durchzuführen war, und so hatten diese Leute ihr Geld und ihre Mühe umsonst aufgewandt. So geht es leider mit vielen Deutschen; der amerikanische Unternehmungsgeist steckt sie oft an, noch ehe sie das Land recht kennen, und im Handumdrehen ist das Geld weg. Handarbeit lohnt sich auch hier am allerbesten, und im Norden, wo genug Geld und Thätigkeit ist, hat das Handwerk so gut einen goldenen Boden wie in Europa und vielleicht noch einen bessern. Aber ein Mensch sollte mehrerlei gelernt haben, ehe er herüberkommt. Sehen Sie, das machte ich im Jahre 1849 in Frankfurt", sagte er und nahm einen kleinen, zierlichen Säbel aus einer Schublade, „damals war ich Waffenschmied, hatte aber noch andere Dinge gelernt, und hier habe ich nun schon Pferde und Wagen beschlagen müssen, habe als Maschinenschlosser gearbeitet, habe Gewehre gemacht, habe an der Drehbank gestanden, und nun schnitze ich in freien Stunden diese Stöcke und Pfeifenköpfe und denke just mit diesen Carvings, die guten Absatz finden, ein hübsches Geld zu machen.

Ja, man muß in manchen Sätteln gerecht sein, wo es so im Galop geht wie hier."

Seine Schnitzereien waren vortrefflich ausgeführt, meist komische Köpfe; ich mußte dann auch seine Sammlung ausgestopfter Vögel, seine weißen Mäuse und alle die Dinge sehen, an denen sein Herz hing. Ich merkte, daß ihm nicht blos eine liebevolle Anschauung der Natur, sondern auch auch eine nicht gewöhnliche Beobachtungsgabe eigen war. Er erzählte, wie er an Sonntagen mit seinem Sohne weite Spaziergänge mache, wie er Schlangen und Eidechsen und Molche suche und allmählich eine gute Vorstellung von der Thierwelt um Richmond gewonnen habe.

„Wenn ich etwas entbehre", fuhr er fort, „so ist es, daß hier kein Mensch ist, mit dem man über solche Dinge reden kann. Es ist keine Geselligkeit zu finden, man hat keinen Ort, wo man mit andern Leuten zusammenkommt, um sich zu erholen und über dieses und jenes zu sprechen. Das allein könnte mich nach Deutschland zurückziehen. Am Ende thut man alles allein und für sich und sucht seine Erholung im Walde bei den Thieren und Bäumen."

Dieser tüchtige, liebenswerthe Mann sprach noch manches, da er wohl merkte, daß ich ihm gern zuhörte. Es war mir eine große Freude, mitten im fremden Lande einen Menschen zu finden, der, ohne sich dessen selber bewußt zu sein, so echt deutsch lebte und dachte. Seine Kinder werden wenig mehr vom Deutschen äußerlich an sich haben, aber ich möchte wetten, daß ihnen

einige gute deutsche Züge anerzogen werden, die sich
nicht so leicht wie unsere Muttersprache vergessen lassen.

Auch andere Leute, mit denen mich der Zufall in
Richmond zusammenführte, dünkten mir merkwürdig ge=
sprächig. Es mag das schon ein südlicher Zug sein,
wie ja Offenheit und Liebenswürdigkeit dem Virginier
überhaupt nachgerühmt wird. Da war ein Tabacks=
händler gegenüber dem Gasthause, war ein Buchhändler,
war ein Mann, der zu mir trat, als ich auf einer der
Anhöhen oberhalb Richmond stand — sie alle hatten
offenbar ihr Vergnügen, mir dies und jenes zu er=
zählen, sobald sie mich als Fremden erkannt hatten.
Der Tabackshändler war von barbierhaft gefälliger Ge=
schwätzigkeit, der Buchhändler ein galliger Geselle, der
Mann auf der Anhöhe ein mittheilsamer Alter. Sie
hatten das gemein, daß sie nicht gut von den Nord=
staatlichen sprachen, und der Buchhändler war noch so
fanatisch conföderirt, als seien die letzten vierzehn Jahre
spurlos an ihm vorübergegangen. Ich will kein Gewicht
auf ihre Aussagen legen, die eben nur anzudeuten scheinen,
daß die Art Politiker, die man bei uns Bierhauspolitiker
nennt, hier sich noch nicht mit dem Norden versöhnt
haben oder es nicht Wort haben wollen. Sie lobten ihr
Land, wie die Bewohner solch milder und fruchtbarer
Gegenden zu thun pflegen. Der alte Mann auf der
Anhöhe sagte, als ich ihm meine Freude über die schöne
Lage Richmonds ausdrückte: „Kein Platz ist in der Welt,
wo es sich so gut leben läßt wie in Richmond, und
mich wundert nur, daß nicht mehr Nordländer hierher

kommen und hier wohnen bleiben. Wir kommen zwar ohne sie aus, aber ihr Geld könnten wir nöthig brauchen." Der Tabackshändler erklärte Virginien für ein Phänomen von Klima, wollte nicht zugeben, daß dieser Winter von ungewöhnlicher Milde, daß es im Sommer drückend heiß und daß die Bauart der Häuser nicht wie in Europa dem Klima angepaßt sei. „Ich will Ihnen", sagte er scherzend, „nicht wünschen, daß Sie sterben, aber wenn Sie es kommen sehen, werden Sie vielleicht noch denken, in Richmond würde ich gewiß noch ein paar Jährchen mehr zu leben gehabt haben."

Charleston.

Lage. Allgemeiner Eindruck. Gärten. Bauart der Häuser. Landschaftlicher Charakter der Umgebung. Gesundheitszustand. Handel. Die deutsche Colonie.

Charlestons Lage ist der von Neuyork insofern zu vergleichen, als es auf einer schmalen Landzunge erbaut ist, die rechts und links von einem erheblich breiten Flusse begrenzt wird und ihre Spitze nach dem Meere zu streckt. Aber sein Hafen, den die beiden Flüsse Ashley- und Cooper-River bei ihrer gemeinsamen Mündung in das sehr flache, sumpfige Küstenland schneiden, wiewol geräumig und geschützt, ist viel kleiner als der Neuyorks, und was die Stadt selbst anbetrifft, so ist sie in ihrem Charakter so entschieden südlich und so provinzial, daß man bei ihrem Anblick am allerwenigsten an das aufgeregte, lärmende, halbeuropäische oder vielmehr kosmopolitische Neuyork denken wird. Nur wenn man es von einem Thurme herab beschaut, wo die Einzelheiten hinter den großen Umrissen zurücktreten, fällt jene Aehnlichkeit der Lage auf, und wenn dann, wie zu dieser Jahreszeit, ziemlich viel Schiffe im Hafen liegen und ein reges Leben an den Länden ist, mag man aus solcher Höhe sich allenfalls an Neuyork erinnert fühlen.

Aber ein Gang durch die Straßen bringt entschieden
südliche Bilder vor Augen. Die bessern Häuser stehen
in Gärten oder haben Bäume und Sträucher mit immergrünen Blättern in den Höfen, die sich an der Seite
eines jeden Hauses bis an die Straße ziehen und von
derselben durch Mauern oder Gitter geschieden sind. Am
häufigsten sieht man hier die Magnolie, die hohe, groß-
blätterige, und die Mock- oder Wild-Orange (Prunus
caroliniana), welche ein kleiner, oft nur strauchförmiger
Baum mit sehr dichtem, saftigem, immergrünem Laube
ist; jetzt, im Februar, kommen schon die Blütenknospen
in dichten Träubchen an den Stielen der drei bis vier
Zoll langen, breit lanzettlichen Blätter heraus, während
noch zahlreiche schwarze, kirschgroße Beeren in ziemlicher
Anzahl vorhanden sind. Die Lebenseiche sieht man häufig in den Anlagen, aber in den Gärten ist sie selten;
sie bedeckt sich zu bald mit den langen, grauen Bärten
der Tillandsie und erhält dadurch ein groteskes, düsteres,
uncultivirtes Ansehen, das die Leute in ihren wohl-
gepflegten Gärten mit Recht nicht lieben. Von Sträuchern sieht man am häufigsten die Cassina, eine Stech-
palmenart, welche sie auch Weihnachtsbeere nennen. Es
ist das ein holziges starrzweigiges Gewächs, holzig und
starr bis in die äußersten Spitzen der Zweige, aber es
ist dicht mit kleinen eiförmigen Blättchen bedeckt und hat
in den Blattwinkeln eine Fülle glänzend scharlachrother
Beeren, die es fast so heiter aussehen machen wie einen
Johannisbeerstrauch zur Fruchtzeit. Diese Beeren bleiben
den ganzen Winter über hangen, und da der Strauch
immer grün ist und sich sehr leicht der Schere fügt,

so wird er am liebsten zu lebenden Hecken verwandt. Dann ist ein anderer Strauch da mit dünnen, hängenden Zweigen, der lange vor den Blättern sich ganz mit kleinen, schneeweißen, röschenartigen Blütchen bedeckt, die nicht größer als ein Groschen sind. Ich sah ihn in mehrern Gärten in Blüte. Es ist eine Spiräenart.

Camellien, zu Sträuchern und kleinen Bäumen gezogen, stehen jetzt auch voll rother und weißer Blumen und sind häufig in den Gärten, da sie ohne besondere Mühe in diesem Klima zu halten sind, welches dem ihrer Heimat so ähnlich ist. Orangen mit schön röthlichen Früchten, die Palmen und Baumlilien, welche im Lande wild wachsen, Cycadeen u. a. sind häufig zu finden, und selten kommt es vor, daß sie von Kälte leiden.

Die Bauart der Häuser ist eine ganz andere als im Norden. Es ist in ihr auf den freien Genuß von Luft und Licht mehr Rücksicht genommen als in den dickmaurigen abgeschlossenen Häusern der Städte und selbst der Dörfer im europäischen Süden. Sie nehmen die Längshälfte eines rechteckigen Bauplatzes ein, der mit einer seiner kürzern Seiten an die Straße stößt; die andere Längshälfte ist ein Hofraum, der nach hinten zu oft die ganze Breite des Bauplatzes einnimmt und da wol als Garten angelegt ist. Das Haus schaut nach diesem Hofraume mit einer Front von dreißig bis funfzig Fuß Länge, vor welcher sich eine Veranda von einem oder zwei Stockwerken hinzieht. Man nennt sie hier Piazza. Die meisten Räume gehen mit Thür und Fenstern nach dieser Veranda, und nur je ein Zimmer in jedem Stockwerk schaut nach der Straße, welche übrigens, wo sie breit genug, ebenfalls mit Bäumen bepflanzt ist. Der Eingänge sind es zwei: ein Hofthor und eine Thür, welche nach der Veranda des Erdgeschosses führt. So sind die Häuser nach der Straße zu schmal und auch meistens schmucklos, aber nach dem Hofe zu sind sie geräumig und freundlich, und die Veranden, welche womöglich nach Süden schauen, sind einen großen Theil des Jahres hindurch der bevorzugte Aufenthalt der Bewohner.

Solche Häuser füllen ganze Straßen, besonders im Südende der Stadt, und geben denselben eine abgeschlossene sehr anmuthende Ruhe, die vom Lärm der Hafenstraßen und vom Schmuz der Negerhüttenviertel seltsam absticht; „retiring respectability" nennt eine Beschreibung Charlestons treffend ihren Eindruck.

Indessen zeigt sich der zerrüttende Einfluß der Geschichte der letzten dreizehn Jahre auch hier in manchen Zeichen von Verfall und Verödung. Viele dieser Häuser haben seit dem Kriege ihre Besitzer gewechselt und werden nun statt von den Familien reicher Pflanzer, in deren Händen sie von Geschlecht zu Geschlecht gingen, von zufälligen Miethsparteien bewohnt. Andere stehen leer, andere tragen noch Brand- und Kugelspuren, und so manchen sieht man an, daß die Zeit vorbei ist, in der hier eine ausgedehnte Geschäftsklasse Geld und Menschenkräfte genug besaß, um sich das Leben behaglich zu machen. Fast alle diese schönen Häuser haben etwas Verwittertes und Vernachlässigtes an sich, das allerdings oft nicht unmalerisch in ihre fröhliche Baum- und Strauchumgebung stimmt. In dieser Sonne und

unter solchen stolzen, kräftigen Bäumen wird manches verschönt und auch menschliche Wohnungen und die Menschen selbst dürfen sich hier schon etwas gehen lassen. Wir begreifen leicht, daß man sich in diesem Licht und unter diesem Schatten das Leben nicht künstlich beschweren, sein Ziel nicht nur in unabläſſig regsamer Arbeit sehen mag.

Charleston ist im ganzen eine regelmäßige Stadt, hat gerade Straßen, die sich rechtwinkelig schneiden, dabei aber merkwürdigerweise ganz so eng sind wie in unsern ältern europäischen Städten, sobaß in denen, welche dem Hafen entlang ziehen, der Wagenverkehr sehr gedrängt ist. Es mag die Ursache der engern Bauart in den Schwierigkeiten liegen, die der ringsum sumpfige Boden einer ausgedehnten Straßenanlage entgegenstellt, denn Charleston liegt ganz im Tieflande und ist von den Sümpfen umgeben, die von den Ufern der beiden Hauptflüsse Ashley und Cooper her sich weit ins Land hineinstrecken. Diese tiefe Lage gibt aber der Stadt und ihrer Umgebung, wenn man sie vom Meere her sieht, einen besondern Reiz. Soweit das Auge geht, hebt sich kein Land über die leuchtende Linie des Wassers, und Bäume, Häuser, Thürme und alles, was am Ufer ist, scheint auf dem Wasser zu schwimmen oder aus demselben hervorzuwachsen. So zieht zwischen Wasser und Himmel nur eine schmale Kette mannichfaltiger, gedrängter Dinge, deren Formen sich scharf in der Bläue abzeichnen und durch den Gegensatz zu den beiden einförmigen und einfarbigen Flächen, zwischen welche sie eingeschoben sind, bedeutend hervortreten. Alles ist auf Eine Linie reducirt. Die Wälder am Ufer sind keine dunkeln Massen, sondern eine lichte Baumreihe. Die Stadt ist kein Häusergewirr, sondern eine Häuserreihe, hinter welcher nur Kirchthürme und einige höhere Gebäude das weitere Erstrecken andeuten. Nichts ist ineinandergeschoben, alles ist gleichsam in die einfachsten Formen zerlegt. Nur das zeigt sich, was auf der schmalen Linie zwischen Wasser und Himmel Platz hat, nichts thürmt sich verdunkelnd im Hintergrunde auf, was man sieht, hebt sich vom Lichte ab, und so entsteht ein höchst einfaches, ruhiges, eindrucksvolles Bild. Daß die Amerikaner Charleston das „amerikanische Venedig" nennen, hat natürlich weiter keinen Sinn, als daß beide tief liegen, denn Charleston ist eine architektonisch ganz anspruchslose, auch durch ihr modern reges Leben und durch ihre halbwilde Waldumgebung von Venedig weit verschiedene Stadt.

Die Lage im Tieflande ist es aber auch, welche Charleston zu einem der minder gesunden Orte des Südens macht. Es wird bekanntlich öfter vom Gelben Fieber heimgesucht, und wen nicht dieses anfällt, den plagt doch, bis er einmal acclimatisirt ist, irgendein Wechsel- oder Broken Bone-Fieber. Das letztere ist nicht oder selten tödlich, zeigt, wie sein Name andeutet, ähnliche Symptome wie die, mit denen das Gelbe Fieber anfängt, nämlich Rücken- und Gliederschmerzen, und wird von vielen als eine mildere, vielleicht stellvertretende Form des Gelben Fiebers betrachtet. Wie alle epidemischen Krankheiten haben auch diese einen ganzen Sagenkreis um sich, jeder weiß andere Ursachen, andere Mittel zur Vorbeugung oder Heilung anzugeben. Jedenfalls ist sicher, daß das beste Gegenmittel eine Luftveränderung ist, die glücklicherweise schon in dem etwas höhern Lande, das nur wenige Meilen landeinwärts von Charleston gegen das Gebirge zieht, in erwünschter Heilsamkeit zu finden ist.

Charleston ist zwar nur für Südcarolina und für kleine Theile Nordcarolinas und Georgiens der Aus- und Einfuhrhafen, da der Verkehr nach Westen zur Zeit noch durch den Mangel directer Eisenbahnlinien gehindert ist; es hat aber ein fruchtbareres Hinterland als irgendeine der andern atlantischen Hafenstädte des Südens und ist durch ein verhältnißmäßig vollständiges Eisenbahnnetz mit demselben verbunden. Seine Hauptausfuhrartikel sind Baumwolle, Reis und die Producte der kaum erst in Angriff genommenen Föhrenwälder. In dem mit 31. August 1872 endigenden Jahre betrug seine Ausfuhr 37,275000 Dollars, war seit Ende des Krieges und ist noch jetzt beständig im Steigen. Seine Bevölkerung übersteigt die Zahl von 40000.

Während des letzten Krieges war Charleston in aller Munde. Die Wegnahme des Fort Sumter, das den Eingang seines Hafens schützt, war die erste Waffenthat der Südstaatlichen (13. April 1861), und sie behaupteten diese Eroberung gegen verschiedene Angriffe bis zum Ende des Krieges. Noch heute liegt das Fort halb in Trümmern. Im Jahre 1862 fraß eine Feuersbrunst in einer stürmischen Nacht Hunderte von Häusern weg, und die trostlose Lage, aus der sich die Stadt nach dem Kriege nur langsam emporarbeiten konnte, hat bis heute den vollständigen Wiederaufbau verhindert.

In der guten alten Zeit — sie ist noch nicht alt

an Jahren, doch schnell gereift — rühmte sich Charleston auch einmal der eifrigsten, höchst freigebig unterstützten Wissenschaftspflege. Unser Landsmann Bachmann, ein neuyorker Deutscher, Prediger der deutschen Kirche, der mit Audubon werthvolle Werke über die Thierwelt Nordamerikas herausgab, Agassiz, Liebert u. a. bildeten damals einen Gelehrtenkreis, von dem viel gute Anregung ausging. Jetzt sind die Männer fort, und wenn man nach den Sammlungen und Büchern fragt? Verbrannt, gestohlen, nach Norden verkauft! heißt es da. Und die Hohe Schule ist stark zurückgegangen an Lehrern und Schülern, doch hoffentlich nicht für immer.

Die deutsche Colonie in Charleston zeichnet sich vor vielen andern durch ihre Einigkeit und durch die tüchtigen Leistungen aus, zu welchen ihr Zusammenhalten sie seit Jahren befähigt hat. Sie mag gegen 3000 Seelen betragen, bildet also den vierzehnten Theil der Bevölkerung, aber ihr Steuerkapital beläuft sich auf mehr als ein Sechstel des Gesammtsteuerkapitals der Stadt, und man kann sagen, daß unsere Landsleute hier im allgemeinen in guten Umständen leben. Das trägt natürlich dazu bei, ein innigeres Zusammenleben zu fördern, als es an Orten möglich ist, wo, wie besonders in den nordöstlichen Staaten, die untern Schichten der deutschen Bevölkerung ins Proletariat hineinragen, während die obern einer ziemlich kosmopolitischen Geldaristokratie angehören. Hier haben wir vorwiegend mittlere Leute, denen es schon gelungen ist, oder die auf dem besten Wege sind, ihr „Leben zu machen"; einige sehr Reiche, die der Gesellschaft nach außen Relief geben, und sehr wenige, die man arm nennen könnte, sind darunter. Diese Colonie ist aber in anderer Weise aufgewachsen als die bedeutendern im Norden und Westen, denn nach diesen südlichen Staaten ging bis in die neueste Zeit keine anhaltende Einwanderung, die Fremden kamen mit wenigen Ausahmen gewissermaßen tropfenweise, hatten meistens schon die Absicht, sich in oder bei der Stadt niederzulassen, ein Handwerk oder ein Kaufmannsgeschäft zu betreiben. In den Städten des Nordens und Westens bleibt aber mancher Schaum und Bodensatz des Einwandererstroms hangen und beschwert die deutsche Gesellschaft mit einer traurigen Masse von Unfähigen und Schlechten, wie sie eben herübergespült oder ausgespien werden. Davon ist in Charleston wenig zu vermerken. Doch scheint überhaupt der Süden dem Fleiße und der Sparsamkeit unserer Landsleute einen besonders günstigen Boden darzubieten, und gerade in „Antebellum-Zeiten", wie sie hier sagen, war der Weg zum Reichthum allem Anschein nach kein schwieriger. Daß die Deutschen die ersten waren, die sich auch nach dem Kriege frisch an die Arbeit machten und in Kürze wieder einen festen Boden unter die Füße gewannen, habe ich mehrfach rühmen hören. Sie haben hier eben nicht mit den schlauen unruhigen Yankees zu wetteifern, sondern mit einer Bevölkerung, die durch die Sklavenhalterei etwas indolent und einseitig, durch die Aufhebung der Sklaverei desorganisirt worden ist und die wol schon durch die erschlaffenden Wirkungen des milden

Südklimas an Spannkraft ärmer ist als unsere frisch aus Nordgegenden einwandernden Landsleute.*) Und

---

*) Es würde unbillig sein, hier nicht den Namen eines Mannes zu nennen, dem die Deutschen in Südcarolina einen guten Theil der geachteteren Stellung verdanken, welche sie hier im Vergleiche zu andern Südstaaten einnehmen. Fast 60 Jahre wirkte hier mit großen Erfolgen für das ganze Staatswesen wie für seine Landsleute als lutherischer Prediger Johannes Bachmann, den die Deutschen Amerikas als einen ihrer hervorragenden Männer ehren, während Südcarolina ihn als ehrlichen Freund und Wohlthäter des Landes und die gelehrte Welt, und nicht blos Nordamerikas, als ausgezeichneten Naturforscher kennt. Sein Leben und Wirken ist lehrreich. Er wurde am 4. Februar 1790 von schweizerischen Aeltern zu Rheinbeck, der alten deutsch-holländischen Ansiedelung im Staate Newyork, geboren, empfing seine Bildung im Williams-College (Massachusetts) und wurde mit 23 Jahren von der newyorker lutherischen Synode als Geistlicher aufgenommen und 1815 von der lutherischen Gemeinde zu Charleston zum Pfarrer erwählt. Er hat die Stellung bis kurz vor seinem Tode bekleidet. Sein äußeres Leben würde daher ein sehr einförmiges gewesen sein, wenn nicht eine große geistige und gemüthliche Begabung und ein energischer Charakter ihn zu einer viel umfassendern Wirksamkeit hingeleitet hätte, als sie dem Geistlichen einer kleinen Gemeinde vorab in diesem sektenreichen Lande zuzukommen pflegt.

Kaum in Charleston eingewohnt, nahm er sich der zerstreuten lutherischen Gemeinden in Georgia, Nordcarolina und andern südlichen Staaten, die zum größten Theile aufgelöst oder der Auflösung nahe waren, aufs kräftigste an, sorgte für engere Vereinigung der Geistlichen, für Schulen u. s. f., sodaß er heute von denen, die diesen Dingen nahe stehen, als Gründer der lutherischen Kirche des Südens geehrt wird. In seiner eigenen Gemeinde wirkte er so vielseitig und erfolgreich,

wie die Fremden überall genießen auch unsere Lands=
leute hier den Vortheil, den innern Verwickelungen des

---

daß er bei aller kindlichen Einfachheit des Wesens in Kürze
der einflußreichste und populärste Geistliche in ganz Charleston
wurde. Er hatte im Anfange deutsch gepredigt, mußte aber,
als die alte Generation der in Deutschland Geborenen all=
mählich ausstarb, mit englischen Predigten abwechseln — er
selbst hatte erst in den höhern Schulen deutsch gelernt — und
fand bei den Amerikanern solchen Beifall, daß er zuletzt, als
Neueingewanderte eine neue deutsch=lutherische Gemeinde grün=
deten, vor einem vorwiegend anglo=amerikanischen Publikum
predigte, das sich aus den besten Elementen der Stadt zusam=
mensetzte. Der Reiz seiner Rede bestand in Wahrheit, Ge=
diegenheit, Einfachheit — Eigenschaften, die man freilich bei
der übergroßen Mehrzahl amerikanischer Kanzelredner nicht
suchen darf. Einer seiner nächsten Freunde und Berufsge=
nossen schreibt mir: „Bachmann war 50 Jahre lang der popu=
lärste Mann in Charleston sowie im Staate und in vielen
Fällen oberste Autorität. Und Thatsache ist es, daß bei Un=
gebildeten sein Ansehen so hoch stand wie bei Gebildeten.
Letztern imponirte seine Wissenschaft, erstern dagegen nebst
der Gelehrsamkeit sein praktischer Verstand, seine Menschen=
kenntniß; Aller Herzen machte ihm seine Gutmüthigkeit ge=
wogen, und kindlicher Christenglaube und reiner Wandel er=
warben ihm die höchste Achtung." Ich kann aus eigener Er=
fahrung bezeugen, daß das Wesen und Wirken dieser einzigen
Persönlichkeit dem Ansehen der Deutschen in jenen Theilen
sehr förderlich geworden ist. Am ersten Tage meines charlestoner
Aufenthaltes empfing mich sein uneingeschränktes Lob aus
einem Munde, dem ich ein gutes Urtheil zutraute, und mit
innigstem Behagen hörte ich später gebildete Amerikaner sich in
gleicher Weise äußern.

Nicht weniger erfreulich wie seine Wirksamkeit als Geist=
licher und für weite Kreise nützlich waren seine Bemühungen

Staates, in dem sie leben, ferner zu stehen als die Ein=
heimischen, durch dieselben weniger in ihrem Geschäfts=

---

auf dem Gebiete der Naturgeschichte, und zwar vorzüglich der
Naturgeschichte der nordamerikanischen Säugethiere. Mit Au=
dubon, dem „amerikanischen Linné", gab er in drei großen
Bänden die „Naturgeschichte der nordamerikanischen Säuge=
thiere" (1845) heraus, wozu er den Text und Audubon die
Bilder lieferte. Es ist dies eins der besten Werke dieser Art,
und war speciell für Amerika, dessen Thierwelt ja selbst heute
noch mit wenigen Ausnahmen nur oberflächlich bekannt ist,
epochemachend, wie es denn bis zum heutigen Tage das weit=
aus beste Originalwerk über diesen Gegenstand geblieben ist.
Monographien über die amerikanischen Hasen und Eichhörn=
chen, über Haar= und Federwechsel, über die Geier u. a. waren
diesem Hauptwerke vorangegangen, und eine Reihe kleinerer
und größerer Arbeiten folgten. Streitschriften für die Ein=
heit des Menschengeschlechts nahmen unter denselben eine be=
deutende Stelle ein. Diese anthropologische Streitfrage war be=
kanntlich im Interesse der Sklavenhalter von einigen zu Gun=
sten der Artverschiedenheit zwischen Kaukasier und Neger ent=
schieden worden, wogegen sich Bachmann entschieden auflehnte.
Praktisch trat er freilich vor und während des Krieges für die
Rechte der Conföderirten und damit gegen die unvermittelte
Aufhebung der Sklaverei ein. Eine unscheinbare Seite seiner
wissenschaftlichen Thätigkeit waren die populär=naturgeschicht=
lichen Darstellungen für Kinder, die in verschiedenen Zeit=
schriften erschienen sind und mit zum Besten gehören, was in
dieser Richtung überhaupt geleistet werden kann.

Dies die Umrisse eines sehr reichen Lebens, die dem Her=
vorragenden, was der Mann anregte und schuf, nicht gerecht
werden können, die aber wol genügen, um zu zeigen, wie
auf unpolitischen Wegen deutsches Wesen auf amerikanisches
geräuschlos, fast unbewußt und unempfunden einwirkt, Gutes
schafft und selbst Dank und allgemeine Anerkennung erwirbt.

betriebe gestört zu werden; im Kriege gegen die Nord=
staaten fochten sie mit einer Hingebung, die ihnen für
lange den Dank ihrer Mitbürger gesichert hat; aber
nach dem Kriege hatten sie, wenn auch fast alles, noch
immer nicht so viel verloren wie die Einheimischen, die
der Krieg und seine Folgen erdbebengleich mit einem
tiefen Riß von aller Vergangenheit abschnitt, während
er gleichzeitig die Grundlagen ihres Lebens und Er=
werbs in weite Zukunft hin in Trümmer warf. Es
war natürlich, daß die Deutschen sich früher und frischer
regten als die Amerikaner, denn ihre Schmerzen waren
im Grunde nur durch materielle Verluste und durch das
Mitgefühl mit ihren Mitbürgern erzeugt gewesen.

Charleston hat schon früh nicht wenig Deutsche un=
ter seinen Bewohnern gezählt, wie denn schon im Jahre
1775 eine Compagnie „German Fusiliers" hier gegrün=
det wurde. Aber die regelmäßige und häufige Ein=
wanderung begann erst in den vierziger Jahren, und es
haben sich diese spätern Einwanderer weniger rasch
amerikanisirt als ihre Vorgänger. Sie haben jetzt eine
gute Kirche, einen vortrefflichen Geistlichen, eins der
schönsten Clublocale in der Stadt und sind eben daran,
mit erfreulichem Erfolge Gelder für die Gründung einer
deutschen Schule aufzubringen. Und die Aussicht auf
noch stärkere Einwanderung ist gegenwärtig ganz sicher,
sodaß endlich doch wol auch in diesem schönen Theile
Amerikas unsere Landsleute es zu einer festen und blühen=
den Gemeinschaft bringen werden.

Columbia.

Lage. Allgemeines über die Lage der Hauptstädte in den Südstaaten. Zerstörung im letzten Kriege. Jetzige Gestalt. Die schwarze Legislatur. Schwarze und weiße Redner.

Columbia, die Hauptstadt des Staates Südcarolina, liegt auf einer Bodenanschwellung am linken Ufer des Congareeflusses, am Beginn des sanfthügeligen Landes, das den Uebergang von dem Flachlande des Küstensaumes zu den Vorbergen der südlichen Alleghanies vermittelt. Der Fluß geht hier schon träge zwischen den niedrigen, rundlichen Sand- und Kieshügeln seiner Ufer; aber wenige Meilen weiter oben kommt er mit nicht unbedeutenden Fällen aus dem höhern Lande herab und in derselben Gegend wird auch bereits Granit gebrochen, der ja bis zu den südlichsten Ausläufern herab das Kerngestein des Alleghanygebirges bildet. Es ist ein schöner, hellgrauer Granit von feinem Korn, von welchem man recht viel stolze Häuser bauen möge, wenn man hier im Lande wieder reich und stolz genug geworden sein wird, sich das Leben schmücken zu wollen.

Columbia ist im Jahre 1786 nach ähnlichem Plane wie die Nachbarstädte Savannah und Augusta als eine weitläufige breitstraßige Stadt voller Parke, Gärten, Schattenbäume und Landhäuser angelegt worden. Bisher hatte die Regierung von Südcarolina ihren Sitz im Seeplatze Charleston gehabt; aber die Bewohner der innern Landestheile, welche im eben beendigten Revolutionskriege nicht minder gefochten und gelitten hatten wie die reichen Reis- und Baumwollpflanzer des Küstenlandes, forderten, daß die Legislatur an einem Orte tage, der mehr im Mittelpunkte des Staates liege, und nach glücklich beendigten Verhandlungen zwischen Hoch- und Niederländischen erhielt im Jahre 1786 eine Commission den Auftrag, einen günstigen Platz für die neue Hauptstadt zu suchen. Es wurde bei dieser Wahl, wie Ramsey, der Geschichtschreiber, ausdrücklich bemerkt, nur „nach medicinischen und philosophischen Principien, ohne jede Beeinflussung von seiten der Handelsinteressen und Landspeculationen", verfahren. Wir glauben dem Historiker in diesem Falle gern, wie sehr verdächtig rosenröthlich sonst auch das Licht sei, in welchem sein südcarolinischer Patriotismus die Zeiten der Pflanzerherrschaft zu betrachten liebt. Hier sehen wir, daß er keine schönen Worte gemacht, sondern die Wahrheit gesagt hat. Columbia ist in der That ein wohlgelegener, gesunder Ort, der in den letzten Jahren sogar von Nordländern wegen seiner gesundheitlichen Vorzüge aufgesucht und von allen gelobt wird, die darin wohnen oder es sonst kennen. Zudem bringt ihm der Congareefluß in seinen dickgelben, bei der Nähe des immer regenreichen Gebirges beständigen Wassern eine Wasserkraft, von

deren Entwickelungsfähigkeit die hiesigen Leute Außer=
ordentliches glauben.*)

---

*) Da die Bevölkerung der südlichen Staaten im Anfange
eine rein ackerbauende, ihr Land groß und verkehrsarm war,
wählte sie zu Hauptstädten meist Orte, die mehr durch centrale
und vielleicht strategisch günstige Lage, als durch die Vortheile
ausgezeichnet waren, welche sonst die Städte in diesem Lande
groß zu machen pflegten. Die politischen Hauptstädte sind
daher durchgängig unbedeutend im Vergleiche mit Handels-
und Verkehrsmittelpunkten, die sich späterhin hier entwickelt
haben. In Nordcarolina ist Wilmington größer als die
Hauptstadt Raleigh, ebenso sind in Südcarolina Charleston, in
Georgia Savannah und Augusta größer als die Hauptstädte
Columbia und Atlanta. In Georgia war vor dem Kriege
Milledgeville, ein Städtchen von 3000 Einwohnern, die Hauptstadt. Die politische Hauptstadt von Florida, Tallahassee, ist
fünfmal kleiner als die commerzielle Hauptstadt Jacksonville.
In Alabama war der Regierungssitz früher Tuscaloosa und
jetzt Montgomery, während die volkreichste Stadt Mobile ist.
In Mississippi sind Vicksburg und Natchez bedeutender als die
Hauptstadt Jackson. Aehnliches kehrt im Westen wieder und
ist ohne Zweifel von Bedeutung für die Ausgleichung der oft
genug so sehr entgegengesetzten Interessen der Ackerbauer und
Handeltreibenden; die letztern sind durch die Intelligenz und
den beweglichen Reichthum ihrer Bevölkerung schon über Ge-
bühr einflußreich, und die Pflanzer wollen ihnen nicht auch po-
litisch tributpflichtig werden, wie sie es wirthschaftlich so lange
gewesen. Natürlich bringt der gewerbliche Aufschwung des
Südens auch in diesen einfachen Gegensatz neue Elemente,
und gilt z. B. in Südcarolina jetzt schon die Hauptstadt Columbia
als ein durch Verkehrslage und Wasserkräfte prädestinirter In-
dustriemittelpunkt. Auch in Virginien wird gegenwärtig für
eine Verlegung des Regierungssitzes aus dem alten Richmond,

Man sieht beim Blick auf die Landkarte, daß Columbia eine der Städte ist, welche beim Austritt von Strömen oder Flüssen aus den Felsenthoren der östlichen Alleghanies liegen. Von Georgia bis Maine hinauf sind das überall die Mittelpunkte des Gewerbebetriebs, doch während im Norden von vornherein sich Industriestädte um die starken Wassergefälle auf dieser Linie anbauten, ist es im Süden der Zufall gewesen, der Städte hersetzte, und es wird in Zukunft noch mancher Vortheil aus dem Wasserreichthum zu ziehen sein, welchen die Südstaaten Nordamerikas bei ähnlichem Klima vor Südeuropa voraushaben.

Aber gegenwärtig hat Columbia gleich dem schönen Staate, dem es Hauptstadt ist, mehr mit Wiederaufbau als mit neuen Entwickelungen zu thun, denn kaum ist auf einen Ort im Süden die Kriegsgeisel so schwer gefallen wie auf diesen. Als sich Sherman im Februar 1865 von Savannah in Georgien, das er eingenommen hatte, wieder gegen Norden wandte, führte ihn sein Weg über Columbia, und in der Nacht, nachdem er von der Stadt Besitz genommen, wurden ihre Häuser zu zwei Drittheilen, von 121 Blocks 84, niedergebrannt. Wie immer in derartigen Fällen, gibt es sehr verschiedene Berichte über Grund und Verlauf dieses Ereignisses. Sie gehen aber von verschiedenen Parteien aus und sind nicht wohl zu vereinigen. Südstaatliche sagen, daß das

---

das durch große und schwere Geschicke ehrwürdig geworden sein sollte, nach einem dem Mittelpunkte des Staates näher gelegenen Orte gearbeitet.

Feuer von den Soldaten Sherman's auf dessen ausdrücklichen Befehl angelegt worden sei, und mir erzählten glaubwürdige Privatleute, wie jene plünderten, ohne von ihren Offizieren im geringsten behindert zu werden, und wie sie abends mit gefüllten Petroleumkannen in die Häuser kamen, die Bewohner vertrieben und Feuer anlegten. Eine Rakete sei in Sherman's Hauptquartier aufgestiegen, und auf dieses Signal habe die Brandlegung begonnen. Andererseits scheint es festgestellt zu sein, daß die Conföderirten die Baumwolle, die im Bahnhofe lagerte, und damit auch den Bahnhof selbst bei ihrem Abzuge anzündeten, da ihr Befehlshaber, W. Hampton, zugibt, daß er den Befehl dazu ertheilt. Ferner ist bekannt, daß derselbe General bei seinem Abzuge die Sherman'schen Truppen in ihrem Lager bombardirte, als es keinen Zweck mehr hatte, da die Stadt schon preisgegeben war. Die Truppen kamen daher erbittert in die Stadt, ihre Mannszucht war niemals gewesen, wie sie sein sollte, und der Zug durch Georgien hatte sie auf einen Punkt herabgedrückt, der allen Beschreibungen nach nicht weit über dem der Horden lag, die bei uns den Dreißigjährigen Krieg ausfochten. Der größte Theil der Brandstätten ist nun wieder bebaut, aber es sind doch einstweilen mehr nur Nothbauten, die da herumstehen, und der Contrast zwischen den paar alten Straßen, die unversehrt blieben, und den neuaufgebauten ist sehr groß. Dort stehen reizende Landhäuser, eins am andern, und die Gärten in ihrem Frühlingsflor ziehen ununterbrochen an den Straßen hin und erzeugen ein farbenreiches, heiteres Bild. Hier sind kahle und schmucklose Backsteinhäuser, da und dort von Brandstätten, von Bauplätzen, von halbausgebrannten oder halbaufgebauten Häusern unterbrochen, und in den Hauptstraßen der einst durch ihren Reichthum berühmten Stadt sieht man jetzt kein einziges Haus, das auch nur einen gefälligen Eindruck machte. Dazu sind die breiten Straßen in einem sehr verwahrlosten Zustande, voll Schmuz und Unrath und nur spärlich belebt, und jede führt am Ende in eins der Negerhüttenviertel, die wie überall in der Peripherie der Stadt liegen.

Ich kam zur Zeit nach Columbia, als die Steuerzahler und die Mitglieder der Scheunenorganisation (Grangers) sich hier versammelt hatten, und fand bald einige Bekannte, alte und neue. Das zweite Wort nach der Begrüßung war immer: „Haben Sie unsere Menagerie gesehen? Sind Sie schon in unserm Schweinestall gewesen? Sie müssen das Affentheater sehen!" Ich brauchte nach dem Sinn dieser Worte nicht zu fragen, denn ich wußte schon, mit welchen Ausdrücken die erbitterten Weißen von Südcarolina von ihrer schwarzen Legislatur sprechen. Ich besuchte dieselbe dann am ersten Tage und später mehrmals, und fand mich enttäuscht, da ich nicht viel von dem Skandal und den Lächerlichkeiten sah, welche dann und wann vorkommen sollen, und da ich mir sagen mußte, daß der Sklave seinen Herrn wenigstens gut nachzuäffen versteht. Es ging nur etwas lauter und lebhafter zu als im Repräsentantenhause zu Washington, sonst war der Unterschied nicht groß. Nachäffung ist überall im Leben, und im amerikanischen vielleicht mehr als in irgendeinem, ein wichtiges Ding, auf dessen Uebung besonders in der politischen Arena mehr ankommt, als man denkt. Wer will es den Schwarzen verübeln, da sie noch keine Zeit hatten, Besseres zu lernen, wenn sie sich einstweilen darauf verlegen, die Phrasen und Geberden ihrer einstigen Herren nachzuahmen, und wenn sie dabei dann und wann auch wol etwas über die Schnur hauen?*) Ich hörte in den

---

*) Ueber das Bildungswesen im Staate Südcarolina sind mir keine hinreichend genauen Berichte zugekommen. Da dasselbe indessen in allen südlichen Sklavenstaaten sich in ähnlicher Weise entwickelt und ähnliche Bedeutung hat, füge ich hier einige Daten über die Volksschulen des gleichfalls negerreichen Staates Florida an.

Ein Drittel der Bevölkerung dieses Staates ist ohne Schulbildung und drei Viertheile dieses Drittels — gegen 50000 — sind Neger, zumeist frei gewordene Sklaven. Die Bildungsfrage ist also auch für Florida eine der wichtigsten. Zum Glück fehlte es, als diese Frage nach dem Ende des letzten Krieges zur Entscheidung kam, nicht ganz an Mitteln, die neuen Schulen zu gründen, welche allerorts besonders von der Negerbevölkerung geheischt wurden. Der Congreß hatte früher 85000 Acres Land zur Errichtung und Dotirung zweier Lehrerseminare und über 700000 Acres für allgemeine Erziehungszwecke angewiesen, und die seitdem erheblich gestiegenen Landpreise machten diese Fonds ziemlich ertragreich. Die neue Verfassung von 1868 fügte denselben die Zinsen aller Güter, welche an den Staat heimfallen, ein Viertel des Ertrags aus dem Verkaufe aller Staatsgüter und eine Schulsteuer von 1 pro Mille auf alle liegenden Güter im Staate hinzu, wies ferner die Strafgelder dem Schulfonds zu und bestimmte, daß jede Grafschaft aus eigenen Mitteln wenigstens die Hälfte der ihr aus dem Schulfonds zugewiesenen Mittel für Schulzwecke weiter aufzubringen habe. So hatte Florida 1870 400 Schulen mit durchschnittlich

paar Tagen, die ich in Columbia zubrachte, mehr politische Reden als sonst in Jahren, Reden von Weißen und von Schwarzen, einige von guten weißen Rednern, andere von weitberühmten schwarzen, und wenn ich den Vergleich ziehe, muß ich sagen, daß in beiden Lagern neun Zehntel aller Worte hohl waren und daß die Reden des kohlschwarzen Hon. Elliot, den ein südcarolinischer Wahlkreis in den Congreß gesandt hat, reichlich so-

je 45 Schülern, während zehn Jahre früher im ganzen 5500 Kinder seine Schulen besucht hatten. Der Zuwachs kommt vorzüglich auf die Neger, welche bereits auch begonnen haben, eigene Schulen zur Erziehung von Geistlichen zu gründen; die schwarzen Baptisten und Methodisten werden in Kürze ihre eigenen Priesterseminare haben.

Es liegt der Bericht des Vorstandes der öffentlichen Volksschulen in Florida für 1873 vor mir, und ich entnehme demselben, daß die Zahl der öffentlichen Volksschulen auf 500 mit 18000 Schülern gestiegen ist, daß in demselben Jahre gegen 10000 Dollars an Schulen geschenkt wurden, und daß etwa 107000 Dollars für die Zwecke der öffentlichen Schulen ausgegeben worden sind. Aus diesem Berichte und aus Zeitungsartikeln, welche mir zu Gesicht gekommen sind, schließe ich, daß einige intelligente Leute auch hier für die Einführung des Schulzwanges sind. Es werden sich aber wie in andern Staaten dieser Reform noch für einige Zeit unüberwindliche Schwierigkeiten entgegenstellen. Die Phrasenmacher erklären sie für undemokratisch. Schon die zerstreute Besiedelung macht ihre Einführung in manchen Bezirken unmöglich, und müssen die Lernbegierigen manchmal sogar auf das alte System der wandernden Schulmeister zurückgreifen, die einen Monat hier, den andern dort Schule geben und an dem Orte, wo sie lehren, meist auch in einem regelmäßigen Turnus von Haus zu Haus essen und schlafen gehen.

viel gesunden Sinn bezeugten wie die Durchschnittsreden der weißen Steuerzahler und Scheunenleute.

Es war schon eher eine afrikanisch angehauchte Scene, als dieser Mr. Elliot eines Abends im Saale der Legislatur vor einer freien Versammlung weißer und schwarzer Bürger sprach. Die Schwarzen waren natürlich am zahlreichsten vertreten, denn zu ihnen wollte ja ihr Stammesgenosse reden, und die Weißen bildeten wol kaum ein Fünftel der Versammelten. Elliot sprach über die Nothwendigkeit einer ehrlichen Regierung in Südcarolina, ging ohne allzu großen Phrasenschwall der Sache auf den Leib und suchte seinen Landsleuten klar zu machen, welche Gefahr darin liege, wenn durch ihre Unterstützung Regierungen ans Ruder kämen oder im Amte blieben, welche sich und ihre Wähler durch Corruption bloßstellen. Ihn unterstützte sein College Hayne, ein dunkler Mischling, der nicht ohne Witz und sehr schlagfertig an seine Landsleute hinsprach und einen Steuerzahler, der ihn unterbrach, lege artis mit oratorischen Keulenschlägen abthat. Dieser hatte so viel Rednertalent, als man nur irgendeinem Volksvertreter wünschen kann, neigte sich aber in Sprache und Geberden etwas zu sehr zu burleskem Wesen, was bei einem gern und leicht lachenden Negerpublikum eine gefährliche Neigung ist. Ich stand in einer Gruppe zerlumpter Gesellen, die sich während der ganzen halbstundenlangen Rede kaum einen Augenblick von der ungeheuern Heiterkeit erholten, in die Mr. Hayne's Anspielungen und höchst lebhafte Geberden sie versetzten, und so war es im ganzen Saale. Hatte ein Redner geendet, so be-

gann das Musikcorps auf der Galerie sofort einen Höllen=
spectakel mit Trommeln und schrillen Trompeten, und
das Auditorium lachte krampfhaft über diesen Scherz,
johlte im Takte und strampelte mit den Beinen.

Die morosen Herren Amerikaner ärgern sich baß über
die Heiterkeit, mit der ihre einstigen Sklaven die Staats=
geschäfte abthun; aber ich konnte hierin nicht so ganz
ihre Gefühle theilen, wenn ich bedachte, wie viel ge=
meines Geheuchel und Dummheit hinter dem Ernste
steckt, mit dem ihre eigenen Parteien und gesetzgebenden
Körperschaften sich bei ihren nicht immer gar saubern
Arbeiten zu umgeben lieben, wie sie nur ernstlich wollen
müssen, um die keineswegs bedeutende Mehrheit der
Schwarzen zu übertrumpfen, endlich aber, wie kurz die
Freude dieser armen Teufel von Exsklaven und wie
bitter ihre Ernüchterung sein wird, wenn die Exherren
erst einmal wieder die effectiven Herren im Lande ge=
worden sein werden. Die lustige Regiererei der Schwarzen
ist ja nur ein kurzes Intermezzo, ein paar Carnevals=
wochen, vor und hinter denen graue Zeiten voll Niedrig=
keit und Entbehrung liegen. Mir stieg bei Betrachtung
dieser abnormen Zustände immer ein Wunsch auf, der
unausführbar scheint, den ich auch selbst nur als Aus=
druck dessen hier nenne, was mir immer als das Beste
für die beiden kämpfenden Schichten, die Weißen und
Schwarzen, vorkam: Möchten die schwarzen Regenten,
ehe man ihnen die Macht nimmt, decretiren, daß sie
sammt allem ihrem Volke in Westindien, in Mittel=
oder im wärmern Südamerika oder auch selbst wieder
in Afrika eine neue Heimat suchen wollen, eine Heimat,

deren Natur sie freigebiger nährt und wo man weniger
Arbeit von ihnen heischt als hier. Es wäre beiden
Theilen geholfen und wäre minder grausam, als wenn
sie bleiben. Die rastlosen Weißen werden wie Mühl=
steine dieses träge, sorglose Völkchen zwischen sich nehmen,
und in ein paar Jahrzehnten werden die Neger dieses
Landes zu Zigeunern reducirt sein, und nur wenige
werden sich zu der schützenden Culturhöhe der Weißen
hinaufgerettet haben.

Savannah.

Die Stadt der Bäume.

Eine originelle Stadt, wie man sie eben nur in diesem jungen Lande findet, ist Savannah, die Haupthafenstadt des reichen Staates Georgia. Ihre Lage in dem flachen, sumpfigen „Niederlande", fast vier geographische Meilen oberhalb der Mündung des Savannahflusses, ist nicht bedeutend, wiewol dem Naturfreunde, der nicht gerade nach Außergewöhnlichem verlangt, die Aussicht über den breiten inselreichen Fluß und sein flaches, waldiges Uferland gewiß anziehen wird. Aber im Innern ist Savannah durch einen Baumreichthum ausgezeichnet, der ihm eine eigene Schönheit gibt. Es hat vorwiegend breite regelmäßige Straßen, die sich alle rechtwinkelig schneiden, und diese Straßen sind fast ausnahmslos mit immergrünen Eichen (Lebens- und Wassereiche), Magnolien und einigen andern immergrünen Bäumen bepflanzt und zwar so dicht und mit so gesunden, breitästigen Exemplaren, daß bei den meisten Ausblicken die Häuser ganz zurücktreten und man manchmal nichts anderes als eine besonders gut gehaltene Parkallee zu sehen glaubt, wenn man durch die Straßen hinschaut.

In einigen stehen die Bäume in zwei Reihen auf Rasenstreifen, die in der Mitte der Straße hinziehen, in den meisten in je einer Reihe am Rande des Gehweges, den sie reichlich beschatten. Nicht genug damit, breitet sich von den nordsüdlich laufenden Straßen je die zweite in einen baumbepflanzten Grasplatz, ein Square aus, sodaß die kleine Stadt nicht weniger als 24 Squares in ihren Grenzen zählt. Einige von diesen Squares sind mit Blumenbeeten ausgelegt, einige tragen Denkmäler, einige Brunnen, aber ihre Hauptzierde bleiben die prächtigen alten Bäume. Der Rasen dagegen will hier schon nicht mehr so recht gedeihen.

Am Ende der breitesten und belebtesten unter diesen Parkstraßen ist nun vor einigen Jahren auch noch ein Stadtgarten angelegt worden, der unter der Pflege eines deutschen Gärtner-Naturforschers rasch zu einem anziehenden und interessanten Park geworden ist. Als ich ihn in der letzten Februarwoche besuchte, standen Camellienbäume, von denen hier einige Prachtexemplare zu finden, die Pfirsiche und Mandeln in Blüte und begannen die reizenden Rosebuds, eine Robinienart, in Gestalt und Größe unserer sogenannten Akazie gleichend, sich mit blaßrosenrothen Blüten zu bedecken, welche den Pfirsichblüten in der Farbe gleichen und gleich ihnen vor den Blättern kommen. Beide Bäume, Pfirsichen und Rosebuds, sind hier in den Gärten und Anlagen sehr häufig und bei der Fülle blaßrosenrother Blüten an noch blattlosen Zweigen einander so ähnlich, daß sie gemeinsam einen Zug von frühem Blütenreichthume in die Physiognomie der Parkstraßen von Savannah zeichnen

Es ist die Fülle und zarte Farbe ihrer Blüten, welche das zu dieser Jahreszeit immerhin etwas vergilbte Immergrün der andern Bäume, besonders der Eichen, wohlthuend aufhellt und die Frühlingszeit selbst in den sommerschwülen Tagen verkündigt, mit denen uns dieser Februar reichlich gesegnet hat.

Abgesehen von den Straßen in der Gegend des Hafens, sind die Straßen Savannahs nicht sehr belebt und würden bei ihrer Breite sogar ziemlich verlassen erscheinen, wenn nicht die lungernden Farbigen auch hier etwas für Staffage sorgten. Langweilig läßt aber der Baumreichthum keine von ihnen werden und manche öde Stadt in Deutschland und anderwärts dürfte von Savannah lernen, wie ihre Langeweile auch ohne große Verkehrsentwickelung und Bevölkerungszunahme ausgetrieben werden könnte.

Da die Stadt auf einer Höhe angelegt ist, die steil zum Flusse abfällt, und da die Schiffe hart am Rande der Stadt vor Anker gehen, geht der Anblick des Hafens fast verloren, denn die Schiffe, Länden- und Lagerhäuser liegen in der Tiefe am Ufer des Flusses. Auch ist der Savannahfluß in der Nähe der Stadt nicht sehr breit und wird von flachen, schilfigen Inseln eingeengt, sodaß auch der Ausblick auf die weite, eigenthümlich belebte Wasserfläche einer Rhede fehlt, der so manche an sich unbedeutendere Seestadt verschönt. Lärm genug bringt freilich der Baumwolltransport — Baumwolle ist der Hauptartikel des Handels dieser Stadt — auch in die Straßen der innern Stadt, denn sie fahren die Ballen in sehr vierschrötigen Wagen nach den Lagerhäusern und die Herrn Neger, die auch hier Peitsche und Zügel monopolisirt haben, lassen es selbstredend an Knallen, Schreien und möglichstem Gerassel niemals fehlen. Solange sie auf eigenen Füßen gehen, mögen sie nichts von dem Grundsatze ihrer Herren wissen, daß Zeit Geld sei, aber wenn es ans Kutschiren kommt, muß es zum wenigsten im Trabe gehen, und so rasseln sie dann mit den Baumwollkarren, den schweren, über das höckerige Pflaster hin, daß einem die Ohren zufallen möchten. Ohne Ausnahme stehen sie dabei aufrecht, wissen sich gewandt zu balanciren und schneiden wichtige, vergnügte Gesichter. Es ist eine Arbeit, die ihnen Spaß macht — eine der wenigen, von denen man das sagen kann.

Die Ausfuhr Savannahs hat sich zwischen 1860 und 1870 mehr als verdreifacht und wird ihr Werth für 1872 auf 70 Millionen Dollars angegeben. Im Jahre 1860 hatte sie gegen 18 Millionen Dollars betragen. Der Hauptgrund für diesen Aufschwung ist außer in der gesteigerten Production Georgias und der benachbarten Baumwollstaaten vorzüglich in der Vermehrung der Eisenbahnen zu suchen.

4*

Ansiedelungen und Curorte in Florida.

Das Klima. Wintercurorte. Ansiedler und Ansiedelungen.
Die wirthschaftliche Rolle der Landkaufleute.

Floridas größter Vorzug ist gegenwärtig sein mildes Klima. Nordamerika hat weite Gebiete, wo die Sommer- und Herbsttemperatur höher ist als irgendwo in Südeuropa; aber Winter und Frühling sind nur in Florida so mild wie in den Gegenden am Mittelmeere und anderwärts, wo unsere Kranken Schutz vor den Unbilden des rauhen Klimas zu suchen pflegen. Auch Südcarolina und andere Südstaaten haben Wintercurorte, aber sie haben noch von den scharfen Nordwestwinden zu leiden, welche hier nicht wie in Südeuropa durch ein Hochgebirge und ein großes Binnengewässer abgehalten und gemildert werden. Möglich, daß in geschützten Lagen am Rande der Südalleghanies mit der Zeit noch dies und jenes Plätzchen gefunden wird, das Brustkranken zur Winterzuflucht dienen kann; aber einstweilen bietet nur Florida die möglichst günstigen Bedingungen und ist seit einigen Jahren durch Dampfschiffe und Eisenbahnen so zugänglich geworden, daß im Winter und Frühlinge von 1872 auf 1873 nach einer unübertriebenen Schätzung mehr als 40000 Fremde den Winter oder einige Wintermonate daselbst zubrachten. Gegenwärtig kann einer in demselben Schlafwagen von Boston bis Jacksonville reisen, wozu er etwa drei Tage braucht, und Dampfer gehen wöchentlich mehrmals von Neuyork nach Florida. Es sind große Gasthäuser gebaut worden, und an den Hauptorten, wie Jacksonville und Saint-Augustin, sollen auch gute Aerzte zu finden sein. Ferner erleichtert der Fluß- und Seereichthum der Halbinsel den innern Verkehr in hohem Grade, sodaß selbst in der tiefsten Wildniß, wo Dampfschiffe irgend gehen können, schon zahlreiche blühende Ansiedelungen, Orangegärten und Zuckerrohrpflanzungen zu finden sind. Auch dies fördert natürlich den Fremdenverkehr.

Hauptaufenthaltsorte der Wintergäste, wie Saint-Augustin, Jacksonville, Palatka u. dgl., machen ungeachtet so mancher rohen Züge, die ihr jugendliches Alter bedingt, im ganzen einen ähnlichen Eindruck wie europäische Wintercurorte. Es stehen an jedem von diesen Orten einige riesige Gasthäuser, findet sich eine Menge Pensionen, Boardinghäuser genannt, Curiositätenläden, in welchen die schönen Vogelbälge, Seemuscheln, indianische Alterthümer, Palmettoflechtwerke, Alligatorzähne, die zu Schmuck verarbeitet sind, und noch vielerlei der Art, auch manche schwindelhafte Dinge ausgeboten werden.*) Ferner ist

---

*) Ich fand an allen Dampfschiffstationen, in den Vorhallen der Gasthäuser und auf den Dampfschiffen selbst einen großen Anschlagzettel, auf welchem es hieß: „Kommst du nach

eine Fülle eleganter Wagen und Pferd- und Maulthier-
gespanne in den Straßen zu sehen, werden allerorten
nördliche Zeitungen, Reisebücher, schlechte Landkarten an-
geboten, sind einige feine Apotheken und Tabacksläden
vorhanden, wohnt an jeder Ecke ein Arzt, sieht man
allerhand fremde, kranke, gelangweilte Physiognomien
und manches sonnverbrannte, künstlich wilde und kühne
Sportsmangesicht. Man merkt eben, daß ein paar
tausend reiche Leute hier sind, um ihre Zeit todtzu-
schlagen.

Aus dem, was ich gelesen, gehört und selbst erfahren
habe, scheint mir hervorzugehen, daß allerdings das
Klima der Nordhälfte Floridas das angenehmste auf
dem ganzen nordamerikanischen Continent ist, Süd-
californien vielleicht ausgenommen. Es hat keine ungemein heißen Sommer, aber mildere Winter als die
übrigen Golfstaaten. Durch die fast noch ununter-
brochene Bewaldung, die allgemein verbreitete Boden-
feuchtigkeit und die Lage zwischen zwei Meeren wird die

Jacksonville, so gehe in den japanischen Laden und sieh die
Seejungfrau." Ich folgte dieser Einladung, weil ich dachte,
sie hätten vielleicht eine der Seekühe, Monati, zu zeigen, die
früher an der floridanischen Küste häufig waren, noch jetzt
dann und wann gesehen werden und auch unter dem Namen
Meermädchen bekannt sind. Aber was war's? Ein Körper
aus schwarzem Wachse, der in einen natürlichen Fischschwanz
ausging und dem ein bemalter und mit Haaren beklebter Affen-
schädel und zwei Affenvorderfüße angesetzt waren. Ich sah
noch andere schöne Dinge der Art und glaube, der ganze Laden
stat voll künstlicher Alterthümer und Naturmerkwürdigkeiten.

Sonnenhitze gemildert und sollen vor allem die Nächte
selten schwül sein. Von Kranken und solchen, die
es gewesen waren, hörte ich enthusiastische Beschrei=
bungen der heilsamen Wirkung, die dieses Klima auf
ihre Uebel gehabt. Viele von den Geschäftsleuten und
Landwirthen, die hier wohnen, sind, mit Schwindsucht
behaftet, aus dem Norden und Westen gekommen und
fühlten sich bei längerm Aufenthalte so gesund, wie sie
es nie mehr für möglich gehalten hatten. Viel mag
dazu der Mangel alles städtischen Lebens in den ent=
legenern Ansiedelungen, das Angewiesensein auf ein=
fachste Kost und auf Arbeit im Freien beitragen. Den
Fiebern, welchen die Ansiedler auf frisch gelichtetem
Boden überall ausgesetzt sind, entgeht freilich keiner, der
sich hier eine neue Heimat aufschlägt, aber sie sind ein
vorübergehendes Uebel, und in den höhern Lagen soll
man verhältnißmäßig wenig von ihnen zu leiden haben.

Außer den Gesundheitsuchenden bringt auch das
Kommen und Gehen der Ansiedler originelle Elemente
in die eigenthümlich flottirende Bevölkerung, die doppelt
fremdartig sich von der halbtropischen Urwaldnatur ab=
hebt. Selten fehlt eine Familie oder eine ganze Gruppe
derselben auf den Dampfschiffen des Saint=John River.
Bald sind es echte Hinterwäldlergestalten, verwilderte
Gesellen mit rauhen Sitten, denen die Natur mit der
Zeit vertrauter geworden ist als menschliche Gesellschaft,
bald — und das, wie es scheint, besonders häufig —
Leute, denen mehr die Sorge um ihre Gesundheit als
die Liebe oder Befähigung zum Ackerbau den Wunsch
eingegeben hat, sich in dieser Wildniß ein Heim zu

gründen, bald endlich Fremde verschiedener Nationen, die sich erst das Land ansehen wollen oder schon nach der Gegend reisen, wo sie sich Ländereien erworben haben. Es sind unter diesen „Movers" viele wohlhabende und intelligente Leute, welche der floridanischen Einwanderung einen bedeutend andern Charakter aufprägen, als z. B. der westlichen oder südwestlichen zukommt. Kränkliche sind, seitdem Florida an die Vereinigten Staaten fiel, viele Tausende vom Norden und Westen herabgezogen, und von ihnen waren die wenigsten arm; dieselben widmeten sich den feinern Arten von Ackerbau, vorzüglich dem Anbau der Orangen und frühreifender oder subtropischer Früchte (Bananen, Guaven, Goldmispeln u. dgl.), welche jederzeit mit Leichtigkeit nach Norden verschifft werden können, wo sie immer einen guten Markt finden. Da sich die Culturen ebenso angenehm als lohnend erwiesen, das vorzügliche Klima Floridas bald in weiten Kreisen Ruf gewann und die Communicationen mit den verschiedenen Küstenpunkten und dem Innern durch Dampferlinien von Charleston, Savannah und Neuorleans aus, sowie durch eine ganze Flotille von Flußdampfern sehr erleichtert wurden, zogen sich nach und nach auch andere Leute als blos Geld- und Gesundheitsucher, Leute, die ihre Jahre in einem angenehmen Klima verleben wollen, nach Florida, kauften Land und Sklaven und legten sich Orangen- und Bananengärten an. Diese bestimmte oft nichts anderes als die Neigung zu ursprünglichem freien Landleben, die aus dem Contraste der Geldjagd, des übercultivirten, unbefriedigenden Treibens mit der noch vielfach so herrlich jungfräulichen, großen, reichen und schönen Natur Amerikas, nicht blos bei Dichtern angeregt wird, wo wir ihr fast allgemein begegnen.

Die Cultur ist in Amerika zu jung, zu oberflächlich, zeigt zu sehr nur ihre Schattenseiten, um edlere Naturen ganz ausfüllen zu können; aber was bei uns diesen die reiche Geschichte der europäischen Cultur und vor allem die Geschichte ihres eigenen Volkes und unser reges geistiges Leben bietet, muß hier in der Natur gesucht werden und wird zum Glück an allen Orten gefunden. Da ist vorauszusehen, daß, wenn das Land in seinen Grenzen ein Gebiet besitzt, welches wie Florida manche Vorzüge gemäßigter Gegenden mit den vielersehnten der Tropen vereinigt (die doch immer etwas von dem paradiesischen Schimmer behalten, mit dem unsere jugendliche Phantasie sie beim ersten Studium der Bilderbibeln und der Robinsonsgeschichten umkleidet), viele dasselbe zum Ziele ihrer Wünsche machen werden, gerade wie bei uns viele Nordländer sich kein größeres Glück denken, als im sonnigen Süden zu wohnen. Mich führte der Zufall mit mehrern derartigen Leuten zusammen, welche eben im Begriffe waren, sich in Florida anzusiedeln. Einen Deutschen, der im Norden ein großes Geschäft besaß, das er veräußern wollte, um am Lake Harney Orangen zu pflanzen und „alles zu zeichnen und zu malen, was es in Florida Merkwürdiges gibt", traf ich unterwegs, und in Jacksonville ward ich mit einem jungen Arzte bekannt, der noch weiter südlich zu ziehen gedachte, um in der Nähe von Key-West einen großen tropischen Fruchtgarten anzulegen. Weder er noch seine Frau waren im geringsten besorgt wegen des einsamen Lebens, das ihnen bevorstand, sie malten sich vielmehr die Zukunft in den schönsten Farben aus. Auf einem Ausfluge traf ich mit einem Deutsch-Russen zusammen, welcher ein Mann von gediegener Bildung und Erfahrung war, viel von der Welt gesehen und nun am Ende sich entschlossen hatte, gemeinsam mit mehrern Landsleuten sich in Süd-florida niederzulassen; er war eben im Begriff, ein größeres Landstück südlich vom Lake George anzukaufen. Von idyllischen Gefühlen war in diesem Manne nichts, noch weniger von Amerikaschwärmerei, aber in einem schönen und fruchtbaren Lande unabhängig zu leben, dünkte ihn aller Opfer werth, die er schon gebracht hatte und in größerm Maße zu bringen noch erwarten mußte. Da und dort sieht man eine Pflanzung, ein Landhaus, einen Garten, die etwas von der putzigen Zierlichkeit eines Amateurproductes haben; sie sind offenbar die etwas unvollkommene Verwirklichung des Ideals, das der Besitzer sich im trüben Norden vor Jahren aufgebaut. So steht das Landhaus der als Verfasserin von Onkel Tom's Hütte so weit bekannten Mrs. Beecher Stowe bei Tokoi unter seinen hohen Schattenbäumen ganz so niedlich, künstlich ländlich, wie wir es in Romanen die Paare beziehen sehen, welche nach langem Harren und Dulden am Schlusse durch das Band einer voraussichtlich beispiellos glücklichen Ehe vereinigt werden.

Das Zuströmen der Einwohner, die sich der Landwirthschaft widmen, und der leichte Verkehr durch die schiffbaren Flüsse und Seen hat in Florida eine Fülle von kleinen Ansiedelungen hervorgerufen, während die Städtebildung daneben langsam fortschreitet. Keine andere Region der Vereinigten Staaten dürfte daher eine gleich günstige Gelegenheit zu vergleichenden Studien über das erste Wachsthum der Ansiedelungen bieten wie Florida. Gesellen sich zu dem einen Blockhause, das den Anfang einer Ansiedelung an einer günstig gelegenen Stelle eines Fluß- oder Seeufers bildet, mehrere weitere Wohnstätten, so reihen sie sich zunächst dem Flusse entlang aneinander, da hier immer der fruchtbarste Boden und leichter Verkehr zu finden ist. Wo sechs Häuser beieinanderstehen, ist dann eins sicherlich „Store", d. h. Kaufladen für alles, Branntweinkneipe, Versammlungsort für alle Gesprächslustigen und Geschäftstreibenden, Bureau für Agenturen und Maklereien aller Art, für Frachtbesorgungen, Dampfbootfahrkarten und noch vieles andere. Ein solcher „Store" steht ebenso weit über unsern ländlichen Kramläden wie ein amerikanisches Landstädtchen über seinem deutschen Repräsentanten, dem Marktflecken. Der „Storekeeper" handelt nicht blos mit den gewöhnlichen Lebensbedürfnissen seiner Nachbarn, der Farmer, sondern man findet bei ihm alles, was Nothwendigkeit und Luxus in diesen jungen Lebenscentren erheischt. Landwirthschaftliche Werkzeuge und Maschinen, fertige Kleider, alle Wagenbestandtheile, Pferdegeschirr jeder Art, Waffen, Schmuck, Zeitungen, Bücher, Branntwein, Medicinen sind hier zu haben. Dabei ist er nicht blos Verkäufer gegenüber seiner Kundschaft, sondern häufig auch Käufer für die Producte derselben, die er entweder im Austausche für seine Waaren, oder gegen Geld, und in diesem Falle meistens als Agent eines Großhandelshauses, aufkauft. In sehr vielen Fällen ist er überhaupt gewissermaßen die Unruhe, das Schwungrad einer solchen jungen Ansiedelung. Indem er civilisirte Bedürfnisse weckt und befriedigt, Arbeit anregt und verwerthet, schützt er dieselbe vor Verwilderung und Versumpfung. Er hält eine gewisse Bewegung aufrecht und bildet die unentbehrliche und wohlthätige Vermittelung zwischen der letzten Urwaldhütte und den kleinen und großen Culturmittelpunkten des weiten, dünnbevölkerten Landes. Diese eigenthümliche Institution der ländlichen „Stores" geht durch die ganze Union. Ich erinnere mich, daß J. Römer sie ähnlich aus Texas schildert, wie ich sie hier in Florida und später in Californien sah.*) Die Rolle, die sie in der wirthschaftlichen und socialen Geschichte der Besiedelung Nordamerikas spielen, ist besonders deshalb sehr bedeutend, weil sie durch ihre Vielseitigkeit die Industrie, welche auf dieser

---

*) In seinem Buch „Texas" (Bonn 1849) sagt er treffend von den Stores, deren Repräsentanten in dem damals erst aufwachsenden Neubraunfels er vorher drastisch beschrieben hat: „Diese «Stores» sind überhaupt bezeichnend für das Eigenthümliche der amerikanischen Ansiedelung, welche gleich mit der ganzen Errungenschaft der Civilisation und zum Theil selbst mit den Bedürfnissen eines verfeinerten Lebens in die Wildniß vordringt und diese dadurch gewissermaßen überrumpelt und im Sturme nimmt, zugleich jene oft merkwürdigen Contraste zwischen roher Ursprünglichkeit und den Zeichen tausendjähriger Gesittung hervorrufend, welche den Europäer in den Wäldern des westlichen Nordamerika überraschen." (S. 122.)

Stufe als Handwerk auftreten würde, fast ganz ausschließt und neben den Ackerbau unmittelbar den Handel als zweitgrößten Factor in der Besiedelung des Landes hinstellen. Wie die Farmer, die Pionniere der Civilisation überhaupt, so sind die „Storekeepers" die Pionniere des Handels, auf dessen rascher und ausgedehnter Entwickelung jenes wunderbar schnelle und dabei doch ganz naturgemäß gesunde Aufwachsen großer Handels- und Industriecentren in den neubesiedelten Gebieten beruht. An der Bildung großer Städte und an der Ausbreitung städtischen Lebens über das Land hat kein Theil der nordamerikanischen Bevölkerung so großen Antheil wie die „Storekeepers".

Der steigende Werth der Grundstücke längs der Fluß- oder Seeufer veranlaßt die später kommenden Ansiedler sich mehr landeinwärts anzubauen, und in Kürze wird jener Streif, wo die ersten paar Blockhäuser standen, zum Geschäftsbezirke der jungen „town", die deshalb in der Regel aus einer parallel mit der Wasserfront und einer senkrecht zu dieser landeinwärts ziehenden Straße besteht. In Kürze wird sich auf einer nahen Anhöhe, wo immer eine solche vorhanden, ein Bethaus erheben, zahlreiche Negerhütten werden im weitern Umkreise der Farmhäuser, zerstreut und fast tropisch leicht und sorglos aufgebaut werden, ein Boardinghaus für die Wintergäste, die in keinem „settlement" ausbleiben, wird sich hinzugesellen, und wenn nach acht bis zehn Jahren die Orangenpflanzungen zu schmucken Baumgärten herangediehen sind, ist die floridanische „town" fertig. Dann fehlt auch gewiß die Dampfbootlände nicht, und ein neues Glied hat sich dem kräftigen und thätigen Organismus des großen Wirthschaftslebens dieses Landes eingefügt und wirkt dann seinerseits culturzeugend weiter.

Durch Georgia und Alabama.

Dünnbevölkertes Land. Ein Eisenbahnknotenpunkt. Overlaying. Südliche Eisenbahnen. Macon im Regen. Montgomery. In Arbeiterboardinghaus. Einige Betrachtungen über sociale Verhältnisse. Der Alabamafluß. Flußabwärts nach Mobile.

Von Jacksonville, der commerziellen Hauptstadt Floridas, welche an der Mündung des Saint-Johnflusses liegt, führen zwei Eisenbahnlinien west- und nordwärts. Die westliche geht nach dem kleinen Hafenorte Cedar-Key, wo allwöchentlich die Dampfer der Neuorleans-Havana-Linie anlegen, während die nördliche das Verbindungsglied zwischen der mittelfloridanischen Verkehrsader des Saint-John und der großen Eisenbahnlinien bildet, die von Norden und Osten nach der Metropole des Südens, noch Neuorleans, hinführen. Meine Absicht war zuerst gewesen, von Jacksonville nach dem westwärts gelegenen Countyhauptort Gainesville und von da nach Cedar-Key und Neuorleans zu reisen. Als ich aber hörte, daß ich nicht direct nach dem nur etwa achtzehn Stunden entfernten Gainesville fahren könnte, sondern in einem kleinen Nest übernachten müsse, um einen andern Zug abzuwarten; daß ich ferner von Gainesville nach Cedar-Key nicht jeden Tag gelangen könne, wenn ich nicht zu dem hierzulande ziemlich gebräuchlichen, aber ungewissen Auskunftsmittel einer Reise mit dem Güterzuge greifen wolle; daß endlich die Verbindung mit den Havanadampfern, welche auf hoher See liegen bleiben, bei stürmischem Wetter oder zu geringer Zahl der Reisenden eine unsichere sei — beschloß ich, den nördlichen Weg einzuschlagen, der mich zur Macon-Brunswickbahn und auf dieser westwärts nach Alabama bringen sollte. Der Zug verließ Jacksonville Samstag nachmittags und kam, indem er durchschnittlich zwei geographische Meilen in der Stunde machte, nächsten Morgen bei dem armseligen Knotenpunkt Jesup an, wo uns die unerfreuliche Nachricht ward, daß wegen des Sonntags kein Zug auf unserer Linie gehen werde, wir daher bis Montag morgens auf Weiterbeförderung warten müßten. Jesup liegt zwischen Savannah und Brunswick mitten im Föhrenwalde, besteht aus etwa zwanzig zerstreut liegenden Holzhäusern, einer kleinen hölzernen Kirche und einem unansehnlichen Rathhause (Court-House); es ist nur ausgezeichnet als Kreuzungspunkt der Savannah-Florida- und der Maconbahn, deren Züge hier längere Halte machen, um den Reisenden ein karges Abendbrot zu gönnen. Der Tag war ganz ausnahmsweise windig und regnerisch, so konnte kein Ausflug in die nahen Wälder die unfreiwillige Reisepause versüßen und die kleine Unannehmlichkeit eben mußte hingenommen werden, wie sie war.

Als ich aber mein Gepäck besorgt hatte und in den kahlen Speiseraum des „Rail Road Eating House" trat, fand ich, daß ich nicht so vereinsamt war, wie ich geglaubt. Wer anders saß vor dem Kamin und qualmte mit den Föhrenästen um die Wette, als mein Landsmann S., der Sägemühlendirector aus Jacksonville. Er sah zwar düster, verdrießlich, verschlafen aus, aber mich strahlte diesmal sein wetterbraunes Antlitz wie ein Hoffnungslicht an. Wir begrüßten uns so freudig, als ob uns ein gemeinsamer Schiffbruch ausgeworfen hätte und dies eine wüste Insel sei, auf der wir für Jahre als Robinson und Freitag zusammen leben sollten. Jack, der schwarze Aufwärter, mußte einen Kaffee machen, und statt die paar Stunden noch bis zum Morgen zu verschlafen, plauderten wir zum Aerger einiger in den Ecken herumsitzender Schlafsüchtiger fröhlich bis in den Morgen und zogen uns erst, als es schon helle ward, in den gemeinsamen Breterverschlag zurück, der uns als Schlafzimmer angewiesen war. Als S., der das Terrain kannte, sich über diese mangelhafte Unterkunft beschwerte, erfuhren wir, daß bereits zwei Familien den Abend vor uns an dieser Station Schiffbruch gelitten hatten, also gleichfalls gezwungen waren, „to overlay the sunday".

Zum Frühstück kam denn ein alter Herr mit kümmerlicher Frau und Tochter, gesundheitsuchende Floridareisende, und, als wir schon aufstanden, ein junger leichenhaft aussehender Mann, der sich auf den Arm einer höchst lebensfrisch und unternehmend aussehenden Frau stützte, die kaum über das Mädchenalter hinaus war, später auch noch ihren wunderhübschen heitern Säugling hereinbrachte, dessen fröhlich aufkeimendes Leben ihr mehr am Herzen zu liegen schien als das rettungslos zerfallene ihres Gemahls. Die verzeihliche Grausamkeit der

Natur schien ihre Gesinnung zu leiten. Diese beiden Leute kamen aus Florida, wo der arme Mann keine Heilung gefunden hatte, weshalb er jetzt mit Hast nach seiner Heimat zurückreiste, um im Kreise der Seinigen seine offenbar nicht mehr ferne Auflösung zu erwarten. Wir Gesunde hatten in dieser Gesellschaft, die sich von ihren Schmerzen, Erwartungen und Enttäuschungen unterhielt, nichts zu thun und hielten uns abseits. Außerdem frühstückten hier noch einige Krämer, Bahn- und Telegraphenbeamte vom Orte, die sich Sonntags dieses Extravergnügen gönnten, amerikanisch platte Geschäftsmenschen, deren Gespräch das greuliche „englische Thalergelispel" war, das Lenau an ähnlichem Orte vernahm; ferner drei sonntäglich geputzte „Ladies", die gemeinsam dieser bescheidenen Herberge vorstanden. Eine war die Frau eines Schaffners, die andere die eines Telegraphisten, die dritte die eigentliche Haushälterin; jene ließen sich die Huldigungen zweier Jünglinge von Jesup gefallen, diese hielt sich jungfräulich zurück, denn sie war eine abscheuliche Vogelscheuche und fromm.

Die Amerikaner hatten es gut, sie mußten heute zur Kirche gehen, und die war an diesem Waldorte vielleicht unterhaltender als an irgendeinem andern Orte, wo sie sonst diesem Erforderniß der Respectabilität hätten nachkommen müssen. Ihre Ladies entwickelten Arme voll Bücher, zu Gebet und Gesang, und um zehn Uhr zogen sie ab, um volle zwei Stunden im engen Holzhäuslein zu sitzen. Der alte Herr ließ uns zwar nachher unter der Hand merken, daß er sich bitter gelangweilt habe, sondirte auch von weitem her, ob wir etwas von den Sonntagsgesetzen hier verspürt hätten, worauf ich ihm wahrheitsgemäß melden konnte, daß der Barkeeper dem Kellner erklärt habe, er könne selbst ein Krüglein Ale heute nur auf ärztliche Verschreibung verabfolgen. Indessen verfügten sie sich am Nachmittage getreulich wieder zur Kirche, und die Frauenzimmer mishandelten die übrige Zeit abwechselnd mit den drei Hausfrauen das Gemeindeklavier, während die Männer trübselig herumschlichen und langweilige Wetter= und Geschäfts= gespräche anzuknüpfen suchten.

Uns beiden ward der Tag auch ohne Kirchengang nicht sauer, wir hatten uns genug zu erzählen, besich= tigten die unglaublich schlecht bestellte Bahnstrecke, über deren baufällige Beschaffenheit ihre eigenen Beamten sich lustig machten, wanderten in der ganzen Ansiedelung herum, sahen einige Menschen, mit denen man ein ver= nünftiges Wort sprechen konnte, und prachtvolle Bäume in Masse. Da war ein kohlschwarzer Aufwärter, der einst in Sklavenzeiten Diener eines Bielefelders in Süd= carolina gewesen, in den Vereinigten Staaten weit ge= reist war. Er konnte noch einige deutsche Brocken sprechen und zeigte in seinem Benehmen bei aller natürlichen Gutmüthigkeit eine gewisse Würde, die ihn mit etwas mehr Achtung behandeln ließ, als man sonst wol den Negern entgegenbringt. Diese natürliche Würde, ein ruhiges, unabsichtliches, offenes Wesen, der unverkenn= barste Ausdruck eines gediegenen Charakters, fehlt den Negern fast durchaus, auch wenn sie sonst vortrefflich be= gabt sind; ich habe es bei keinem ihrer hervorragenden Politiker gesehen. Dieser war aber zugleich ein sehr intelligenter Mann, der mit einer Klarheit, die mich erstaunte, die traurigen, fast hoffnungslosen Verhältnisse seiner Rassengenossen in Nordamerika übersah. Abends ging er nach dem schwarzen Methodistenbethause, um zu predigen. Ferner waren „lumbermen", Holzhauer, da, die am Sonntag aus ihren Wäldern hervorkommen, Leute, die abgearbeitet und meistens gelb, wie vom Fieber geplagt, aber wie alle Männer von solcher Beschäftigung frei und kühn aussahen. Ihnen war es wind und weh in der sonntäglichen Stille, sie sprachen wenig, schliefen desto mehr und machten dann und wann vergebliche Gänge zur bar, deren Verwalter indessen von seiner temperanzlichen Gesetzestreue auf keine Weise abzubringen war.

Der Tag war endlich „verraucht, verschlafen, vergeigt", und den nächsten Morgen vor fünf kam mein lange erwarteter Zug dahergeschleppt. S., der noch diesen ganzen Tag bis zum späten Abend auf Erlösung warten mußte, füllte mir noch alle Taschen aus seinem unerschöpflichen Vorrath feiner Havaneserinnen und gab einige Gasthausempfehlungen und gute Lehren, an denen seine Localkundigkeit reich war, ehe wir herzlichsten Abschied voneinander nahmen; und nicht geschah dies, ohne daß das so oft gegebene und wie selten! gehaltene Versprechen ausgetauscht worden wäre, sich gegenseitig von bedeutendern Zügen und Schicksalen unterrichtet zu halten und bei der Rückkehr nach Deutschland sich gewiß wieder einmal zusammenzufinden.

So rumpelte denn der Zug gegen Macon zu. Warum er so klapperte und ächzte und stieß, dann und wann selbst bedeutend schwankte, war mir kein Räthsel mehr, seitdem wir gestern diese Strecke begangen und den Zustand der Schienen etwas kennen gelernt hatten. Sie sind aus zu weichem Eisen, sodaß durch Druck und Zug der Lasten, welche auf ihnen hinbewegt werden, lange Stücke sich abschälen und von vielen nur noch ein schmaler, rauher Streif übriggeblieben war, dem man schwerlich angesehen hätte, daß er eine Eisenbahnschiene sei, wenn er nicht eben an diesem Orte und mit den andern in Einer Reihe gelegen hätte. Da auf diesen Bahnen zur Zeit noch kein großer Verkehr ist und dieselben mehr Zukunftsspeculationen sind, werden sie von den Besitzern bis auf weiteres nur im nothdürftigst genügenden Zustande erhalten, und wiewol die Züge auf denselben der Sicherheit halber so langsam wie bei uns die Güterzüge fahren, sind Unglücksfälle so häufig, daß man von ihnen wie von gewöhnlichen zugehörigen Dingen des Eisenbahnverkehrs spricht. Mein Reisegefährte fragte scherzhaft einen Telegraphenbeamten in Jesup: „Wie kommt's? Es verunglückte ja schon seit vier Wochen kein Zug?" Worauf dieser erwiderte: „Sie sind falsch berichtet, erst vorgestern haben sie den Schlafwagen im Nachtzuge umgeworfen, und wegen anderer Kleinigkeiten müssen Sie nur den Stationsvorstand fragen, der weiß noch einiges."

Unser Weg ging durch den Staat Georgia und zwar ziemlich durch den mittlern Theil desselben. Es war wieder das alte, flachwellige Föhrenland, in das, wie seltene Blumen in einförmig rauhem Sticktuch, die Ueppigkeit und Farbenpracht immergrüner und blühender Gewächse in feuchten Niederungen da und dort zerstreut lag. Die Ansiedelungen waren dünn gesäet, noch sehr jung und unentwickelt*); Holzfällen und Holzhandel schien ein Haupterwerbszweig der Bewohner, der Ackerbau erst im Aufblühen zu sein. Mehrmals passirten wir große Dampfsägen — das einzige kräftige Lebenszeichen. Indessen wurde das alles durch einen Regenschleier und in theilweiser Ueberschwemmung erblickt, welche beide Zustände geeignet sind, einer Landschaft einen viel ödern, rauhern, uncultivirtern Charakter aufzuprägen, als ihr von Rechts wegen zukommen würde.

In Macon (Georgia) sollten wir nur kurzen Aufenthalt haben, aber der Schaffner entließ uns auf un-

---

*) Die Aufschriften, die man da und dort an den Blockhäusern der Ansiedelungen liest, sind nicht ganz so erfreulich wie die, welche man bei uns in alterthümlichen Gegenden und vorzüglich im Gebirge findet. „No Credit" kehrte mehrmals wieder, und an der Station Cochrane leuchtet die Mahnung: „Come up and pay your debts" — „Komm her und zahle deine Schulden." Die übrigen Inschriften betreffen Geheimmittel, Rathschläge, wo man in Macon billige Kleider und Schuhwerk kaufen solle u. a., und an einem Hause in einer der ärmlichsten Ansiedelungen steht „Times Office" zu lesen, woraus hervorgeht, daß es selbst in dieser noch sehr dünn bevölkerten Gegend nicht an einer Localzeitung fehlt. Ich konnte mir keine Nummer verschaffen, aber ein ortskundiger Mitreisender, den ich über diese Sache fragte, tröstete mich mit der Bemerkung: „Sehen Sie es nicht an, es ist ja ein ganz stupides, republikanisches Niggerblatt." Offenbar glaubte dieser voraussetzen zu müssen, daß jeder anständige Mensch von Natur zur demokratischen Partei gehöre. Früher war es allerdings so im Lande.

bestimmte Zeit, indem er berichtete, daß es auf den westlichen und südlichen Bahnen nicht geheuer aussehe, ein großer Theil des Landes sei überschwemmt, Mississippi und Alabama ausgetreten und jedenfalls würden wir nicht zur fahrplanmäßigen Zeit in Montgomery, viel weniger in Mobile ankommen, weil Nachrichten abzuwarten seien und unter allen Umständen mit größter Vorsicht gefahren werden müsse. So gingen wir in die Stadt. Wie aber Macon im strömenden Regen aussah, will ich nicht näher beschreiben. Aus unmäßig breiten, ungepflasterten Straßen, deren seitliche Plankenwege voll Lücken, aus Wasserfällen, die von den Dächern, und Flüssen, die aus den Seitenstraßen kamen, aus Verödung aller Gassen, aus vielen Hütten und wenigen Häusern, aus feuchtkalter Luft, aus grauen Regen- und Nebelschleiern bestand, was ich sah. Und die Ansicht gewann ich, daß diese ungleich gebauten, lückenhaften und zum größten Theile schmuzig und ärmlich erscheinenden Städte des Südens viel, sehr viel Sonnenschein brauchen, um sich einigermaßen angenehm darzustellen. Uebrigens gilt dies überhaupt von vielen Mittel- und Kleinstädten Amerikas. Sie sind zu voll leichtgebauter, defecter Häuser, schlechtgehaltener Straßen, sind als Städte zu unbedeutend, haben zu viel vom Charakter großer Dörfer, um nicht entschieden der Nachhülfe durch Licht und Farben eines heitern Himmels zu bedürfen, wenn sie irgendeinen vortheilhaften Eindruck machen sollen.

Der Abend wurde in der durchlässigen Bahnhofshalle verbracht, da der winzige Wartesaal nur für Frauen und deren Begleiter zugänglich und von diesen ziemlich vollständig besetzt war. Der Zug kam endlich, und der Verzögerung wurde nun das Gute zuerkannt, daß die Langeweile des Wartens und der Aufenthalt im Feuchtkalten uns für die Annehmlichkeiten einer langsamen Nachtfahrt sehr empfänglich gemacht hatte. Was einstieg, legte sich zum Schlafen, und da die Verdrießlichkeit diesmal gegen Ruhestörer streng machte, unterbrach bald nur das unverbietbare Schnarchen eines langbärtigen Riesen, der sich unbegreiflich klein auf seiner Bank zusammengerollt hatte, die Grabesstille. Als der Tag anbrach, waren wir noch weit von Montgomery, allwo der Zug um acht Uhr fällig war. Ich ging hinaus, frische Luft zu schöpfen, und fand den Riesen, der sich unter einer Dachtraufe wusch; als ich ihm in dieser Beschäftigung folgte, kam es zu einem lebhaften Gespräch, und in zwei Stunden hatte ich eine Fülle der originellsten Geschichten gehört und einen interessanten Mann kennen gelernt. Diese zahlreichen Bekanntschaften, die man so leicht hier schließt, die offene Mittheilsamkeit, mit der die meisten aus ihrem reichen Schatze von Erfahrungen schöpfen und austheilen, ist ein Hauptreiz im amerikanischen Reiseleben.

Ein paar Stationen vor Montgomery kam ein Beamter der Expreßcompagnie in den Wagen und fragte von einem zum andern nach Gepäck, das man etwa in den Gasthof, Boardinghaus und dergleichen zu senden hätte. Er schreibt die Bestimmung in seine Tafel, gibt dem Betreffenden einen Schein oder eine Marke und überhebt denselben hiermit für geringe Vergütung aller

Sorge für seine Sachen. Er kam auch zu mir, und ich sagte ihm, ich würde sofort nach Mobile weiter reisen, sei also nicht in der Lage, seine Dienste zu beanspruchen. Worauf er: „Die Bahn nach Mobile ist an zweiundzwanzig Stellen gebrochen und braucht mindestens eine Woche zur Ausbesserung." — Das war zu stark für eine Ente, und ich konnte nicht zweifeln; aber ich sagte leichthin: „Das ist zwar unangenehm, aber es gibt noch andere Wege, und wenn's nicht anders geht, schlag' ich den Umweg über Selma ein." „Hilft Ihnen nichts, die Vicksburger Bahn wird vor vier oder fünf Tagen keinen Zug ablassen, denn ihre Brücken und Threstles (Bockbrücken über Sumpfland) haben bereits begonnen einzustürzen. Sie können noch froh sein, daß Sie hier sind, denn von Macon herwärts wird es auch nächstens spuken, wenn dieser Regen so fortgießt." „Also abgeschnitten?" „Nicht ganz, Herr, die North=South Road soll noch in gutem Stande sein, aber die geht allerdings nicht Ihren Weg, wenn Sie nach Mobile zielen. Also werde ich Ihre Sachen nach dem Gasthause bringen lassen?" „Den T— lassen Sie bringen, ich bleibe nicht in Montgomery sitzen, diesem langweiligen Nest." „Wie Sie wollen, aber Sie können selbst nicht mehr zu Pferde süd= oder westwärts kommen. Versuchen Sie's." Damit empfahl sich der Mann, und „Overlay, Sir" tönte mir's wieder wie vor drei Tagen in Jesup ins Ohr.

Also zum dritten mal auf einer einzigen Reise „Overlay"! Jeden Tag, ja, manche Stunde hatte ich in diesen letzten Wochen zu Rathe gehalten, hatte mich mit Gewalt von kaum begonnenen, interessantesten Studien in Florida weggerissen, hatte schon von Washington her durch diese Zeitknauserei mich um manchen guten Tag unter rasch gewonnenen, zu früh wieder verlassenen Freunden gebracht, und nun geht ein Tag um den andern hin, kaum benutzbar, weder mit Erholung noch Arbeit, aber reichlich mit Verdrießlichkeit und allen Uebeln einsamen Reisens gefüllt! Ich verwünschte viel in diesen paar Minuten. Als ich mich aber vergewissert hatte, daß ich in Montgomery bleiben müsse, scheuchte ich den unnützen Aerger weg und erheiterte mich mit dem besten Trost in widriger Lage, mit Planmachen. Ich schmiedete Pläne, wie ich nun diese Tage verbringen und ausnützen wolle, war in Kürze entschlossen, sofort mich für eine Woche in ein Boardinghaus einzumiethen, und saß bald darauf am wohlbestellten Frühstückstisch im Exchange-Hotel zu Montgomery. Jetzt lachte ich, daß ich andere schelten hörte, ging fröhlichst in den Regen hinaus und kehrte nicht zurück, als bis ich einen Unterschlupf gefunden, Verköstigung und alles besprochen und auf Dollar und Cent abgerechnet war. Nun holte ich mein Gepäck, siedelte nach einem Boardinghause über und ließ Eisenbahn Eisenbahn sein; als ich abends hörte, daß Dampfboote den Fluß heraufkommen würden, um die Verbindung mit Mobile und dem Westen herzustellen, focht mich das gar nicht mehr an.

So saß ich in Montgomery, der Hauptstadt Alabamas, und fand doch bald wieder, daß sich mit ruhigem Sinn jeder Ort genießen läßt. Rasch lebte ich mich in die Gesellschaft ein, mit der ich „boardete"*), und fand, wenn auch die Stadt trostlos blieb, in der Umgebung so manches Anziehende, daß bei täglichen Ausflügen sich bald Stoff genug für wochenlange Arbeit in Tagebüchern und Skizzen angesammelt hatte und nur zu viel ungesehenes Sehenswerthe zurückblieb, als ich den Ort nach acht Tagen verließ

Schon durch die Boardinghaus-Gesellschaft ward mir der Aufenthalt angenehm, denn in ihr fand ich Elemente, mit denen der Reisende auf seinen gewöhnlichen Wegen nicht leicht in innigere Berührung kommt, die man aber kennen muß, ehe man daran gehen kann, sich einen Begriff vom Wesen und Charakter eines Volkes zu bilden. Die Familie, die das Boardinghaus hielt, war die eines Schmieds, der in einer Eisenbahnwerkstätte eine Art Aufseherstellung bekleidete, und die „Boarder" waren Arbeiter von ähnlicher oder niedrigerer Stellung, ältere und jüngere. Jener konnte für wohlhabend gelten, da ihm das geräumige Haus und der anliegende Garten zugehörte, der leider nur als Krautacker angepflanzt war, diese, seine Hausgenossen, waren, wenn sie an Sonntagen ihre Arbeitskleider ablegten, wenigstens äußerlich ganz „gentlemanlike", und jederzeit herrschte in der Gesellschaft ein bemerkenswerther Anstand vor. Nur ein Irländer, ein Eisengießer seines Gewerbes, spielte den Flegel, war aber so dumm und von so komisch unüber-

---

*) So legen sich die Deutsch-Amerikaner das bequeme Wort zurecht.

legter Redeweise, daß man ihm nichts übel nehmen konnte.

Anziehend waren die Frauen des Kreises. Die Frau des Schmieds schien kaum fünfunddreißig zu zählen, wiewol sie Mutter von sieben Kindern, deren ältestes eine Tochter von sechzehn Jahren war. Sie war von gesunder Schönheit, wie sie hier selten, von heiterm Gemüth und so hellem Verstande, daß ihr im Hauswesen, in den Gesprächen, den Vergnügungen — in allem die Leitung gehörte, die sie gar nicht zu suchen schien. Sie war voll Theilnahme für alles, was über die Grenzen ihres Alltagslebens hinauslag, ohne darum weniger eifrig und geschickt innerhalb dieser Grenzen sich zu bewegen — im ganzen ein höchst erfreuliches, harmonisches, glücklich stimmendes Wesen. Ihre Mutter und Stiefschwester lebten in demselben Hause; jene gab der ersten Tochter an Lebhaftigkeit nichts nach, war aber mehr nach innen und dem Hauswesen zugewandt, diese hingegen war eine Dutzend-Amerikanerin — oberflächlich, gefallsüchtig, körperlich vom Puppengesicht abwärts schlecht ausgestattet und trotz ihrer einundzwanzig Jahre schon mit Schminke verschmiert, daß man sie nicht ansehen mochte — der Schein sollte alles sein und war nichts dahinter.

Schwester und Stiefschwester waren mir in ihren allgemeinern Charakterzügen keine unbekannten Gestalten; mehrmals hatte ich das Glück gehabt, mich an Geistesverwandten jener in nahem Verkehr, öfters noch von fern beobachtend zu erfreuen; die Genossinnen dieser aber laufen einem täglich dutzendweise über den Weg, und da sie in ihrem verkümmerten Körper, ihrem ärm-

lichen, affectirten Geist, ihrem übertriebenen, geschmack=
losen Putz, ihrem von Natur und Einfachheit möglichst
weit entfernten Wesen einander aufs Haar gleichen,
kennt man sie bald von weitem.

Hier war es mir nun interessant, zu vergleichen und
zu unterscheiden und frühere Beobachtungen zurückzurufen.
Es ist etwas Gemeinsames in diesen scheinbar grund=
verschiedenen Naturen: das starke Streben nach einer
höhern Stellung, als die einfache Erfüllung der Mutter=
und Hausfrauenpflichten ihnen zuweist. Die Minderheit
sucht aber durch ehrliche Arbeit in Selbstbildung des
Geistes und Gemüths jene Schranken zu erweitern,
während die weitaus meisten von den natürlichen Pflich=
ten so viel abwerfen als möglich und die Lücke mit im=
poniren sollenden Nichtigkeiten auszufüllen suchen. Jene
sind es, deren ausgezeichneter Charakter allein die be=
vorzugte Stellung der amerikanischen Frauen rechtfertigt,
welche von diesen andern dann so unerträglich misbraucht
wird, und auf ihren bedeutenden Einfluß in Familie
und Gesellschaft ist so manche oasenhafte Erscheinung
in der Oede des amerikanischen Lebens zurückzuführen.
Sie sind nicht so selten, wie ähnliche Frauen es bei uns
sind, vor allem aber treten sie energischer und mit mehr
äußerlichem Geschick mit ihren Gaben hervor, wissen sich
und was sie erstreben besser zur Geltung zu bringen.
Es würde zu weit gehen, hier in die sehr dunkeln Tiefen
der Frauenfrage auch nur ganz oberflächlich leuchten zu
wollen, und ich will nur noch die Beobachtung anknüpfen,
daß hier fast ausnahmslos die Frau in allem, was man
Bildung zu nennen pflegt, sehr weit über dem Manne

steht. Ein amerikanischer Mann mit Sinn für unverwerthbare Wissenschaft, Literatur oder irgendeine Kunst ist ein seltener Vogel; gewöhnlich hat er nicht genug von dem gelernt, was diesen Sinn entwickeln und nähren könnte, und in den wenigen Fällen, wo ihm in der Jugend Zeit und Lust hierzu nicht fehlten, ist das Gelernte doch mehr ein trockenes angeklebtes Zeug geblieben — überm Gewinnhaschen vergessen und verdorrt.

Ich bin mit einem Manne gereist, der heute des „Sängers Fluch" und morgen „Odi profanum" und zur Abwechselung die Anfangsverse der Odyssee oder etwas Shakspariches declamirte; aber ich habe nie gedacht, daß er gebildet sei; die schönen Sachen waren im Gedächtniß und sonst nirgends. Bei den Frauen ist das Entgegengesetzte der Fall. Bei ihnen ist es Erforderniß, gebildet zu sein, und da die Sitte des Landes ihnen in jeder nicht ganz gedrückten Lebensstellung viel mehr Muße zukommen läßt als bei uns, würden sie sich etwas Erkleckliches aneignen können, wenn sie den rechten Ernst und Liebe mitbrächten und 'genug gute Schulen hätten. Immerhin kann lernen, wer lernen will, und manche benutzen die Gelegenheit aufs beste, und das allgemeine Resultat ist dann eben doch, daß die Frauen mehr von den Dingen wissen, die idealen Sinn und edle Gesinnungen nähren, die den Gesichtskreis erweitern, die sie auch dazu berechtigen, in besserer Gesellschaft den Mund aufzuthun und über manches zu reden, was den Männern gar nicht verständlich. Wie dieses abnorme Verhältniß die Frauen unzufrieden in der Ehe macht, zur Selbstüberschätzung anleitet, ihre natürliche Stellung verkennen läßt, ist leicht zu denken.

In unserm Hause ist dieses Misverhältniß stark durch die bedeutende Persönlichkeit der Hausfrau; aber es scheint nicht störend zu wirken, da sie eben eine von den wenigen ist, die in den höhern Regionen das Stehen und Gehen auf diesem gemeinen Erdboden nicht verlernen. Sie liest die Abende durch mit jugendlicher Begeisterung und kocht am Tage für ihre neun Kostgänger und elf Familienglieder. Nur in Einer Richtung trat der Conflict hervor. Der älteste Sohn, ein Bube von funfzehn Jahren, arbeitete mit dem Vater und die älteste Tochter half ihr im Haushalt. Daß sie diese beiden nicht besser erziehen lassen konnte, war ihr höchst schmerzlich. Sie hatte viel von den deutschen Schulen gehört und vernahm nichts lieber, als wenn ich ihr Näheres davon und von den Universitäten erzählte. Wie gern hätte sie ihren Kindern solche Bildung angedeihen lassen! „Daß mir nichts nach meinem Willen gelingt", sagte sie einmal, „wie traurig, diesen Jungen zu sehen, der die besten Lehrjahre am Amboß steht und so vieles lernen könnte und wollte, das ihm weitere Bahnen aufschlösse!" Ihre Mutter antwortete darauf: „Sei ruhig, das ist Bestimmung." „That is destiny" — das Wort erstaunte mich, sie verstand es aber wohl. Auch von unsern Kirchenstreitigkeiten wollte sie vieles hören, aber als ich die Sache erzählte, wie sie ist, lenkte sie ab. Die Mutter sagte mir dann, ihre Tochter sei vor ein paar Jahren aus innigster Ueberzeugung zum Katholicismus übergetreten. Es sind diese früher wunderseltenen Uebertritte in den letzten Jahrzehnten häufig geworden, und soweit ich in die Sache sehen kann, finde ich auch hier die Unbefriedigtheit der Frauen mit ihrem Schicksal sehr oft zu Grunde liegen. Bekanntlich füllt sich auch ein Kloster ums andere.

So lebten wir also acht Tage ruhig zusammen und ich lernte in dieser Zeit außer diesen Menschen ein Stück Süden kennen, wie ich es bisher nicht gesehen. Montgomery liegt in einem welligen Lande, dessen Boden tief aus ziemlich sand- und kiesarmem Lehm besteht. Es ist eine der fruchtbarsten Landschaften in ganz Alabama, das beste Baumwolland, dessen Werth durch die Nähe des noch 20 geographische Meilen weiter aufwärts schiffbaren Alabamaflusses bedeutend erhöht wird. Und wiewol nicht weit von hier schon die sogenannten Prairien beginnen, ein vielfach marschiges Flachland, das zwischen dem Alabama- und Appalachicolastrom sich ausdehnt, ist doch die Umgegend dieser letzten Hügelausläufer noch sehr pittoresk von steilen Schluchten, kleinen Wasserfällen, Hohlwegen, Abgründen überall durchzogen. Sie trägt mit die schönsten Wälder, die ich im Süden überhaupt gesehen. Der Thonboden ist es, der dem Lande die mannichfaltigen scharfen Züge einprägt, denn er fördert durch seine beiden Haupteigenschaften: Weichheit und Zähigkeit, die Bildung vielgewundener Betten auch für die kleinsten Wasserläufe, und da dieses Gebiet auch ungemein wasserreich ist, fehlt es nirgends an Bewegung. Aus dem Lande der stillen Gewässer, dem sumpfreichen Florida, kommend, hört man hier mit Freude wieder allverbreitet das Murmeln und Rauschen rasch fließender Bäche und empfindet doppelt stark, welchen heitern, belebenden Zug dies jeder Landschaft, reich oder arm, rauh oder mild, zufügt.

Die Fruchtbarkeit dieses Thonbodens ist, wie gesagt, eine sehr große; mein Hausherr, der früher eine Farm in dieser Gegend besessen, hatte manchmal über 500 Pfund Baumwolle auf dem Acre erzielt, und Ernten von dieser Größe waren, wenn auch nicht die Regel, doch auch keine Seltenheit. Durch die Sklavenbefreiung ist auch hier ein allgemeiner Rückgang eingetreten und das beste Land ist zehn- und zwanzigmal weniger werth als früher. Auch häufige Ueberschwemmungen, Ungeziefer, niedrige Baumwollpreise haben geschadet und „wir haben Unglück im Süden" war ein gangbares Wort. Aber es wird wahrscheinlich so sein, daß die Leute jedes zufällige Ungemach jetzt härter fühlen, da das Hauptunglück, der Zusammensturz ihrer alten behaglichen Zustände, sie muthlos gemacht hat. Ich hatte ein Beispiel der eigenthümlichen Indolenz, als ich einmal fragte, warum die Eier hier so viel theurer seien als im fremdenreichen Florida. „Wir müssen sie aus Tennessee einführen", hieß es da. „Wie", fragte ich, „ein so reiches und volkarmes Land führt Eier ein? Sie müßten ja Hunderte von Hühnern allein auf Ihren vierzig Acres halten können." Die Antwort war: „Wenn die Neger nicht wären — die stehlen jedes Ei, wie es gelegt wird."

Ehe die Eisenbahnen das innere Alabama gegen Mobile und Neuorleans hin aufgeschlossen hatten, war auf dem Alabamaflusse (der gegen seine Mündung zu

Mobile-River genannt wird) eine lebhafte Dampfschiff=
fahrt, welche vorzüglich das enorme Baumwollproduct
dieser Gegend nach der See brachte. Große Dampfer
gingen hundert geographische Meilen von Mobile fluß=
aufwärts bis nach Wetumpki und pflegten auf dieser
Stelle an mehr als zweihundert Plätzen, d. h. in der Nähe
aller beträchtlichern Pflanzungen, zu landen. Nun besteht
nur noch zwischen dem südöstlich von Montgomery gelege=
nen Selma und Mobile eine regelmäßige Dampfschiffs=
verbindung, und die Dampfer kamen erst wieder seit dem
Bruch der Montgomery-Mobilebahn häufiger herauf, um
das von den wichtigsten Verbindungen abgeschnittene
Montgomery von den Gütern und Reisenden zu leeren,
die jetzt keinen andern Weg nach Süden und Westen
benutzen konnten als den alten Wasserweg. Die guten
Leute von Montgomery freuten sich ungemein, als sie
wieder die hohen Schornsteine der Dampfboote über die
Ufer ragen sahen; die Zeitungen beschrieben jedes Boot,
das heraufkam, in der phrasenhaften Art, die ihnen
eigen, und wurden nicht müde, der schönen Zeiten zu
gedenken, als manchmal ein Dutzend Dampfer dort vor
dem nun bald zerfallenen Lagerhause lag und kaum
Schiffe genug aufzubringen waren, die den Ueberfluß des
„Goldes des Südens" aufnehmen konnten. Die halbe
Negerbevölkerung und manche neugierige Weiße um=
lagerten den ganzen Tag das Werft, um die altbekann=
ten Boote zu begrüßen und mitunter auch den An=
strengungen schwarzer Jünglinge zu folgen, die auf dem
breit angeschwollenen Strom in Nachen umherfuhren, um
Treibholz aufzufischen.

Sonntag nachts kam das alte Boot Peerless, und seinem gebrechlichen Leibe vertraute ich mich an, wiewol meine Bekannten mich bereden wollten, eine bessere Gelegenheit abzuwarten. Freilich sah dieser Dampfer nicht eben anmuthend aus und die Gesellschaft schien nicht von der besten zu sein; aber für zwei Tage — so lange sollte die Reise dauern — war beides gut genug. Ich machte mir's ohne Scrupel bequem und fand denn auch bald hier wieder, daß Gewöhnung ein mächtiges Ding und der Maßstab unserer Behaglichkeit durch sie aller Art Veränderungen sehr zugänglich ist. Als ich müde wurde und mich in die Cabine zurückzog, fand ich mein rauhes Lager vortrefflich, und es verdroß mich kaum, daß der Regen durch die Decke auf meine Füße sickerte und ich mit ein paar Zeitungen die Bedeckung des schmalen Bettes vervollständigen mußte.

Das Schiff, auf welchem wir die Reise machten, war von der Bauart, die den Mississippidampfern und den Dampfern der in dieses Gebiet fallenden Flüsse ganz allgemein eigen ist: lang, schmal, sehr flach gehend, ein Rad am Hinterende, zwei Kamine nebeneinander, die erheblich höher als das Schiff und an der Mündung wie eine indianische Federkrone breit ausgebogen und zerschlitzt sind. Ueber dem offenen Unterraum, der die Maschine, das Brennholz und die Güter — vorwiegend Baumwollballen — beherbergt, erhebt sich auf Pfeilern der Passagierraum, der aus einem langen Saale besteht, welchen jederseits eine Reihe von Kajüten, Küchen, Schenktisch u. dgl. einfaßt. Im hintern abschließbaren Theile des Saales bewegen sich die Frauen, im vordern,

wo der Ofen, der Schenktisch und das Heer der Spuck-
näpfe aufgestellt ist, die Männer, und an den zwischen
beiden Polen stehenden Tischen lesen, langweilen, brummen,
schlafen die Gebildeten, Suffisanten, Unbehaglichen u. dgl.,
werden aber, wenn die Gesellschaft nur etwas warm
geworden, durch zahllose Kartenspieler vertrieben. Als
Specialität ist in unserm Falle ein sehr heiteres Spott-
vogelpaar zu nennen, das in seinem Käfig auf dem
hintern Tische stand und unermüdet sang. Es gab den
Neugierigen Gelegenheit, sich unter dem ehrenden Vor-
wand der Lernbegier und musikalischen Sinnes, ohne
Verletzung der Sitte in die nächste Nähe der Damen
zu wagen. Geraucht soll in dieser ganzen Kajüte nicht
werden, doch hängt dies von den Wünschen der Damen
ab. — Um diese Kajüte läuft eine offene Galerie, welche
sich im Vordertheil zu einem sehr engen Raume erweitert,
auf dem bei gutem Wetter sich die Reisenden aufhalten
können, sofern er nicht allzu sehr mit Koffern und Kisten
verstellt ist. Ueber der Kajüte ist ein zweites kleineres
Stockwerk mit Steuerhäuschen, Kapitänszimmer und
Schlafräumen für Reisende. Die gesammte Einrichtung
sowie auch die leider im Fahrpreise begriffene Beköstigung
ist weniger als einfach, ist schon eher roh zu nennen;
da die Bedienung nur von Farbigen besorgt wird, läßt
auch die Reinlichkeit zu wünschen übrig; wenn dann
auch noch der Regen in die Schlafräume sickert, das
ganze Schiff bei jedem Stoße der Maschine zittert und
ächzt und dann und wann bei ungeschickter Landung
zwischen die Bäume und das Gebüsch hineinfährt, daß
es höllisch kracht und klirrt und alles zusammen schreit,

muß man jedenfalls schon in Amerika eingewöhnt sein, um sich nichts Besseres wünschen zu wollen. In Anbetracht der allgemein primitiven Zustände hier im Süden würde es übrigens wol niemand einfallen, sich über diese Zustände aufzuhalten, ja es würde, wie auch bei mir im Anfang, wol eher ein Gefühl von Anerkennung vorwiegen, daß wenigstens dies geleistet sei, wenn nicht die Selbstgefälligkeit der Amerikaner so oft die Kritik herausforderte. Dieselbe tritt einem hier häufiger und unangenehmer entgegen als im Norden.

Die Uferlandschaft, die an unsern Blicken vorüberzog, indem wir den Alabama hinabdampften, war im großen dieselbe wie überall an den großen Flüssen des Südens: Vorwaltend dichter, bis an den Wasserrand herab stehender Wald, seltene Lichtungen, zerstreute Blockhäuser und dann und wann ein größeres hölzernes Wohn- oder Lagerhaus; das Wasser war lehmgelb; eine weite Strecke fällt auf beiden, dann auf einer, dann auf der andern Seite, dann wieder auf beiden Seiten und allmählich in die Ebene verlaufend, eine steile Wand unmittelbar zum Flusse ab, die an einem Punkte zweihundert Fuß hoch wird. Sie besteht aus einem dunkeln Thon, der voll Kreidefossilien steckt und von den Leuten hier „Seifenstein" genannt wird.

Da der Fluß an allen flachen Stellen aus seinen Ufern getreten war, erschien die Gegend viel wilder, als sie wol in normalen Zuständen sein wird. Viele Felder standen unter Wasser und zahlreiche Blockhäuser hielten sich nur noch auf schmalen Inseln, einzelne waren schon vom Wasser erreicht und verlassen. Von einer solchen

Insel nahm unser Boot Rinder und Schweine auf, die seit mehrern Tagen auf dem engen Fleck, von aller Nahrung abgeschnitten, gelebt hatten und erbärmlich aussahen. Oft war es unmöglich zu landen, und dann brachten sie die Güter und etwaige Reisende in Kähnen an Bord. In der Nacht bei greller Kienfackelbeleuchtung gab dies zu manchen malerischen Scenen Anlaß. Ich werde des Bildes nicht vergessen, als ein breiter Kahn voll Negern nachts unter Bäumen hielt, die bis an die Aeste unter Wasser standen, wie düster das Wasserrauschen in dem Gebüsch, das Hin- und Herschwanken der kleinern Bäume in den Fluten, der ruhigere breite Schatten der großen Sykomoren und Eichen, das Fackellicht in den dunkeln Zweigen und auf dem weiten, unruhigen Wasser, das Tauzuwerfen, An- und Abprallen, Krachen, Prasseln und das Stimmengewirr der Schreienden zusammenstimmte.

Die Bäume am Ufer standen meistens tief in Wasser und manche rangen vor dem Gewühl der Fluten, das um sie wirbelte, ihre Aeste wie verzweifelt, wie Ertrinkende; einige waren entwurzelt und mit andern zusammengewirrt. Da die Stämme fast überall verhüllt standen, brachten sich die eigenthümlichen Verästelungen, die besondern Formen und Farben der Baumkronen zu größerer Geltung als in natürlicher Lage. Am häufigsten und hervorragendsten war die Sykomore, die amerikanische Platane, mit ihren weißen, spärlich graugefleckten Aesten, die sammt den Zweigen weit ausgreifend manche kühne Linien in das lichte, graulich-grüne Laubwerk dieses Baumes zeichnen.

Wir brauchten unter diesen ungewöhnlichen Umständen statt vierzig Stunden dritthalb Tage bis Mobile, da wir an mehrern Orten viel länger verweilt hatten, als wir sollten. Früh morgens angekommen, wurde nach ausgiebiger Wanderung durch die Straßen der Baumwollstadt sofort der nächste Zug nach Neuorleans genommen, der uns durch beständig blumenreiche Sümpfe, durch Cypressenwälder und Palmengesträuch, an weißen Dünen und über Meeresarme weg in sechs Stunden — seit sechs Reisetagen die erste unverzögerte Fahrt — endlich nach der Großstadt des Südens brachte.

Neuorleans.

1. Vortheile der Lage. Gegenwärtiger Stand des Handels. Die Mississippimündung. Dammbauten.

Neuorleans, die Haupthandelsstadt im Süden der Vereinigten Staaten und Hauptstadt des einst französischen Staates Louisiana, liegt am linken Ufer des Mississippi etwa zwanzig geographische Meilen oberhalb seiner Mündung, zwischen dem dreißigsten und neununddzwanzigsten Breitegrade. Da in dieser Gegend bereits alles Land Deltabildung, flacher Sumpf ist und die Ufer des Mississippi nur wenige Fuß über den mittlern Wasserstand hervorragen, ist Neuorleans als Stadt oder genauer gesagt als Wohnstätte ebenso schlecht gelegen, wie seine Lage für einen Handelsplatz vortrefflich ist. Der letztere Vortheil hat aber alle Nachtheile überwunden. Nur in den ersten Jahren nach der Gründung (1718) wurde es bei einer Ueberschwemmung aufgegeben, bald aber wieder besiedelt, und seitdem ist es trotz Ueberschwemmungen und Krankheiten beständig gewachsen, ist bereits eine der bedeutendsten Handelsstädte der Welt und hat allem Anscheine nach noch ein Wachsthum vor sich wie nicht viele andere.

Die Vortheile seiner Lage springen in die Augen. Durch den Mississippi und dessen Nebenflüsse hat es Wasserstraßen, die bis in die Region der großen Seen und durch den Ohio selbst bis in das pennsylvanische Kohlengebiet reichen, während eine der fruchtbarsten Regionen der Welt, die westindischen Inseln und Mittelamerika, ein paar Tagereisen vor seinen Thoren liegt. So ist es in die Mitte zwischen zwei großen und reichen Gebieten gestellt. Auf der einen Seite liegt ihm das getreide-, holz-, kohlen- und metallreiche Innere Nordamerikas nahe, auf der andern die westindischen und mittelamerikanischen Länder mit ihren nie fehlenden Ernten von tropischen und subtropischen Producten, und in seiner nächsten Umgebung hat es eins der bedeutendsten Baumwollgebiete, ferner Strecken mit sehr ergiebigem Reis- und Zuckerrohranbau. Es scheint, als ob der Austausch zwischen so reichen Gebieten nothwendig eine große Handelsstadt in ihrer Mitte, gerade ungefähr in der Lage von Neuorleans erzeugen müsse, eine Stadt, der dann durch die Ausfuhr der von allen Seiten und besonders aus dem weiten Hinterlande zuströmenden Producte eine der ersten Rollen im Welthandel zuzufallen habe. Zum Theil ist dies bewahrheitet. Aber viel ist nicht eingetroffen, was man besonders beim ersten fabelhaften Aufschwung der Dampfschifffahrt auf dem Mississippi und seinen Nebenflüssen für Neuorleans prophezeit hatte. Von Neuyork abgesehen, mit dem es schon lange nicht mehr wetteifert, ist es auch hinter den Städten im Innern, hinter Saint-Louis, Cincinnati und Chicago zurückgeblieben. Von den Nachwirkungen des Bürgerkrieges, der es härter als irgendeine andere Stadt im Süden traf, erholt es sich so langsam, daß man einen gewissen Mangel an Energie, an Kraftvorrath herauszufühlen meint, der sonst in Nordamerika ungewöhnlich ist. Das Innere der Vereinigten Staaten ist in viel ausgedehnterm Maße, als man früher voraussah, durch Eisenbahnen und Kanäle nach der atlantischen Küste hin aufgeschlossen worden, und es gilt das ganz besonders von den fruchtbarsten und bevölkertsten Staaten, während das Gebiet westlich vom Mississippi, sowie das Missourigebiet, welche von Natur am meisten nach Neuorleans hingewiesen sind, keineswegs so rasch in der Cultur fortschreiten wie etwa Indiana und Illinois. Das kann seine Wirkung auf ihre prädestinirte Haupthandelsstadt natürlich nicht verfehlen. So viele von den Staaten des Mississippigebietes endlich, die einst Sklavenstaaten waren, Louisiana voran, sind ausnahmslos zerrüttet, verarmt und werden durch politische Wirren und unehrliche Verwaltung in der Entfaltung ihrer Hülfsquellen behindert, zumal vorübergehende Uebel, wie schlechte Ernten, Ueberschwemmungen, Verstopfung der Mississippimündung, sich im letzten Jahrzehnt verschworen zu haben schienen, das Gedeihen dieses Gebietes und seiner Hauptstadt zurückzuhalten. Uebersieht man aber wieder die natürlichen Vortheile der Stadt und ihr früher so rasches Aufblühen, so wird man sich sagen, daß dies alles nur eine Verzögerung in ihrem Entwickelungsgange sein kann, da derselbe wesentlich vom Fortschritte der Gesammtcultur in den mittlern und südlichen Theilen Nordamerikas abhängt, welche bei allen einzelnen Schwankungen doch im ganzen entschieden vorwärts geht.

Ueber den gegenwärtigen Stand des Handels von Neuorleans gibt der Bericht des „New-Orleans Price-Current", welches die einzige einigermaßen officielle Veröffentlichung der Art ist, für das mit 1. September 1873 endigende Geschäftsjahr folgende Daten, denen ich einige aus verschiedenen zuverlässigen Quellen gezogene Angaben beifüge:

Der Stapelartikel des neuorleanser Handels ist seit Jahren bekanntlich die Baumwolle. Von ihr wurden nach dem Hafen in diesem Jahre 1,407821 Ballen gebracht; 1868 hatte sich diese Zufuhr blos auf 668695, 1871 aber auf 1,548136 und 1872 auf 1,070239 Ballen belaufen. Die letztern Schwankungen beruhen auf den Zufälligkeiten der Ernte. Im ganzen hat der Baumwollhandel bedeutend zugenommen. Der zweitwichtigste Artikel ist Zucker, der im Staate Louisiana das wichtigste Ackerbauproduct darstellt. Die Zuckerernte hat sich trotz günstiger Jahre seit dem Kriege nie mehr zu der Höhe erhoben, die sie in den letzten Jahren vor dem Kriege erreicht hatte. Damals schwankte sie zwischen 200- und 300000 und betrug 1861 nicht weniger als 459410 Hogshead (Fässer von 1000—1200 Pfund), aber seitdem ist die beste Ernte die von 1870 mit 144881 gewesen, und die des letzten Jahres betrug wenig über 100000. An Melasse wurden 1870 über 10 Millionen, 1873 nur 8,898064 Gallonen gewonnen. Die Ausfuhr dieser beiden Producte geht vorzüglich nach dem Norden und dem Westen der Vereinigten Staaten und belief sich 1872 auf 81015 Hogshead Zucker und 153023 Fässer Melasse. — Auch Reis ist ein hervorragendes Product des Ackerbaues von Louisiana und sein Anbau ist besonders während des letzten Krieges durch die Schwierigkeiten des Bezugs aus dem Auslande gefördert worden. Die größte Ernte, welche je im Lande gemacht wurde, ist die von 1870, welche sich auf 100748 Fässer belief; die von 1873 ergab 52206 Fässer (zu 250 Pfund). Der Reisbau ist in manchen Lagen ertragreicher als der des Zuckers, und ist bei der Menge sumpfiger Ländereien, die hier völlig brach liegen, eine fortschreitende Zunahme desselben vorauszusehen. Der Ertrag von einem Acre Reislandes ist 5—8 Fässer reinen Reises im Werthe von 7—9 Dollars. Taback wird in bedeutender Menge aus verschiedenen Theilen des Mississippigebietes nach Neuorleans gebracht und von hier größtentheils nach Europa verschifft.*) Die Zufuhr und Ausfuhr ist gegenwärtig nicht einmal so groß, wie sie vor funfzig Jahren war, da auch sie durch den Krieg empfindlich geschädigt, ja fast vernichtet worden war und sich nur langsam erholt. Die Zufuhr betrug 1873 30191, die Ausfuhr 19984 Fässer, zusammen noch nicht den dritten Theil des

---

*) Die Lagerung in dem warmen, feuchten Klima von Neuorleans und die Verschiffung über den Golf nach Europa soll auf die Gärung der Tabacksblätter einen so vortheilhaften Einfluß üben, daß ihre Qualität dadurch verbessert wird und die Käufer vielfach ausdrücklich den „via Golf" nach Europa gebrachten Taback verlangen.

Betrages, den sie im letzten Jahre vor dem Kriege, 1860, erreicht hatte. Von westlichen Producten wurden 1873 1,046124 Fässer Mehl, 6,097522 Bushels Mais, 2,450027 Pfund Speck zugeführt und kamen von diesen zur Ausfuhr nach Europa und nach den atlantischen Häfen der Vereinigten Staaten nicht mehr als gegen 20000 Fässer Mehl, etwas über 800000 Bushels Mais und 490000 Pfund Speck. Einiges ging nach Cuba und andern Plätzen im Golfgebiete. In Neuorleans blieben von dem zugeführten Mehl 45, Mais 58, Hafer 29, Speck 10 Procent u. s. f., und man kann rechnen, daß durchschnittlich die Hälfte der Zufuhr in der Stadt und ihrer nähern Umgebung aufgezehrt wird. Leute, die in diesen Geschäften bewandert sind, klagen übrigens, daß der Westen so wenig producire oder wenigstens nicht genug von seinen Erzeugnissen nach Neuorleans sende; man habe eigens Boote für den Getreidetransport gebaut und müsse sie nun wegen mangelnder Zufuhr zu irgend anderm Transport benutzen.

Die „Producte des Westens", wie Mehl, Mais, Speck u. dgl., finden vielfach kürzere und billigere Wege durch Eisenbahnen und Kanäle nach den atlantischen Häfen, als nach Neuorleans, dem man einst, gerade aus seiner Verbindung mit dem Innern durch den Mississippistrom, ein rascheres Wachsthum und eine Handelsbedeutung prophezeit hatte, welche die jedes andern Platzes überflügeln sollte. Nur für das Golfgebiet ist Neuorleans der Stapelplatz der Producte des Innern geworden, und das langsame Tempo, in dem die wirthschaftliche Entwickelung dieser Region, Texas etwa ausgenommen, sich bewegt, hat auch die Entwickelung ihrer Haupthandelsstadt mehr hintangehalten, als man vor der Zeit der Eisenbahnen und zur Blütezeit des „eigenartigen" Landwirthschaftssystems des Südens, d. h. der Sklaverei, für möglich gehalten hätte. Allerdings ist kein Zweifel, daß der Süden sich kräftig emporringt, daß selbst Centralamerika und Westindien trotz der politischen Wirren wirthschaftlich in einem stetigen Fortschritt begriffen sind und daß die Production der innern und südwestlichen Staaten der Union, des Gebietes, das eben der Mississippi drainirt, sich immer nur vermehren kann. So hat ohne Zweifel auch Neuorleans ein sicheres Wachsthum vor sich, wird aber gewiß dasselbe nur beschleunigen können, wenn es von der Idee zurückkommt, die prädestinirte Haupthandelsstadt der Union zu sein, und mehr an das denkt, was zu thun bleibt, als was die Natur für es gethan hat.

Der gesammte Ausfuhrhandel erreichte im Jahre 1873 einen Werth von 104 Millionen Dollars.

In der Einfuhr, deren Werth sich auf etwa 17 Millionen Dollars belief, sind Kaffee, Salz, Bauholz von hervorragender Bedeutung. Von Kaffee wurden 1873 188074 Säcke, und zwar fast ausschließlich aus Brasilien eingeführt. Es macht dies fast ein Drittheil der ganzen Kaffeeeinfuhr der Vereinigten Staaten aus. Salz wurde aus Liverpool und Turko-Island (Westindien) eingeführt und kamen von dem erstern Orte 132876 Säcke, von diesem 93500 Bushels. Bauholz kommt von verschiedenen Plätzen in Florida, Alabama und Mississippi und wurden 7 Millionen Klafter davon eingeführt.

Der Schiffsverkehr im Hafen von Neuorleans war im Jahre 1873 folgender: Es liefen von nordamerikanischen Fahrzeugen 73 Dampfer (64432 Tonnen) und 196 Segelschiffe (131319 Tonnen), von fremden 104 Dampfer (168519 Tonnen) und 428 Segelschiffe (255342 Tonnen) ein. Von Küstenfahrzeugen liefen 204 Dampfer und 286 Segelschiffe von zusammen gegen 270000 Tonnen ein. Von den fremden Dampfern waren 68 englische, 15 deutsche, 12 spanische, 8 von Costa-Rica, 1 von Mexico; von den Segelschiffen 187 englische, 107 spanische, 61 norwegische, 19 deutsche, 18 italienische, 16 französische. Von Dampferlinien sind folgende vorhanden: 3 nach Neuyork, je 1 nach Philadelphia und Baltimore, 3 nach Liverpool, je 1 nach Hamburg und Bremen. Neuorleans selbst besitzt 5 See- und 151 Flußdampfer und 376 Segelschiffe mit einem Gesammtgehalt von 53212 Tonnen.

Neuorleans, das den größten Theil seiner Bedeutung dem Mississippi verdankt, nebenbei aber auch manches von den Launen des Vaters der Ströme zu leiden hat, betrachtet natürlich diese Lebensader mit der größten Aufmerksamkeit und folgt allen ihren verschiedenen Zuständen mit einer Theilnahme, die in mancher Beziehung an das innige Verhältniß des Aegypters zum Nil erinnert, nur etwas weniger von Dankbarkeit und, wie natürlich, mehr von Sorge in sich hat. Die „Neuigkeiten vom Flusse" bilden einen hervorragenden Abschnitt in jedem Zeitungsblatt. Bald wird der Zustand der

Mündungen, bald der der Dämme, bald ein Durchbruch, bald eine Sand- oder Schlammbank angekündigt. Schiffsunfälle, die wahrscheinlich auf dem Mississippi verhältnißmäßig häufiger vorkommen als auf den verkehrsreichsten Strömen Europas, stellen allwöchentlich ein Contingent aufregender Nachrichten zu diesen Neuigkeiten. Ferner sind die großen Städte im Stromgebiete, vorab Saint-Louis, durch den starken Verkehr so nahe gerückt und haben so viele gemeinsame Interessen, daß man auch für ihre Schicksale Antheil hegt wie für das Ergehen von Verwandten. Dann ist das Kanal-, Seen- und Lagunengewirr des Deltas in der nächsten Nähe von Neuorleans, dessen Zustand natürlich immer Interesse erregt. Selbst die verschiedenen Nebenströme, von denen einer steigt, wenn der andere fällt, und keiner zu irgendeiner Zeit ohne ein bemerkenswerthes Ereigniß daherkommt, ziehen die Aufmerksamkeit auf sich, sind viel bekannt und besprochen. In mancherlei Weise fordert also diese großartige und wirkungsreiche Naturerscheinung zu Beobachtung und Betrachtung auf. Die Thatsache allein, daß der Geist der übrigens auch verhältnißmäßig noch sehr dünnen Bevölkerung, die an den Ufern des Stromes wohnt, mehr darauf hingeleitet ist, ihn auszubeuten als zu studiren, kann es unter diesen Umständen begreiflich machen, daß man bisjetzt viel weniger von ihm weiß, als man nach seiner Wichtigkeit erwarten sollte.

Es gibt in der That Probleme, die seit Jahrzehnten die Aufmerksamkeit der Umwohner des Mississippi erregten. Zum Theil hängt von ihrer Lösung ein Theil ihres Wohlergehens ab, doch wollen sie bei unzulänglicher Forschung nicht vom Flecke rücken. So ist die häufige Verstopfung der äußersten Mündungskanäle des Mississippi ein alter Uebelstand, über dessen Beseitigung man gegenwärtig wieder hier und in Washington debattirt, ohne zu einem bestimmten Resultat zu kommen. Tiefgehende Schiffe müssen oft Wochen auf den Schlammbänken liegen, die hier außen sich immer neu anhäufen. Aber bei dem zähen Schlamme, von dem oft eine einzige starke Flut ganze Bänke aufwirft, ist Baggern nur von augenblicklichem Vortheil. Einige schlagen die Anlage eines neuen Schiffahrtskanals westlich von den natürlichen Mündungskanälen vor; andere sprechen für die engere Eindämmung eines der letztern. Diese soll dem Strom eine größere Geschwindigkeit ertheilen, durch welche er sein eigenes Bett mit geringer Nachhülfe gehörig tief erhalten könnte, und scheint von vielen praktischen Leuten als die beste Abhülfe des Uebelstandes anerkannt zu werden. Andererseits wird, und wie es scheint mit Recht, eine neue Kanalanlage nur als eine geringe Verminderung der Schwierigkeiten durch Vertheilung derselben auf mehrere Punkte betrachtet. Gerade jetzt sind die Zeitungen voll von Besprechungen dieser beiden Plane, und es scheint endlich Aussicht vorhanden zu sein, daß einer von beiden von Bundes wegen zur Ausführung kommen wird. Wie wenig aber der Vorzug, den man dem einen oder dem andern gibt, auf wissenschaftliche Erforschung der Verhältnisse sich gründet, zeigt, außer der endlosen Discussion selbst, das Auftauchen und ernstliche Betrachten der seltsamsten Plane, wie z. B. eines, nach welchem an den Schlammbänken Vorrichtungen zum

Hinüberheben der größten Schiffe angebracht werden sollen, und viel mehr noch das Auseinandergehen der Meinungen über die Entstehung dieser Schlammbänke selbst. Einige sprechen von vulkanischer Action, andere von Herauspressung tieferer Sedimentlagen durch beständige Ablagerung neuer Schichten, und während wir in einem Berichte lesen, daß selbst die niebrigsten Ufer, Schlammbänke und dergleichen sich seit der Zeit, in der die Franzosen die ersten Karten der Mississippimündung zeichneten, sich wenig verändert hätten, sprechen andere davon, wie Hebungen und Senkungen, und andere, wie hohe Fluten das äußerste Deltaland gleichsam wie Wachs modelten. Eine wissenschaftliche Erkenntniß der Thatsachen fehlt zur Zeit ganz.

Aehnlich geht es mit der Eindämmung des Stromes, der hier in seinem untern Laufe während der letzten Jahrzehnte durchschnittlich alle vier Jahre Ueberschwemmungen von großer Ausdehnung bewirkt hat. Er reißt da oder dort in jedem Jahre ein paar Dämme ein. So weite Strecken bebaubaren Landes werden dadurch in beständig sumpfigem Zustande erhalten, daß schon die Trockenlegung dieser Moräste allein einen kräftigern Schutz des Ufergebietes zu lohnen scheint. Die Dammbauten sind aber ohne System und nur zum geringsten Theile nach den Principien ausgeführt, welche man aus dem Studium der Ströme abgeleitet hat. Statt nach der topographischen Beschaffenheit, richten sich ihre Erstreckung und ihre Grenzen häufig nach den Gemarkungen, sodaß ein Zusammenwirken unmöglich wird. Oft vereitelt den Schutz, den sich ein vorsichtigerer Besitzer oder eine Gemeinde verschafft, die Nachlässigkeit anderer. Bei Ueberschwemmungen kommt es nur zu häufig vor, daß ein Theil der Uferbewohner, welcher sich bedroht glaubt, die Dämme der Nachbarn durchsticht oder, wie es auch schon öfter geschah, sich irgendwelchen Schutzmaßregeln, welche die Staatsingenieure für nothwendig hielten, mit bewaffneter Hand widersetzt. Daß die meisten Dämme dem Ufer so nahe liegen, um selbst durch die Wellen der Dampfboote mit der Zeit angefressen zu werden, ist ein Fehler, der erst jetzt verbessert zu werden beginnt, nachdem die vier südlichen Uferstaaten angeblich bereits gegen 50 Millionen Dollars für Dammbauten ausgegeben. Im allgemeinen scheint es, daß eben wie alle Uebel so auch die Ueberschwemmungen jetzt härter empfunden und mehr gefürchtet werden als im goldenen Zeitalter der Sklavenarbeit, wo die Pflanzungen in den Niederungen trotz der häufigen Ueberschwemmungen ertragreicher waren als die hochgelegenen. Bei theuerer und unsicherer Arbeit und allgemeiner Verarmung ist jetzt natürlich auch der Schaden durch Wassersnoth schwerer zu ersetzen.

Die Dammbauten am Mississippi sind, soweit sie auf das Gebiet des Staates Louisiana entfallen, einer Gesellschaft übertragen, welche die Verpflichtung übernommen hat, innerhalb 4 Jahren 15 Millionen Yards Dämme, die Yard zu 60 Cents, herzustellen. Der Staat, der bekanntlich finanziell ruinirt ist, bezahlt hierfür 21 Jahre lang jährlich 10 Procent der Gesammtkosten und erhebt eine Steuer von 2 per Mille für Dammausbesserungen.

2. Die Hauptstraße. Geschäftsstraßen. Wohnhäuser. Parke und Gärten. Grabmäler.

Vor den meisten Städten, die ich kenne, hat Neuorleans den Vorzug, daß seine breiteste und schönste Straße, die Canal-Street, welche zum Mississippi hinabführt, auch zugleich die belebteste ist. Dies ist besonders für den ersten Eindruck wichtig. Sie war schon die Lebensader der Stadt, die sich nur um einige „Blocks" östlich und westlich von ihr ausgebreitet hatte, und ist dieselbe unter größern Verhältnissen geblieben. Sie schneidet noch immer durch die Mitte des „Halbmondes", in dessen Form Neuorleans den hier stark gekrümmten Mississippi umwachsen hat, trotzdem sich die Stadt seit funfzehn Jahren um das Zehnfache ausgedehnt hat.*) Als Ausgangspunkt der sehr zahlreichen Pferdebahnlinien, durch ihre Lage nahe bei den Bahnhöfen und den Landungsplätzen der Dampfer und Fähren, dadurch, daß sie das eigentliche Geschäftsviertel der Stadt durchschneidet und fast in jedem ihrer Häuser ein reichausgestattetes Gewölbe beherbergt, durch ihre ebenerwähnte centrale Lage endlich wird sie in der That die Hauptlebensader der Stadt.

Aber freilich muß man ihre Belebung in einer Richtung mit amerikanischem Maßstabe messen, d. h. man muß die Massen in Betracht ziehen, welche in den Pferdeeisenbahnwagen sich durch sie hinbewegen. Würde man blos nach den Fußgängern und den Wagen schauen,

---

*) Von dieser Halbmondform der Anlage trägt Neuorleans den Beinamen Crescent-City.

so würde man den Verkehr geringer finden als in
mancher europäischen Stadt von derselben Größe. Aber
die Pferdeeisenbahnen verdichten und beschleunigen den
Verkehrsstrom in diesen ohnehin geräumigen Straßen
ungemein und machen ihn dadurch natürlich nach außen
weniger auffallend. Man wird es sehr bald gewohnt,
alle halbe Minuten und manchmal noch öfters einen
solchen Eisenbahnwagen vorüberrollen zu sehen. Die=
selben gehen still, ohne Gedränge und Verwirrung ihren
Weg, und selten mischt sich ein Ein= oder Zweispänner
oder ein Güterfuhrwerk darunter. Der Gütertransport
benutzt vorwiegend den Fluß, die Kanäle und einige Neben=
straßen. Wenn ein Blinder zum ersten mal durch die Haupt=
straße dieser großen Handelsstadt ginge, könnte er manch=
mal glauben, sich auf der Straße eines Dorfes zu bewegen.

Diese Straße ist etwa 70 Schritte breit und ist von
einer ebenso praktischen als schönen Anlage, der man
auch in andern Städten des Südens da und dort be=
gegnet. Längs der Häuser ist nämlich auf jeder Seite
ein 6 Schritt breiter plattenbelegter Fußweg, an den
sich eine etwas niedriger gelegte Fahrstraße anschließt,
welche 15 Schritte breit ist. In der Mitte aber zieht
sich ein Rasen hin, der mit mehrern Baumreihen be=
setzt ist und zu dessen Seiten die Gleise der Pferdebahn
gelegt sind. Die Häuser sind mit geringer Ausnahme
an dieser wie an allen andern Straßen von Neuorleans
keineswegs Prachtbauten wie in den nördlichen und
westlichen Großstädten der Union, sondern sind vorwiegend
von bescheidenem Aeußern und selten mehr als drei Stock=
werke hoch. Nach amerikanischer Sitte springt häufig

ein verandaartiger Vorbau aus Eisen über die ganze Breite des Fußweges vor und zieht sich oft bis zum Dache hinauf, sodaß er vor jedem Stockwerk einen breiten Altan bildet. Indem solche Vorbauten sich aneinander-schließen, bilden sie bedeckte Wege von ein paar hundert Fuß Länge, unter denen bei starkem Sonnen-scheine und bei Regenwetter die Schaulustigen ungestört vor den großen Auslagefenstern hin= und herwandeln können. Indessen verschönert die unkünstlerische Con-struction dieser Vorbauten, an denen kein schöner Bogen noch irgendeine Verzierung von Sinn oder Bedeutung angebracht ist, die Häuser, vor welche sie stehen, keines-wegs. Sie gibt im Gegentheil den betreffenden Strecken der Straße eher eine Art von Jahrmarktscharakter, wie er, freilich viel ausgeprägter, auch vielen ähnlichen Straßen in Neuyork und andern amerikanischen Städten zukommt. Daß unter diesen Vorsprüngen sich viele Trödler, Blumen= und Früchteverkäufer aufhalten, daß schreiende Anzeigeschilder, wie an den Häusern selbst, so an ihren Säulen angebracht sind, u. s. w., verstärkt den Eindruck von Unfertigkeit. Am allerwenigsten darf man sie mit Arcaden vergleichen. Es sind eigentlich nur flüchtige Gerüste, die ohne Schaden abgebrochen werden können, und auch ohne große Mühe oder Kosten aufzuschlagen sind. Sie geben sowenig wie die eisernen Häuser in Neuyork, Boston u. s. w. einen guten Vorgeschmack von dem Zeitalter der Eisenarchitektur, das uns bevorstehen soll.

Die Querstraßen, welche rechts und links von Canal= Street abgehen, sind eng, soweit sie der alten Stadt angehören, aber selten winkelig. Einige derselben, in

denen ein sehr reges Geschäftstreiben herrscht und hohe
Häuser stehen, erinnern ganz an die Geschäftsstraßen süd=
europäischer Handelsstädte, aber die meisten laufen in
Quartiere aus, wo bald an holperigen Gassen, bald an
breiten, unkraut= und pfützenreichen, halb wiesenartigen
Alleen unansehnliche Holzhäuser stehen, die oft nicht
größer und solider als eine Jahrmarktsbude sind.
Wären nicht die schönen Schattenbäume und das Grün
der Gärten, so würden dies trostlose Stadttheile sein.
Aber jetzt, wo alles grünt und blüht, kann man sich
der Illusion hingeben, daß sie Gartenvorstädte mit
schlechtgehaltenen Sommerhäuschen vorstellen. Hier ziehen
oft in der Mitte der Straßen breite Abzugskanäle mit
trägfließendem, so gut wie stagnirendem Wasser hin —
eine Erscheinung, die auf die Gesundheitspolizei der so
oft von Seuchen heimgesuchten Stadt kein gutes Licht
wirft. Von den zahllosen Pfützen will ich nicht reden,
da die Wochen meines hiesigen Aufenthalts außerge=
wöhnlich regen= und gewitterreich waren; doch würden
sie nicht vorhanden sein, wenn die Straßen ordentlich
gebaut und in gutem Stande erhalten würden. Aber
die Straßenreinigung steht in allen amerikanischen
Städten, großen wie kleinen, die ich bisjetzt sah, auf
einer erstaunlich niedern Stufe, was Kenner der Ver=
hältnisse zumeist damit entschuldigen, daß dies ein
Punkt sei, in dem man Betrügereien der Unternehmer
sehr schwer vorbeugen könne. Verwillige man zu ge=
ringe Summen für diesen Zweck, so würde nicht viel
weniger geleistet, als wenn man so freigebig verfahre,
wie es das Wohl der Stadt zu erheischen scheine.

Man wähle also von zwei Uebeln das kleinere und halte die Diebe durch möglichst kärgliche Bewilligungen im Zaume, was aber natürlich nur in den leider nicht sehr häufigen Verhältnissen möglich, wo nicht ein „Ring" unternehmender Männer sich selber so viel aus den öffentlichen Mitteln bewillige, als er zu stehlen gedenke.

Originelle Spuren des einst vorwaltenden Franzosenthums haben sich in den Namen von Straßen und Plätzen erhalten. Da ist eine Napoleon-Avenue, Josephine-, Austerlitz-, Marengo-, Jenastraße, eine Bourbon- und Dauphinstraße und sind gewiß ein paar Dutzend französischer Berühmtheiten von Saint-Denis bis auf Lesseps hier verewigt. Daß auch die neun Musen sammt Apollo, Bacchus, Dryaden, Najaden u. s. f. ihre Namen an die Straßenecken angeheftet sehen müssen, wird außerhalb der Grenzen des modernen Hellas, des Landes Corneille's und Racine's, nicht oft zu finden sein, ist aber hier mit Consequenz verwirklicht. Da schneiden Erato und Thalia die Annunciation- und Chapitoulasstraße, Terpsichore die Chippewa-, Bacchus und Apollo die Napoleonstraße; Saint-Patrick läuft zwei Blocks von den Dryaden und Pitt hart neben den Najaden. Es ist ein Hexensabbat. Die Engländer haben diesen französischen Berühmtheiten ihrerseits ein paar ihrer Männer und die Amerikaner ihre tausendmal verbrauchten Liberty, Pleasant, Franklin, Madison u. s. w., sowie eine Reihe von Nr. 1 bis 8, in ihren Umständen das Vernünftigste, hinzugefügt. Wem aber der heitere Einfall zuzuschreiben ist, einige der größten hart hintereinanderfolgenden neuen

Straßen Genius-, Kraft-, Tugend-, Gesetzes-, Hoffnungs-, Wohlthatenstraße zu nennen und, nicht zufrieden, noch Landwirthschafts-, Industrie-, Handels-, Reichthums-, Kunststraßen und ähnliche hinzufügen, ist mir unbekannt geblieben. Ein so wohlmeinender Mann verdiente eine Bürgerkrone. Wenn man aus den abstracten Höhen dieser schönen und edeln Straßen selbst nur in die Homerstraße herabsteigt, welche in der Vorstadt Algier liegt und nahe der Ptolemäus- und Sokratesstraße verläuft, wird es einem schon fast irdisch-gemein zu Muthe. Uebrigens besitzt die größte Buchhandlung Neuorleans keinen griechischen Homer auf Lager, was dieser andern Art von Anerkennung durch Straßennamen eigentlich erst den rechten Werth verleiht. — Was die Deutschen betrifft, so haben sie die Namen ihrer großen Männer an dieser und jener lauschigen Kneipe angebracht. Da die Biersalons die Orte sind, in denen sie nach alter Sitte von früh bis sehr spät ihr Trankopfer verrichten, haben sie meistens in diesen die Bilder ihrer Helden aufgestellt und in der weiten und toleranten Weltanschauung, die ihnen eigen, selten vergessen, ihnen einige Damenporträts, wie: die vier Erdtheile, die Blondeste der Blonden, die badende, schlafende, überraschte u. s. w. Schönheit, zuzugesellen.

Abgesehen von den Hütten, in denen bei diesem milden Klima nicht blos die Aermsten sich behaglich fühlen, und die am Ende doch noch um vieles gesündere und angenehmere Wohnstätten bieten als die Miethskasernen, die hier nur in den Negervierteln häufig sind, hat jedes Haus seine Veranda, die entweder um das Erdgeschoß und das Stockwerk läuft — die meisten Wohnhäuser außerhalb der Geschäftsviertel sind einstöckig —, oder, was die Regel, nur eine Art bedeckten Altan vor der Front des ersten Stockwerkes bildet. Sie sind selten mit Blumen verziert, wie denn die Blumenzucht unter den niedern Klassen hier nicht viel Freunde zu haben scheint. Es wird aber wol mehr von der Sitte oder Mode als von der Geschmacksrichtung bedingt werden, denn im nahen Mobile sind Straßen und Häuser voll Blumen, die ja bei dem milden Klima und dem guten Boden so leicht zu halten sind. Aber jedes Haus hat einen Hofraum und viele haben Gärten vor, neben oder hinter dem Hause, und aus diesen ragt häufig eine Platane, Eiche, Magnolie, ein Lebensbaum oder gar eine schlanke Palme empor.

Häufig sind in der nähern und fernern Umgebung der Stadt die Landhäuser der Wohlhabenden, welche fast immer von schönen Gärten umgeben und, wie mir scheint, hier mehr in europäisch mannichfaltigen Formen mit allerhand Stuck= und Gußverzierungen, Säulen, Bogenwerk, Thürmen gebaut sind als im Norden, wo sie sich öfters an das hölzerne Farmhaus mit seiner einfachen Vorhalle anschließen. Interessanter als die Häuser sind die Gärten, welche sie umgeben. Hier sieht man die schönsten Magnolien, Orangenbäume, Granat= äpfel, japanische Mispeln, die verschiedenen südlichen Eichen, die europäischen Platanen und die Sykomore, ihre amerikanische Schwester, da und dort auch Dattel= palmen und nicht selten die Bananen. Letztere leiden indessen oft vom Froste und sollen in einer kleinern

chinesischen Varietät häufiger zur Frucht gelangen als
in der riesenblätterigen, welche man sonst ausschließlich
zu pflanzen pflegte und die z. B. schon in Florida sehr
gut fortkommt. Im ganzen fällt aber in diesen Gärten
viel weniger der Reichthum südlicher Gewächse als das
Vorwiegen unserer conventionellen und kosmopolitischen
Gartenpflanzen auf. Man sollte erwarten, daß in einem
so blumenreichen Lande wie dem Golfgebiete, und in
einem Klima, das der Eingewöhnung wärmeliebender
Gewächse aus allen subtropischen Regionen der Erde so
günstig ist, die Zahl der Gartenpflanzen erheblich ver=
mehrt, besonders aber manche von unsern bescheidenern
durch schöne einheimische ersetzt werden könnten, an
denen in Wald und Feld kein Mangel ist. Aber es ist
das in sehr geringem Grade der Fall. Das scharlach=
blütige Geißblatt und der windende Jasmin, da und
dort auch die veilchenblaue Tradescantia, sind die einzigen,
welche ich ziemlich häufig aus den Wäldern in die Gärten
verpflanzt sah, und gewiß sind das werthvolle Be=
reicherungen. Aber was wäre nicht zu leisten, wenn die
Ziergärten etwas Besseres als ein modischer Luxus wären,
wenn Menschen von ursprünglichem, originellem Ge=
schmack und Natursinn den Anfang machten und wenig=
stens Theile der Gärten zu idealen Bildern der um=
gebenden Pflanzenwelt gestalteten, wie es manchmal
unsere Parke sind! Wie seltsam aber, daß man in den
Parken des Südens wunderselten eins der Gewächse,
besonders der Schlingpflanzen trifft, welche eine so große
Zierde seiner Wälder sind! Da sie im Norden nur Bäume
und Sträucher beherbergen, verbannt man jede hier als

Unkraut und würde selbst die so ungemein charakteristische Tillandsie nicht dulden, wenn sie sich vertreiben ließe. Wenn es nur anginge, so würde man gewiß Tannen und Lärchen vom Norden bringen und sie statt Palmen oder Lebenseichen anpflanzen, um sich doch ja nicht vom Vorbilde zu entfernen. Es herrscht ein geistloses Treiben in diesen Dingen, und von Gartenkunst oder von wissenschaftlicher Gärtnerei ist keine Rede.

Indessen ist das Alltäglichste, was man von dieser Art in der Stadt sieht, noch immer besser als der pomphaft sogenannte Stadtpark, welcher nichts als ein eingezäunter Sumpf ist, in welchem man schon vor den starken Frühlingsregen von Baumwurzel zu Baumwurzel voltigiren muß, um von einem Punkte zum andern zu kommen, und in welchem sich nur Heerden von Kühen, Pferden, Schweinen und Ziegen mit Behagen ergehen können. Am Eingange stehen zwei Reihen schöner alter Lebens- und Wassereichen, und dies ist das einzige Parkartige an der ganzen Anlage. Ein Bret bildet die Brücke von diesem Theile nach dem Sumpfe. Dickens hat wahrlich in vielen Beziehungen nicht zu stark aufgetragen, als er im Martin Chuzzlewitt das Bild der amerikanischen Sumpfstadt City of Eden zeichnete. Wenn er derselben einen Park hätte geben wollen, hätte er keck nur diesen City-Park der Großstadt des Südens copiren dürfen. Selten, daß man einem Menschen darin begegnet. Nur den Lebensüberdrüßigen scheint er sehr passend vorzukommen, um sich in seinem Schatten das Lebenslicht auszublasen, was ziemlich häufig passirt und allmählich der ganzen Anlage einen schauerlichen Reiz verleiht, den einzigen, dessen sie sich zunächst rühmen kann.

In ihrer Art viel anziehender sind die Kirchhöfe, welche zwar keinen Vergleich mit den herrlichen Anlagen in andern großen amerikanischen Städten aushalten, aber durch originelle Grabstätten und hübsche Gartenanlagen hervorragen. Einige von sehr beschränkter Ausdehnung liegen mitten in der Stadt, wo sie allmählich ganz von Häusern umschlossen wurden, andere, neuere liegen mehr als eine englische Meile entfernt und sind dann von breiterer Anlage. In beiden fallen die massigen Grabmäler mit oberirdischen Grabstätten auf, die oft nicht kleiner als ein Bahnwärterhäuschen und aus Marmor oder marmorähnlich angestrichenen Steinen meist in der Form eines griechischen Tempels aufgeführt sind. Die Kirchhöfe in der innern Stadt sind buchstäblich angefüllt mit diesen Kolossen, und nur ein paar Wege erlauben, sich zwischen ihnen durchzuwinden. Aber die Inschriften sind ganz kärglich, geben meist nur Namen, Geburts- und Todesdatum der verschiedenen Familienglieder, die hier zusammen beigesetzt sind. Oft hat irgendeine Gesellschaft eine solche gemeinsame Grabstätte, z. B. steht im Saint-Louiskirchhofe eine Grabstätte für die Glieder einer Freimaurerloge, für die einer spanischen Hülfsgesellschaft, in einem andern für den deutschen Gewerbeverein u. s. f. Weiterhin, besonders an den Mauern entlang, ziehen hohe Ziegelbauten, vollkommen schmucklose Rechtecke, hin, welche Actengefachen gleichen. Sie haben 4—6 Gefache übereinander und 30—40 in jeder Reihe, einige sind noch offen, andere frisch zugemauert, und die schon längere Zeit besetzten sind mit einer Marmortafel verschlossen, welche die übliche kurze Inschrift trägt. Mit Perlen- und Immortellenkränzen und Gedenktäfelchen dicht behangen, da und dort ein Strauß oder ein Gipsfigürchen oder Spielwerk von Muschel u. dgl. vor die Marmortafel gestellt, machen diese an sich kahlen Gräberfronten einen lebhaften und bunten Eindruck. Selten aber, daß die Inschriften bemerkenswerth sind. Ich erinnere mich nur einer, die mir der Aufzeichnung werth erschien. Sie stand ganz frisch eingemeißelt auf dem Grabe einer Polin, die mit 51 Jahren gestorben und nun 16 Jahre todt war:

> Pour sa mère sur cette terre
> Le Bonheur a fui
> Sans Retour.

Ich sah mich unwillkürlich um, ob nicht das greise Mütterlein den Weg heraufwanke. Es war ein stiller sonniger Morgen, die Zeit, zu der solche einsam Trauernde gern ihre Gräber besuchen. Gewiß kam sie gern hierher. Aber es blieb alles still, nur am Thore begegneten mir drei geschminkte, aufgedonnerte Amerikanerinnen, die lächerlicherweise Lilien in den Händen trugen.

In einem der neuen Kirchhöfe, welche vor der Stadt liegen, ist ein marmornes Kriegerdenkmal zur Erinnerung an die Thaten der Conföderirten errichtet. Ein Soldat steht in Feldausrüstung auf einer hohen Säule, an deren Grunde die Büsten Lee's, Jackson's, Johnston's und

Polk's angebracht sind, und das Ganze ist auf einen
schön verzierten Hügel gestellt. Es hält keinen Vergleich
mit einigen unserer bessern Siegesdenkmale aus und
wird mit der Zeit noch an Werth verlieren, da man
auch anderwärts Denkmäler von diesem Typus, mehr
oder weniger Copien, errichtet hat oder noch errichten
wird. Nur der schöne Kopf des Generals Lee ist selbst
in dieser rohen Form ein wohlthuender Anblick. In
Cambridge (Massachusetts) steht übrigens bereits ein
ganz ähnliches Denkmal für Truppen der Bundesarmee.

3. Ueberschwemmungen. Klima. Gesundheitszustand.

Mit andern bedeutenden Seehandelsstädten des
Südens, wie z. B. Savannah und Mobile, theilt
Neuorleans die weit vom Meere entfernte Lage. Es
ist fast 23 geographische Meilen von der Mündung
des Mississippi entfernt, wird aber kaum je die Wettbewerbung eines weiter seewärts gelegenen Platzes
zu fürchten haben, da weiter hinab wol da und
dort noch ein trockenes Plätzchen für eine Pflanzerwohnung oder ein Vorrathshaus, nicht aber ein Bau-
platz für eine große Stadt zu finden ist. Muß es doch,
wie früher bemerkt, durch ein ganzes System von Dämmen vor dem Mississippi geschützt werden, der schon bei
ein paar Fuß Steigung der tiefgelegenen Stadt gefährlich wird, und bläst doch oft genug der Sturm selbst
das Wasser aus dem Lake Pontchartrain, einer der nahen
Lagunen, in die Straßen der Stadt, daß es mehrere

Fuß hoch in denselben steht. Auch die häufigen Epidemien, denen Neuorleans ausgesetzt ist, das Gelbe Fieber vor allem, scheinen anzudeuten, daß die Stadt so weit in den Sumpf vorgeschoben ist, als nur irgend mit ihrer Lebensfähigkeit verträglich. Ringsum ist das Land sumpfig, und zur regenreichen Frühlingszeit geht man auf den Dämmen oder Bahnlinien, um von Ort zu Ort zu kommen, wenn man den Weg nicht zu Wasser machen kann. Die Landstraßen, deren Zahl gering und deren Beschaffenheit schlecht ist, stehen dann theilweise unter Wasser. Ich habe an manchen Tagen die Straße vor meinen Fenstern, welche keine der niedrigst gelegenen ist, vier bis sechs mal zum See werden sehen, wenn Gewitter über Gewitter mit raschen, aber sehr gehaltreichen Wassergüssen vorbeizogen. Manche Vorsichtsmaßregeln, wie z. B. die dichte Ziegeleinfassung um die Blumenbeete der Gärten, von welchen sonst die Erde sehr bald abgeschwemmt würde, lernte ich da verstehen. Selbst der Verkehr in den Haupt= und Geschäftsstraßen wird bei einigermaßen starkem Regen schwierig, für Damen unmöglich, bietet aber für den wasserdichten Zuschauer manches neue, unverhoffte Bild. Da sieht man Pferdebahnwagen, die, neptunischen Fuhrwerken gleich, durch die Fluten rauschen, bis zur Achse im Wasser, daß es schäumt und zischt und über den Passagieren zusammenspritzt, welche beim Aussteigen sich durch eine Brandung aufs Trottoir retten müssen. Man sieht Wasserfälle, die über todte Katzen weg in einen Strudel von Orangen und Bananenschalen, Maiskörnern und Cottonseed stürzen, Scyllen und Charybden, Seen, Buchten, Inseln — kurz jede Straße wird zu einer interessanten Marine, und die Negerkinder tummeln sich mit kaum mehr menschlichem Behagen in den Schlammpfützen.

Da diese öftern kleinen Ueberschwemmungen bei der sehr flachen Lage der Stadt nicht rasch genug ablaufen, um den Schlamm mitreißen zu können, sind sie keineswegs förderlich für den Gesundheitszustand, und am wenigsten, wenn ihnen eine grelle Hitze folgt, wie es im Sommer die Regel. Aber zum Glück ist Neuorleans größtentheils so breit gebaut und bietet so viele kleine billige Wohnungen, daß auch dieser Nachtheil durch luftiges, lichtes Wohnen einigermaßen aufgewogen wird, wie denn diesem Umstande der, im Vergleich zur Lage, nicht allzu ungünstige Gesundheitszustand der Stadt vorzüglich zuzuschreiben sein möchte.

Dem Jahresberichte des „New-Orleans Board of Health" (1873) entnehme ich über diese Verhältnisse folgende Angaben: Die jährliche Zahl der Sterbefälle in Neuorleans war 37,$_{05}$ per Tausend und mit Abzug der 972 töblichen Fälle von Gelbem Fieber, Cholera und Blattern 31,$_{72}$. Es starben in diesem Jahre an Blattern 505, an Cholera 241, an Gelbem Fieber 226, und betrug die Zahl aller Blatternfälle 1300, aller Cholerafälle 259, aller Gelbfieberfälle 388. Zu den Todesfällen der letzten sieben Jahre (1867—73) hatte das Gelbe Fieber folgende Zahlen geliefert: 3107, 3, 587, 54, 39, 226; und die Blattern: 40, 14, 137, 528, 2, 29, 505. Cholera war nicht in bemerkenswerther Ausdehnung aufgetreten. Der erste Gelbfieberfall des Jahres 1873 kam auf einem Schiffe von Havana im Juni vor, was die Ansicht derer zu bestätigen schien, daß diese Krankheit ein Product der Tropen und hier nur eingeschleppt sei. Aber in frühern Epidemien war eine Einschleppung nicht nachzuweisen und scheint unter allen Umständen Neuorleans mit der Lage und Umgebung, die wir beschrieben, seinen heißen Sommern und Spätsommern, welche indessen unangenehm rasche Witterungswechsel nicht ausschließen*), und ferner mit seinem aus Cisternen oder aus dem Mississippi genommenen Trinkwasser und seiner schlechten Straßenreinigung doch einen ausgezeichneten Boden für diese Pest darzubieten. Sehr langsam scheinen in dieser Richtung die Verbesserungen platzzugreifen, und der Anstoß, den die großen Epidemien in der Regel geben, scheint immer sehr bald seine Kraft zu verlieren. Schon nach der Epidemie von 1853 schien alles gethan werden zu sollen, um die Stadt, soweit es möglich, gesünder zu machen, aber heute liegt z. B. die Straßenreinigung vielleicht mehr im argen als vor 20 Jahren. Wurde doch bei Gelegenheit der vorjährigen Choleraepidemie nachgewiesen, daß in den Gossen längs der Front eines

---

*) Die mittlere Temperatur des Juli war in dem ziemlich normalen Jahre 1873 84° F., des August 82, des September 79, die höchsten Temperaturen in jedem von diesen drei Monaten 98, 92, 91 und die niedrigsten 82, 78, 78; die raschen Witterungswechsel kommen vorzüglich im Frühjahre vor, wo manchmal selbst noch Frost eintritt, wenn die Temperatur schon auf 86° stand; der tägliche Temperaturunterschied kann dann bis auf 40° steigen und er hebt sich im Juli und August noch bis zu 20° F.

Häuserquadrats (Blocks) bis zu 126 Pfund thierische Materie und bis 422 Pfund pflanzliche sich befanden! Todte Hunde und Katzen sind selbst in den Gossen der feinsten Straßen kein ungewöhnliches Vorkommniß, so= daß es auch nicht erstaunlich ist, wenn derselbe Bericht uns meldet, daß der Straßenstaub 15 Procent organi= scher Stoffe enthalte. Welche Gärung da ein Regen nach heißen Tagen erregen muß, einer der südlichen Platzregen, die alles aufwühlen, ist leicht einzusehen.

Von diesen Uebelständen abgesehen, kann Neuorleans sich eines ziemlich angenehmen Klimas rühmen, und soll selbst im Sommer die Hitze in keiner Weise erdrückend sein, weil sie durch kühle Winde vom Flusse her gemildert wird. Aber so angenehm wie in den atlantischen Südstaaten ist hier doch das Klima nicht, da die Lage schon zu weit westlich, zu sehr unter den Einfluß der kalten Nordwinde gestellt ist, die über das breite, flache Festland herwehen. Die Winter werden dadurch be= deutend kälter als unter gleicher Breite an der Ost= küste der Vereinigten Staaten. Leute, welche längere Jahre hier leben, wollen indessen doch einen merklich erschlaffenden Einfluß des Südklimas verspüren, und ich sah mit Erstaunen, wie empfindlich sie gegen die etwas kühlen Morgen und Abende geworden waren. Bei 50° F. wollten sie es nicht ohne Feuer im Kamin behaglich finden, während unsereinem nichts angenehmer sein kann als der volle Genuß dieser stärkenden Morgen= und Abendfrische.

Vielleicht trägt auch das zum verhältnißmäßig gün= stigen Gesundheitszustande der Bevölkerung bei, daß nicht leicht jemand, der irgend arbeiten kann, hier kärglich zu leben hat. Im Ueberfluß kommen Lebensmittel aus dem Innern und aus Westindien herbei, und der Golf nebst seinen Lagunen sendet eine Fülle gesunder Fische und anderer eßbarer Seethiere, während in Texas ein rindernährendes Land, ergiebig wie wenige, vor den Thoren liegt. Man gewinnt einen höchst erfreulichen Eindruck von der Fülle und Güte des Nothwendigen und Angenehmen, wenn man einen der Märkte besucht, welche im neuorleanser Leben eine hervorragende Stellung einnehmen. Ihrer ist eine ganze Anzahl in geräumigen, manchmal nicht unzierlichen Eisenhallen über die Stadt zerstreut, und es werden in ihnen nicht blos Fleisch, Fische, Gemüse, Früchte, sondern auch allerhand Hausrath, irdenes und Blechgeschirr, Zeuge zu Kleidern u. s. w. verkauft, und da sie zudem noch eine Masse kleiner Speisewirthschaften und Kaffeeschenken umschließen und unter den Verkäufern und Käufern Creolen und Neger vorwiegen, von denen jeder für zehn schreit, johlt und lacht, fehlt nichts zum Jahrmarktstreiben.

Schon der Reichthum schöner Früchte und Gemüse macht den Besuch einer solchen Markthalle interessant, mehr aber noch die Gestalten und das Gebaren des Volks. Vor der Thür auf dem Pflaster sitzt zum Beispiel eine Reihe von Indianerweibern mit Körben voll der großen Brombeeren, die man wie bei uns die Kirschen, wenn sie plötzlich in Masse erscheinen, tagtäglich in Kuchen- und Musform ißt. Diese Indianerinnen sind kümmerliche Reste vom Stamme Atala's, die draußen in der Prairie ihr Zigeunerleben führen, aber ihr Blut ist offenbar schon stark gemischt. Sie haben eine gelbbraune Gesichtsfarbe und breite Gesichter mit platten Nasen und dicken Lippen. Von der lebhaften Heiterkeit der Neger, Mulatten und Creolen sticht ihr trübseliges, scheues Wesen scharf ab. Sie haben alle ein Tuch über Kopf und Oberleib geworfen, das sie über dem Munde zusammenhalten, sodaß man wenig vom Gesicht sieht. Das pechschwarze, oft stark fuchsige Haar haben sie auf dem Wirbel in einen Knoten gebunden, von dem es straff hinten hinabhängt. Sie fühlen sich selbst in dieser vielgemischten Menge fremd, in der der dunkelste Neger sich mit Behagen bewegt, und jedem ist auch ohne jeden Gedanken an ihre dichterisch verherrlichte Vergangenheit ihre Gegenwart ein Anblick, der Mitleid erregt.

Beim Eintritt empfängt uns ein gemischter Duft, der fast noch betäubender ist als der Lärm der Stimmen. Von den Fischbänken, den Fruchtständen, den Kaffeebuden strömt er zusammen, und da und dort mischt sich, wie man sich gerade wendet, ein ganz besonderer hinzu, etwa vom Sauerkraut, das der deutsche Gärtner neben seinen Artischoken und Tomaten feilbietet, oder von den „Shrimps", den fingerlangen Garneelen, deren Saison eben jetzt anbricht, oder von Ananas, die der Verkäufer in appetitliche Schnitten zerlegt hat. Rings am Rande der Halle sind die Tische aufgestellt, an denen schon Zahlreiche ihre Labung einnehmen. Spiegel laufen am Rücktheile der Eßtische hin, damit die Speisenden durch Selbstzufriedenheit das etwa ungenügende Maß ihrer Zufriedenheit mit dem Gereichten gewissermaßen auffüllen können. Aber sie werden schon halb befriedigt sein, wenn sie die guten Dinge nur sehen. Sind das Prachtexemplare von Platten! Dieser Pompano, der gewiß fast einen Fuß breit und drei Fuß lang ist, wie schön sich seine braungeröstete Schuppenhaut vom milchweißen Fleisch und von den starken, wie Perlmutter glänzenden Gräten abhebt; wie kunstvoll ist er in zwei Hälften zerlegt, und wie duftet die Brühe, auf der eine volle Schicht rothen Fettes schwimmt! Dann der halbe Lammsrücken, dessen Fleisch so zart, daß die Rippchen herausfallen, während das Fett glashart gebräunt ist! Daneben die kalten Hühner, deren rauhes Aeußere zu gut bekannt ist, um nicht auch ihren Inhalt vorgenießen zu lassen; der gediegene Rindsbraten, dessen breite und hohe Schnittfläche von immensen Portionen erzählt; die Platte von gebackenen Eiern, frisch vom Feuer; die Bananenschnitten, auf denen noch das Fett siedet und einen Geruch zum Himmel sendet, der in vollster Körperlichkeit die Kartäuserklöße heimischer Fasttage ins Gedächtniß ruft; die rosenrothen Krebse, die viel zu gemein für ihren Wohlgeschmack; die gewaltigen Schüsseln voll Austernsuppe endlich, deren Dampf die ganzen Tische in eine poetische Wolke hüllt. Als verbindendes Medium all der Herrlichkeiten, die sich da aneinanderreihen, sind bauchige, blanke Messingkessel voll Kaffee zwischen je zwei Tische geschaltet, jeder mit vier spendbereiten Hähnen um die Brust, daß er wie eine busenreiche Göttin der Fülle anzusehen ist. Und dann muß man essen sehen! Ein hungeriger Neger vor einem vollen Teller ist ein Schauspiel für Götter. Ich liebe diese Kerle, wie groß ihre Dummheit ist und wie schuftig sie manchmal sein können, doch um der „stillen Lebenslust" willen, die in ihrem Lachen, ihrem Auge, ihrem ganzen Gebaren ausgeprägt ist. Sie sind zufrieden mit ihrem Leben, und das ist etwas gewaltig Wohlthuendes, da sie doch keine Thiere sind. Aber ihr „Wille zum Leben" prägt sich nie so stark aus, als wenn sie etwas Ordentliches, und besonders eine gehörige Masse davon zu essen haben. Welches Behagen! Welche Schluck= und Druckfähigkeit! Was malmen da die kräftigen Kinnbacken nicht zusammen, was arbeiten Kopf, Hals und Schultern, Arme und Hände! Ein Kalb wäre eine Kleinigkeit für manchen, nach diesen Leistungen zu urtheilen. Viele falten auch die Hände und sagen ein Stoßgebet vor und nach glücklich vollbrachter Arbeit, und da man manchen am Gesicht ansieht, daß es ihnen selbst an diesem recht weltlich geräuschvollen Ort inniger Ernst um ihr Beten ist, glaubt man auch etwas von edlerer Kindlichkeit unter der mehr thierischen hervorstrahlen zu sehen.

Neben diesen originellen Restaurationen bieten die Fruchtstände den interessantesten Anblick. Auch während der kältern Jahreszeit herrscht kein Mangel, denn Westindien, das viel von den Dingen liefert, die hier zusammengehäuft sind, ist schon tief im Sommer, während in hiesiger Gegend nur die ersten Früchte des Jahres, Brombeeren und etwa einige Tomaten reif sind. Die Banane, die billigste und nahrhafteste Frucht, ist immer in den größten Massen vertreten; ihre großen, citronengelben oder braunrothen Büschel, die da und dort vor Ueberreife schon schwarz werden, hangen rings um die Pfeiler. Von einer einzigen Pflanze genommen, ist manches derselben dreißig, vierzig

Pfund schwer, und noch darüber, und enthält mehrere Dutzend der gurkenförmigen Früchte. Man kauft hier im kleinen das Dutzend Bananen je nach der Größe für 25—50 Cents und begreift bei diesem Preise sehr gut, wie der Früchtehandel eins der lucrativsten Geschäfte sein muß, denn Bananen sind, wo immer sie gedeihen, zahllos und ihr Anbau kostet wenig Platz und Mühe; dennoch ist selbst der hiesige Marktpreis noch ein geringer im Verhältniß zur Vortrefflichkeit der Frucht. Bekanntlich ist das ganze Innere der Banane eßbar; es ist ein zarter, süßduftender Teig, und bildet, besonders in Fett gebraten, eine höchst angenehme und gesunde Speise. Nach den Bananen kommen Orangen, Goldmispeln und Ananas, und auch von ihnen ist nur die mittlere eine entschieden heimisch gewordene Frucht, während die Orange hier viel seltener als in Florida im großen, sondern nur mehr als Zierbaum in den Gärten gehalten wird, und die Ananas überhaupt nur im allersüdlichsten Theile der Vereinigten Staaten, in Südflorida, gehörig gedeiht. Auch diese beiden Früchte kommen meistens aus Westindien, ein kleiner Theil Orangen aus Florida und der Umgegend. Daß sie, des Geschmacks nicht zu erwähnen, eine sehr angenehme Augenweide, wo sie wie hier in großen Massen zusammengestapelt sind, wird sich jedermann denken können, der sich ihre Formen und Farben vergegenwärtigt. Die Ananas ist entschieden eine der schönsten Früchte in ihrer Größe, ihrer Form, ihrer braungelben, rautenförmig schuppigen Hülle und dem Büschel schwertförmiger Blätter an der Spitze, und von der Orange, die im dunkeln Laube glüht, weiß ja jeder

etwas Schmeichelhaftes zu citiren. Auch die Goldmis=
peln, die Früchte von Mespilus japonica, sind nicht übel,
wiewol sie weder so groß noch so süß sind wie die fici=
lianischen. Aber sie sind doch pflaumengroß, goldgelb wie
jene und etwas bereift, und sitzen gedrängt, oft zu zwölfen,
an den holzigen Stielen. Ein Hauptvorzug ist indessen
ihre Billigkeit, denn das Pfund kostet nur 10 Cents, wäh=
rend eine Ananas von 15—30, ein Dutzend Orangen
30—50 Cents kostet. Sie sind also vorzüglich den
Kindern zugänglich. Da aber die Zufriedenstellung die=
ser kleinen Plagegeister hier wie überall auf den Kreisen
der Familien als ein in seiner Art nicht unschwieriges
und manchmal sehr lästiges Problem lastet, eine Art
socialer Frage im Engern, ist das Vorhandensein einer
so billigen und gesunden Frucht in dem sonst obstarmen
Lande eine Sache von nicht zu unterschätzender Bedeu=
tung, deren Werth der Kenner des Lebens ohne weiteres
anerkennen wird. Was nun an kleinern Sachen noch
vorhanden: riesige Brombeeren, dito Erdbeeren, die
verschiedenen Nüsse und Kastanien, von der Cocos=
nuß bis zur gemeinen Erdnuß (Pea Nut) herab, die
Tamarinden — harte Schoten, welche mit dem dunkel=
braunen säuerlichen Marke gefüllt sind, das wir vom
Tamarindenmus der Apotheken her kennen —, spielt
eine geringere Rolle. Es sind mehr Leckerbissen oder
Spielereien. Dafür sind wieder Gemüse reichlich ver=
treten. Es ist besonders schon eine Masse neuer Kartoffeln,
Bohnen, Erbsen, die schönsten Weißkraut= und Salat=
häuptchen, daneben auch Artischoken, Süßkartoffeln (Ba=
taten; die unsern heißen zum Unterschied „irländische") und

Tomaten (Paradiesäpfel) vorhanden. Es sind viele Deutsche unter den Gärtnern, welche dies feilbieten, und sollen unsere Landsleute gerade in diesem Fach durch Fleiß und Fachkenntniß vor andern gedeihen. Ich hatte öfters Gelegenheit, in Amerikanerkreisen ihr Lob singen zu hören, in welchen man aber ihr „being so well off" vorzüglich dem Umstande zuschreiben wollte, daß die Familienmitglieder und besonders die Frauen tüchtig mitarbeiten. Offenbar sahen hier die Amerikaner das, was sie selbst am meisten entbehren, mit den größten Augen an, denn ich habe anderwärs mehrmals mit intelligenten deutschen Gärtnern gesprochen, und diese tadelten alle den Amerikaner wegen des Mangels an Ausdauer, welchen er bei jedem Versuch, einen Garten zu cultiviren, an den Tag lege. Man kann sagen, daß die Deutschen hier wie im Norden die besten und meisten Gärtner liefern. Auch in Charleston und Havana und selbst im innersten Florida versehen sie vielleicht die Hälfte der Märkte mit ihren Producten.

An Blumen sieht man nichts besonders Erwähnenswerthes. Rosen, Veilchen, Lilien, Geranien, Verbenen u. dgl. sind wie bei uns am zahlreichsten, und selten, daß eine tropische Zierpflanze, etwa eine Cycadee oder scharlachrother Salbei dazwischensteht. Aus Veilchen, Rosen und zarten Cypressenzweigen binden sie die schönsten Sträuße. Das dunkle Cypressengrün stimmt prächtig zu lichtern Farben.

Ein Franzose schreit in drei Sprachen: „Belles fleurs à vendre! Nice flowers to sell! Schöne Blumen verkaufen will ich!" Ein anderer singt vor einem Sack voll frischer Kartoffeln: „My potatoes are very nice! O nice are my potatoes!" Und ein dritter verkauft Lilien, deren Wurzeln in Krautblätter eingeschlagen sind, sodaß sie aus einem Krautkopf hervorzuwachsen scheinen; schon über seinen Ruf „Cabbage Lily!" müssen die schwarzen Dienstmädchen ungeheuer lachen und ein ganzes Knäuel drängt sich um ihn, die nähern Erklärungen über Eigenschaften und Cultur dieser merkwürdigen Pflanze zu vernehmen. Indessen hat sich ein Rechenmeister, ein abscheulich schlaues Yankeegesicht, mit großer schwarzer Tafel vor dem Thore aufgestellt, schreit und gesticulirt ein paar Dutzend Neugierige zusammen und zieht dann mit einer erstaunlichen Geschwindigkeit Quadratwurzeln aus. Hat er die Tafel vollgeschmiert, so springt er plötzlich herunter und streckt Hand und Mütze um die Fünfcentsstücke aus, ehe sich etwa einer drücken kann. Er macht keine schlechten Geschäfte, viel bessere gewiß als die Sänger und Harfenspieler. Er kennt seine Leute, denen Rechenfertigkeit noch eine Art Schwarzkunst ist, mit der man andern Unwissenden ungestraft das Geld aus der Tasche lockt. Für die Crème des Niggerthums ist es ein Evangelium, was er hier verkündet. Die, welche noch nicht recht begriffen hatten, folgten ihm „mit hohen Augenbrauen", als er sein Gestell auf den Rücken nahm, um die Rechenschule an einer andern Ecke aufzuschlagen.

Ins Straßenleben bringen hier überhaupt die Farbigen die stärksten Züge; sie haben reichlich alles, was dazu gehört, vorzüglich freie Zeit und unverwüstliche Heiterkeit. Als Händler mit Früchten, Blumen, Zuckerwaaren, als Stiefelwichser, Dienstmänner, Kutscher und am häufigsten als Eckensteher von ungewisser oder gar keiner Beschäftigung sind sie überall zu finden. Sie bilden in der That das Gros des Straßenpublikums, zumal ihre Frauen und Mädchen das Flaniren von früh bis spät mit der größten Ausdauer betreiben. Dieses ganze farbige Element ist aber hier von viel angenehmerm Charakter als in irgendeinem der andern Ex-Sklavenstaaten, wo ich es bisher beobachtete. Es hat eine erheblich höhere sociale Stellung und bildet nicht so vorwiegend nur den Satz und Abschaum der Gesellschaft, wie in den andern großen Städten des Südens. Neuorleans hat eine stärkere farbige Bevölkerung als Charleston oder Richmond, aber man würde nicht geneigt sein, es zu glauben, wenn nicht die Statistik es sagte — so viel geringer ist der Abstand von den Weißen. Es beruht das theils auf der weitaus überwiegenden Zahl der Mischlinge (die sich selber „yellow people", Gelbe, im Gegensatz zu den Schwarzen, dem „dark" oder „black people" nennen), theils auf dem Wohlstand, der in diesen Kreisen herrscht, theils, und nicht am wenigsten, darauf, daß die französische Bevölkerung Louisianas sich nie so schroff ihren Sklaven und Freigelassenen gegenüberstellt wie die angloamerikanische in den übrigen Sklavenstaaten. Zwar waren auch hier so ziemlich alle Gesetze angenommen, welche dazu dienen sollten, die Farbigen aus der Gesellschaft der Weißen auszuschließen; aber sie wurden sehr oft auf menschlichere Weise umgangen als anderswo. Wenn auch das Verbot der Ehe zwischen Farbigen und Weißen hier bestand, waren doch die uneingesegneten Ehen zwischen Gliedern beider Rassen sehr häufig und führten nicht selten zu innigen Verhältnissen, die der guten Erziehung und dem Wohlstand der Sprößlinge zugute kamen. Es gilt das besonders von den sogenannten Quadronen, den Mischlingen von Mulatten und Weißen, die an geistiger Begabung nicht hinter den Weißen zurückstehen und, was das weibliche Geschlecht betrifft, durch gesunde körperliche Schönheit alles weit aus dem Felde schlagen, was man in amerikanischen Kreisen an Amerikanerinnen für schön hält. Ich glaube in dieser Sache unparteiisch zu sein, muß aber sagen, daß mir diese schlanken Gestalten der Amerikanerinnen, diese schmalen, haararmen Köpfchen, diese bleichen Gesichter mit den überintelligenten Augen mit der Zeit so unleidlich geworden sind wie etwas Unnatürliches, Krankhaftes. Dagegen scheint mir die gesunde, naturwüchsige Schönheit vieler Farbigen immer mehr vor jener vergeistigten Schönheit vorauszuhaben. Aber auch in Gewerben und Handwerken verschiedenster Art haben sich die Farbigen einbürgern können und fanden in ihrem französischen Mitbürger, der geneigt ist, zu leben und leben zu lassen, einen mildern Concurrenten als in dem härtern und selbstsüchtigern Amerikaner.

Mississippi und Ohio.

1. Reise flußaufwärts. Der Dampfer. Treiben vor der Abreise. Flußscenerie bei Neuorleans. Boston Rouge.

Am klaren goldenen Abend, der einem heißen Apriltage folgte, verließ ich Neuorleans auf dem John Kilgour, einem der großen Dampfer, welche zwischen Neuorleans und Cincinnati fahren. Man hatte ihn mir als eins der schnellsten und bequemsten Passagierschiffe des Flusses geschildert, aber als ich ihn von außen betrachtete, schien er mir so vorwiegend Frachtschiff zu sein, daß ich schon daran war, den Gedanken aufzugeben, eine verhältnißmäßig so lange Reise auf einem so beschwerten und verstellten Schiffe zu machen. Der untere Raum war mit Fässern, Ballen und Kisten vollgepfropft, wie es Regel ist, aber auch der Oberbau, welcher Kajüte zu sein pflegt, war hochhinauf mit Kisten, mit Bündeln von Pflügen und andern Werkzeugen verstellt, und um das Dach, das diesen Theil vor den Unbilden der Witterung zu schützen pflegt, hingen in dichten Reihen die großen Bündel der Bananen, welche in ihren Leinwandhüllen so unschirrig aussahen wie die großen Fledermäuse, welche in Südasien zusammengefaltet an den

Bäumen hängen. Es schien kein Platz vorhanden zu sein, wo sich ein Mensch ergehen konnte. Als ich mir indessen einen Weg durch diese Ananasfässer, Citronenkisten und Bananenbündel gebahnt hatte, die übrigens einen sehr angenehmen Duft aushauchten, fand ich, daß das Innere etwas besser war, als seine Außenseite anzudeuten schien. Ich trat in eine Kajüte, welche wol 100 Schritte lang war und an deren Seiten sich 50 nicht ungeräumige, gut ausgestattete Cabinen hinzogen, und fand, daß wenigstens auf dem Dache derselben bei gutem Wetter immer noch ein erklecklicher Raum zum Luftschöpfen vorhanden war. Freilich schien die Reinlichkeit nicht groß, auch waren die Cabinenfenster alle mit Fracht verbarrikadirt; aber ich wußte, daß man von den Flußdampfern im Süden nicht viel verlangen darf, wenn man sich einigermaßen zufrieden gestellt sehen will. Das Boot sollte um 5 Uhr abends abgehen und Cincinnati in sieben Tagen erreichen.*)

Es war lebhaft am Werft, denn es gingen zur gleichen Stunde noch andere Boote nach dem obern Flusse ab, und Hunderte zappelnder, johlender Schwarzen waren unter unendlichem Lärm und Staubaufwerfen eifrig mit der Verladung der letzten Güter beschäftigt,

---

*) Im Jahre 1817, welches man als das erste Jahr der Mississippidampfschiffahrt betrachten kann, brauchte der zweite Dampfer, der diesen Strom befuhr, 25 Tage von Neuorleans bis Louisville. Noch im Jahre 1821, als schon über 70 Dampfer den Mississippi befuhren, war eine zwölftägige Reise von Neuorleans nach Louisville eine gute Leistung.

die wir mitnehmen sollten. Meistens waren es Baumwolle und Südfrüchte, die man noch herbeibrachte. Zu einer Ladung leerer Fässer, die hereingerollt wurden, beglückwünschte mich ein Freund, welcher noch an Bord gekommen war. Es fehle nun jedenfalls nicht an Lebensrettern, wenn das Boot in die Luft gehen sollte. „Aber", setzte er hinzu, „Sie haben wenig zu befürchten, denn das Schiff ist Eigenthum des Kapitäns, der vorsichtiger sein wird als so manche andere, die bei Unglücksfällen höchstens ihren Posten zu verlieren haben, und selbst diesen nur für kurze Zeit."

Ich habe ein ähnliches Boot, wie John Kilgour war, schon gelegentlich der Fahrt auf dem Alabamafluß beschrieben; doch war dieses erheblich größer. Es war 240 Fuß lang und etwa 40 Fuß breit und hatte Seitenräder, während jene kleinern Boote das einzige große Rad am hintern Ende haben. Im übrigen ist es ebenso flach gebaut, sodaß es trotz schwerer Ladung nur $6\frac{1}{2}$ Fuß tief ging, hat den Raum für Fracht und Maschinen auf dem fährenartig flachen Boden und läßt die Kajüte sowie den Gang, der um dieselbe führt, sich auf hohen Pfeilern und über deren Dach einen kleinern Cabinencomplex und das Steuerhäuschen erheben. Wie dort sind die beiden Rauchschlote sehr hoch und ziemlich schmal — die Entfernung von ihrer Spitze bis zum Boden des Schiffes beträgt über 70 Fuß — und das ganze Boot hat ein ebenso rauchiges, verschmuztes Ansehen. In den Holztheilen ist es von einer weder zierlichen noch sorgfältigen Arbeit. Mit einem Seedampfer oder einem Hudsonboot, ja selbst mit Booten, wie ich sie in Florida gesehen, ist es nicht zu vergleichen. Es ist früher überhaupt nicht Mode gewesen, den Mississippidampfern jenes elegante Aeußere zu geben, welches anderwärts ein Erforderniß ist. Sie haben lange, gleich dem größern Theile ihrer Passagiere, noch etwas von der Unfertigkeit und Rohheit der jungen Cultur des Westens an sich getragen. Seitdem die Eisenbahnen in noch nicht zwei Tagen den Weg von Neuorleans nach Saint-Louis und Cincinnati machen, hat zudem der Andrang der Reisenden zu den Dampfern erheblich nachgelassen. Es sollen indessen in den letzten Jahren doch einige sehr schöne, elegante Mississippidampfer gebaut worden sein, von denen einer gegen 300 Fuß lang und bedeutend über 100 Fuß hoch ist. Ein großer Passagierverkehr findet aber nur noch statt, wenn die Eisenbahnen durch Ueberschwemmungen beschädigt sind, und das ist allerdings nicht sehr selten der Fall.

Als die Zeit der Abreise herannahte, war in dem Vordertheil der Kajüte, wo das kauende, rauchende und kartenspielende Publikum sich zu versammeln pflegt, ein Gedränge, wie man es sonst nur auf einem Seeschiff trifft, das eine weite überseeische Reise vor sich hat. Mit den zahlreichen Passagieren und denen, die sie zum Abschiednehmen begleiteten, kam massenhaftes Gepäck herauf und gleichzeitig mehrte sich die Zahl und der Lärm der Handeltreibenden, die noch geschwind ein Fernglas, eine Brille oder ein Taschenmesser an Mann bringen wollten, der Zeitungsjungen, der Obstfrauen und anderer Handelsbeflissenen. Diese Leute haben die Erfahrung, daß nicht nur der Antritt einer größern Reise bei vielen eine fast leichtsinnig hoffnungsvolle Stimmung erzeugt, welche die gewohnten Principien der Klugheit und Sparsamkeit manchmal bedeutend erschüttert, sondern sie wissen auch recht gut, daß die meisten, die von hier flußaufwärts gehen, mit vollen Beuteln aus dem Stapelplatze der westlichen Producte zurückkehren, und daß manche ihr Geld sehr leicht verdient haben. Sie sind daher doppelt zäh, und mit Erfolg. Einer nach dem andern legt einen kleinen Vorrath von Bananen und Orangen in seiner Cabine ein, dutzendweise gehen die beliebten Messerchen ab, die zugleich Zahnstocher und Nägelreiniger sind, selbst ein Revolver findet noch in elfter Stunde einen Käufer; und als das Boot sich in Bewegung setzte und das Gedränge sich verlaufen hatte, barg sich die Hälfte der Reisenden hinter den breiten Blättern des „Picayune", „Republican" und anderer neuorleanser Zeitungen.

Wir fuhren an der langen Reihe der Dampfschiffe, dann an den Flatboats, den unförmlichen Holz-, Kohlen- und Getreideschiffen, die wie schwimmende Riesencigarrenkisten aussehen, endlich an den Segelschiffen vorüber, die dicht gedrängt beieinanderliegen. Es war ruhig am Werft geworden, denn es war schon Abend. In die Straßen, die aus der innern Stadt zum Flusse herabziehen, schienen nur noch die letzten Sonnenstrahlen und gaben dem dichten Staub, der jetzt bei der Ruhe im Fallen war, eine leuchtende, rothe Farbe, daß er wie Rauch glühte, und den Fenstern eine blendende Glut, die bei Diamanten nicht feuriger sein könnte. Die Stadt

Uferscenerie bei Neuorleans.

im ganzen aber, die kaum höher als der Fluß liegt und wenig bedeutende Thürme hat, bietet von dieser Seite kein Bild, das ihrer Größe und Bedeutung entspräche, sondern zieht nur mit düstern, fensterlosen Lagerhäusern und Eisenbahngüterschuppen an die Lände herab und läßt Landhäuser und schöne Gärten, die doch natürlicher Bestandtheil einer solchen Metropole sind, erst weiter oben an den Fluß herantreten. Dort beginnt dann schon die Vorstadt Carollton. Am andern (rechten) Ufer hat der Mississippi die grünen Wiesen unter Wasser gesetzt und läßt nur die Bäume und nächsten Häuser der Dörfer Algiers, Gretna u. a. hervorragen, welche ebenfalls als Vorstädte von Neuorleans gelten können.

Wie mühselig keuchend und langsam der schwere Dampfer seinen Weg flußaufwärts zu verfolgen scheint, verlieren wir doch bald Neuorleans und seine halb städtischen Dependenzen aus den Augen. Wir haben nun, kaum eine deutsche Meile von der Stadt, zu beiden Seiten die Dämme, welche die Pflanzungen gegen das hochgetriebene Wasser schützen, und darüber hinaus schon die Felder voll jungen Zuckerrohrs, das in langen Reihen, jede Reihe von zwei Furchen begrenzt, sich weit ins Land hineinzieht, bis der dichte Wald gegen den Horizont abschneidet. In ganz Louisiana und in großen Theilen von Mississippi und Arkansas, den drei Staaten, welche am Ufer des untern Mississippi liegen, bleibt dies der vorwiegende Charakter der Uferlandschaft: Ein Damm, der etwa vier Fuß über den Wasserspiegel aufsteigt, dahinter niedriger liegendes Culturland und hinter diesem der dunkle Streif des nie fehlenden dichten Waldes. Aber jetzt stehen weite Flächen des bebauten Landes unter Wasser, das als seichter See weit ins Land hineinzieht.*) Diese überschwemmten Flächen werfen das Abendroth, dessen Spiegelbild die Wellen des Flusses zu einem Spiel von leuchtenden Punkten, Streifen und Kreisen auflösen, wie ein einziger Goldspiegel zurück. In der Dämmerung sehen wir nicht die schon halb weggeschwemmten Häuser, die Dörfer, in denen das Wasser seit Wochen fußhoch steht. Nur breite Lücken in den Dämmen und da und dort ein entwurzelter Baum ist zu erkennen. Alles schaut nach den Bildern von Zerstörung. Man glaubte, der Mississippi müsse mit Trümmern bedeckt sein, man müsse das Rauschen der furchtbaren Flut hören, die sich noch immer durch die Breschen der Dämme in das Land ergießt — aber nichts von alledem ist zu hören oder zu sehen, vielmehr ist dieses Bild so friedlich, daß es fast beengend wirkt. Wir haben so viel von den Verwüstungen dieses Flusses in den letzten Wochen gehört, nun scheint er so still wie ein See im Gebirge, von dem die hohen Berge seiner Umrandung die Stürme fern halten, und scheint mit dem Abend noch immer stiller zu werden. Man erkennt selbst seine schlammgelbe Farbe nicht mehr unter der gleichmäßig dunkeln Spiegelfläche, die nach dem Verglühen des Abendrothes sich über ihn breitet. Man sieht keine Wellen als die, welche der Kiel und die Ruder des Schiffes aufpflügen, man hört

---

*) Memphis gegenüber war der Staat Arkansas zu dieser Zeit (April 1874) 10 deutsche Meilen weit vom Flusse landeinwärts überschwemmt.

kein Wirbeln oder Fließen, höchstens einmal, wenn wir uns dem Gestade nähern, den gurgelnden Anprall seiner Wellen am Ufer. Man gewinnt das Gefühl, daß dieser Strom zu mächtig ist, um nur unter convulsivischen Ausbrüchen, wie etwa ein plötzlich anschwellender Gletscherbach, Zerstörungswerke vollbringen zu können. Er ist wie ein Mann von Riesenkraft, der mit einem spielenden Finger seinen Gegner niederdrückt, ohne mit einem Muskel oder einer Miene zu verrathen, daß es ihn irgend aus seiner ruhigen Verfassung bringt. Ich sah nur einmal sein Wasser am Zerstörungswerk, wie es einen alten Cedernstamm, der sich mit seinem sperrigen Wurzelgewirr in eine Höhlung des Dammes verfangen hatte, mit Wellenschlägen tiefer und tiefer, bald bohrend, bald stoßend in die Grube einwühlte, die in kurzem zu einer weitern Bresche werden mußte. Der war freilich so eifrig an seiner unheilvollen Arbeit, daß er wie ein belebtes Wesen voll Bosheit und Heimtücke erschien; er selbst wird aber bald mit der Flut ins Land hineingerissen, wo sie ihn irgendwo in ihrem Schlamm begräbt.

Den nächsten Morgen kamen wir nach dem alten Regierungssitz des Staates Louisiana, nach Baton-Rouge, einer Landstadt, die auf der südlichsten der Anhöhen liegt, die da und dort sich aus dem prairieartigen Flachlande des Mississippithales herausheben; auf gleichen Anhöhen sind auch Vicksburg und Memphis und manche kleinere Orte erbaut. Es sind Schwemmgebilde, die z. B. bei Memphis ausschließlich aus gelbem Lehm bestehen. Auf dem höchsten Punkte des „Bluff" von

Baton-Rouge erhebt sich das alte Staatshaus, welches in einer Art von gothischem Schloßstil erbaut ist. Es ist vor einigen Jahren so vollständig ausgebrannt, daß es nun keine üble Ruine darstellt. Es zeigt nur schon zu sehr den rothen Backstein und den gemeinen, unsoliden Mörtel und täuschenden Anstrich der Neuzeit und wird es jedenfalls nicht zu dem ehrwürdigen Alter bringen, das einer rechten Ruine zukommen muß. Schon die Herren Neger, die nichts so gern thun als gefundene Dinge auflesen, werden hierfür nach Kräften sorgen. Ich habe sie auf das Auffischen von Treibholz hier Zeit und Mühe verwenden sehen, welche sich bei irgendeiner andern regelmäßigen Arbeit gewiß doppelt so gut gelohnt haben würde. Sie sind in diesen Dingen nützlich wie die Aasvögel.

Unser Schiff keuchte schwer, aber stetig auf seinem Wege fort und hatte bereits die Aufgabe gelöst, einen großen Saint-Louisdampfer zu überholen, welcher eine Stunde vor uns Neuorleans verlassen hatte — eine Aufgabe, die schon vor der Abfahrt das beliebteste Gesprächsthema gewesen war und von der ich mich nur wunderte, daß sie nicht wie sonst zu großen Wetten Veranlassung gab. Aber es trat ein Bruch an der Maschine ein, welcher uns eine unfreiwillige Rast von fünf Stunden auferlegte. Die Hoffnung, den Dampfer zu überholen, wurde aber nicht aufgegeben. Jeder Rauchstreif, der vor uns sichtbar wurde, wurde der City of Quincy zugeschrieben, und wirklich schmerzlich war die Enttäuschung, als wir sie endlich in der dritten Nacht überholt hatten, aber neuerdings durch eine plötzlich eintretende Störung im Maschinenbetriebe zu einem Halt von einigen Stunden gezwungen wurden. Nicht so sehr die Verzögerung der Reise an sich, als der Verlust des Vortheils über den Rivalen, den sie schon für sicher gehalten, kränkte unsere Leute, von denen es gewiß manche mit größter Freude begrüßt hätten, wenn die Kapitäne, den edeln Traditionen der Mississippischiffahrt folgend, sich zu einer gefährlichen Wettfahrt angestrengt haben würden.

2. Der Eindruck großer Ströme. Landschaftlicher Charakter des Mississippi. Uferwaldungen. Anbau. Städte am Ufer. Der Verkehr auf dem Mississippi. Bevölkerung der Uferstaaten. Der Ohio. Seine Uferlandschaft.

Man kann es als eine allgemeine Regel bezeichnen, daß der unmittelbare Eindruck großer Ströme immer weit hinter der wirklichen Bedeutung des Gegenstandes zurückbleibt. Weder die zerstörende noch die schaffende Thätigkeit derselben gibt sich in ihrer äußern Erscheinung kund, und wer daher z. B. an den Mississippi, den wir als eine der größten Lebensadern des stromreichen Amerika kennen, mit der Erwartung herantritt, ein großartiges Naturschauspiel zu finden, wird sich bedeutend enttäuscht fühlen. Eine nur an wenigen Stellen auffallend breite Wasserfläche, in welcher sich die strömende Bewegung so wenig bemerklich macht, daß man sich beim Dämmerlichte des Frühmorgens und Abends auf einen sehr ruhigen Landsee versetzt fühlen könnte, niedrige, fast durchaus bewaldete Ufer, selten eine ebenso flache

Insel oder ein Röhricht, das eine erst werdende Insel,
ein Mittelding von Sandbank und Insel anzeigt, sind
die Erscheinungen, welche er darbietet. Weite Ausblicke
flußabwärts oder -aufwärts gewinnt man bei dem un=
gemein gewundenen Laufe des Mississippi selten, und
am Ende bleibt das Imposanteste die Länge der
Zeit, in der wir diesen Strom immer gleich breit,
gleich ruhig, gleich einförmig umrahmt vor Augen
behalten. Vier Tage und Nächte haben wir ihn
vom Meere bis zur Ohiomündung denselben bleiben
sehen, und begriffen schon aus dieser Thatsache allein
den überwältigend großartigen Eindruck, den er auf
die Europäer machte, als sie zuerst in gebrechlichen
Kähnen sich von seinen Wellen seewärts tragen ließen.
Und von der Mündung des Ohio bis zu der des Missouri,
welche noch zwei Tagereisen weiter nordwestlich liegt,
bleibt ihm im wesentlichen derselbe Charakter eigen, so=
daß man ihn allerdings als einen der großartigsten,
aber zugleich der großartigst einförmigen Flüsse be=
zeichnen kann. Im übrigen aber muß man mit Karte
und Landesbeschreibung dem Eindrucke seiner einzelnen
Abschnitte nachhelfen, um sich seine Größe und Be=
deutung recht gegenwärtig zu halten.

Die Farbe des Mississippi ist, wie bekannt, gelb,
jedoch nicht das dicke trübe Gelb, das manchen andern
Flüssen eigen ist, sondern ein leicht ins Graue spielendes
helleres, halb durchscheinendes. Die Schlammtheilchen,
welche diese Färbung bewirken, sind nämlich so fein,
daß man Mississippiwasser wochenlang im Glase stehen
lassen kann, ohne daß es sich klärt. Es setzt im An=

fange wol eine verschwindende Menge gelben Pulvers
ab, bleibt aber immer gelblich durchscheinend trüb. Man
befreundet sich bald mit dieser Färbung, welche besonders
schöne Effecte des Mittags hervorbringt, wenn die
Wasserfläche das Blau des Himmels in einem bläulichen
Silberschimmer widerspiegelt, während ihre Wellenkämme
vom Sonnenlichte durchglüht sind, daß ihr Gelb trotz
seines matten Tones prächtig leuchtet.

Bei der Einförmigkeit der Uferlandschaft gewinnt
überhaupt der Wechsel und verschiedene Zustand der
Tageszeiten, wie er sich im Flusse spiegelt, ein tieferes
Interesse und entschädigt mit einer Fülle anziehender
Bilder für den Mangel großartiger oder lieblicher Scenerie
am Ufer. Auf der See erwartet man mit Sehnsucht
den Aufgang des Mondes und der Sterne, die eine
Abwechselung in Himmel und Wasserspiegel bringen.
Für diese einzigen am Tage fast immer gleichen Dinge im
Gesichtskreise, für das Morgen= und Abendroth, ja selbst
für die Wolkenbildungen gewinnt man ein ganz anderes
Auge als am Lande. Mit der Zeit wird es hier ebenso.
Sobald die Sonne untergegangen ist, wird Gebüsch und
Wald am Ufer zu zwei niedern dunkeln Rändern, die
wie Hecken oder Zäune eine schimmernde Straße ein=
fassen. Auf der Wasserfläche breitet sich indessen der
Goldschimmer aus, mit dem diese das tiefe Gelb und
Roth des Abendhimmels spiegelt, und oft ist er bis in
die Wälder zu verfolgen, deren Boden mit Wasser be=
deckt ist. In diesen tanzt die Glut gleich tausend Irr=
lichtern auf den Wellen, die sich an den Baumstämmen
brechen. Wenn die Farben am Himmel düsterer werden

und sich mehr gegen den Horizont zusammenziehen, wird auch die Wasserfläche farblos und spiegelt nur noch mit den höhern Wellen, welche von den Seiten des Schiffes ausgehen. Die Flut liegt aber im übrigen wie ein dunkler Krystall da. Nichts von der trüben Farbe macht sich bemerklich, und man meint, wenn jetzt gerade ein Meteor vorüberschösse, das die Dunkelheit aufhelle, müßte man in diesem Wasser bis auf den tiefsten Grund hinabsehen können. Aber nun kommt der Mond hinter den Bäumen vor, läßt neue Irrlichter, Silberflammen diesmal, auf dem Wasser tanzen, das unter ihnen steht, kommt dann näher und verwandelt das Wellenspiel, das hinter dem Schiffe herzieht, in der Ferne in einen kochenden See geschmolzenen glühenden Silbers und in der Nähe in eine Menge silberner Kreise, Bogenlinien und Punkte, die sich beständig auflösen, neu entstehen und zu den mannichfaltigsten Bildern verschlingen. Diese Spiegelung ist manchmal dem Meerleuchten ähnlich, nur daß der eigenthümliche Phosphorschimmer und das Leuchten aus der Tiefe herauf fehlt, das diesem eigenthümlich. Gegen Morgen tritt die natürliche Farbe des Flusses, das trübe, halb durchscheinende Gelb wieder hervor, um jedoch wieder zum Spiegel zu werden, sobald die Sonne hervorkommt. Wo Wellenschlag ist, scheint es im Lichte der Frühsonne, als koche eine gelbe Flüssigkeit über eine schimmernde Oberfläche auf, die sich, je nach den wallenden Bewegungen, hebt, öffnet oder schließt.

Die Wälder am Ufer bleiben im ganzen überall dieselben. Einzelne Magnolien oder Lebenseichen sieht

man da und dort in den Feldern oder vor den Häusern
stehen. Jene sind am schwarz-grünen dichten Laube und
den unveränderlich schlanken, aufstrebenden Formen, diese
an der breiten Veräftelung und dem graulichen, klein-
blätterigen Laubdache kenntlich. In der Ferne ragen
häufig die bizarren Kronen der Cypressen, welche immer
dicht mit Tillandsien behängt sind, über den Niederwald
hervor. Aber dieser, der vorwiegend aus Weiden und
Espen*) und vereinzelten Sykomoren besteht, bedeckt
allein den Uferrand, die Inseln und die überschwemmten
Niederungen. Er erscheint durch die buschförmigen Weiden
sehr dicht und erreicht durch die Espen, welche wie die
meisten im Sumpfe wachsenden Bäume auffallend schlank
und gerade aufstreben, oft eine beträchtliche Höhe. Aber
doch verliert er nie den Charakter eines jungen Waldes,
weil die einzelnen Bäume und Sträucher in der Feuchtigkeit und dem fetten Sumpfboden so dicht aufschießen,
daß wenige sich gehörig entfalten können. Nur die
Sykomoren wachsen durchgängig zu vollkommener Baum-
gestalt auf und beleben die Uferlandschaft mehr als alle
andern mit ihren weißen Aesten und dem Gelbgrün der
jungen Blätter. Von ihnen ist eine jede verschieden ge-

---

*) Eine Espenart, die von den Botanikern Populus moni-
lifera, von den Anwohnern des Mississippi Cottonwood genannt wird, ist besonders charakteristisch und am häufigsten von
allen Sträuchern und Bäumen am Ufer des Mississippi und
seiner Nebenflüsse. Von hier bis an die Grenze der californischen Vegetation jenseit der Felsengebirge ist es der ver-
breitetste und auf großen Strecken der Prairien und Plains
des Westens sogar der einzige Baum.

staltet. Es liegt dies darin, daß die Aeste stark, aber ihrer wenige sind, daß die Krone sehr durchsichtig ist und die Tendenz vorherrscht, die Verästelung früh zu beginnen, sodaß oft starke Aeste hart über der Wurzel vom Stamme sich abzweigen und kerzengerade aufsteigen, während ein anderes mal der ganze Stamm über der Wurzel in vier oder fünf Aeste ausstrahlt oder sich gabelt, daß man einen Zwillingsbaum vor sich zu haben glaubt. Im ganzen ist indessen der Uferwald niedrig und weithin, wo die Weiden vorwalten, sogar gebüschartig.

Im Gebiete von Louisiana sind die Niederungen längs des Mississippi angebaut oder tragen wenigstens Spuren einstigen sorgfältigen Anbaues. Zuckerrohr und Reis sind die Pflanzen, welche hier gezogen werden und hohe Erträge liefern. Hier sieht man dann und wann einen schloßartigen Bau und neben ihm unfehlbar ein einfaches, fabrikartiges Haus mit zwei hohen Schloten. Dieses ist das sogenannte Zuckerhaus, wo das Rohr gepreßt und der Saft versotten wird, jenes die Pflanzerwohnung. In Pracht und Wohlleben, das sie beherbergte, glich diese manchem Fürstenschlosse der Alten Welt, nun aber ist sie entweder verlassen oder um das verarmte Leben, das übriggeblieben, schlottert ihre Pracht wie ein fröhliches Purpurkleid um einen siechen Greisenleib. Es ist einstimmiges Urtheil aller, die das Land kennen, daß der Anblick der cultivirten Theile von Louisiana und ganz besonders der Mississippiufer seit dem letzten Kriege fast das Gegentheil von dem geworden ist, was er war. Früher war Louisiana der reichste und bestangebaute Staat des Südens, und die Pflanzungen zogen sich wie endlose Gärten am Flusse und seinen zahlreichen Mündungsarmen und Kanälen hin. Jetzt ist ein großer Theil des Landes in den Händen der einstigen Sklaven, die es verwahrlosen lassen, und ein anderer Theil kann aus Mangel an Arbeitskräften gar nicht mehr angebaut werden. Um die halbverfallenen Pflanzerwohnungen gruppiren sich die elendesten Block- und Breterhäuser, in denen die Schwarzen leben. Alles, selbst Landebrücken, die halbzerrissen am Ufer hangen, selbst der elende Zustand der Dämme und die Aermlichkeit des Rindviehs, das man da und dort grasen sieht, spricht von Verfall. Die Ueberschwemmung, die jetzt weite Flächen einstigen Culturlandes bedeckte, faßte diese Elemente zu einem sehr trostlosen Bilde zusammen.

Im Vergleich mit dieser Culturruine waren die dünn bevölkerten Uferstrecken von Arkansas, Mississippi und Tennessee, die sich vielfach noch ganz im Naturzustande befinden, sehr erquickliche Erscheinungen. Selbst die roheste Natur ist erfreulicher als der Anblick einer im besten Wachsthum halb getödteten Cultur, wie er in Louisiana uns auf Schritt und Tritt entgegenstarrt. Aber allerdings fehlte es auch hier nirgends, wo wir landeten, an den Banden lungernder Neger und an Weißen, die so arbeitsunkundig und streitlustig aussahen, als ob sie kürzlich aus dem Kriege gekommen seien. Einige von diesen, die ich in Arkansas sah, hatten einen entschieden romanischen Typus — brünett, schwarzäugig, hatten ihre Haare bis auf die Schultern hangen, waren hochgewachsen und von stolzem Auftreten. Man konnte muthmaßen, daß spanisches, oder vielleicht selbst Indianerblut in ihren Adern fließe. Eine Familie, aus einem Greise, einem jüngern Manne und einer jungen Frau bestehend, von denen jene in zerlumpten Röcken, hohen Stiefeln und breiten Hüten ganz unmodern malerisch erschienen, während diese, die das Gesicht in einen langen blauen Schleier gehüllt hatte und möglichst gute Kleider trug, sehr modern und städtisch aussah, konnte ebenfalls für eine typisch südliche gelten. Sie war auf der Auswanderung begriffen und mußte, nach der geringen Zahl und Beschaffenheit ihrer Habseligkeiten zu urtheilen, sehr arm sein. Trotzdem schauten die beiden Männer nicht im mindesten gedrückt, vielmehr sehr frei und kühn in die Welt, und ich sah in unserer ganzen Schiffsgesellschaft keinen, der so unbesorgt und muthig schien. Ich dachte, diese könnten vielleicht auch, wenn sie reden wollten, mit dem Squatter in Cooper's „Prairie" sagen: „Ich komme in diese Gegend, weil ich das Gesetz mir zu nahe rücken sah und kein Freund von Nachbarn bin, die ihre Zwiste nicht anders als mit dem Richter und zwölf Mann entscheiden können." Natürlich waren beide bewaffnet, wie man denn selten mit einem Südstaatlichen vom Lande eine Stunde zusammen sein wird, ohne daß man gelegentlich einen Revolver oder ein Dolchmesser zu sehen bekommt.

Außer Baton-Rouge passirten wir auf dieser Fahrt noch Vicksburg, Memphis und Cairo. Erstere liegen auf Erhöhungen, wie ich sie bereits beschrieben, und kehren dem Flusse die Fronten einer Anzahl von Geschäftshäusern und einigen bescheidenen Sommerwohnungen zu, wie man sie im Umkreise dieser Stadt zu finden

pflegt. Im Innern sind beide, soweit ich nach flüch=
tiger Ansicht urtheilen kann, mehr als gewöhnlich
schmuzig, schlecht oder nicht gepflastert, im übrigen so
regelmäßig und geradstraßig angelegt, wie man es von
amerikanischen Städten gewohnt ist. In Memphis feier=
ten die Deutschen gerade ein Maifest, wie mir ein jun=
ger Schweizer mittheilte, der in Helena (Arkansas) ein=
stieg, um es mitzufeiern und sich ein frohes Tanzver=
gnügen versprach, zu dem er sich flott herausgeputzt
hatte. Cairo, die erste bedeutende Stadt in Illinois
und ein wichtiger Eisenbahnknotenpunkt, hat ein blü=
henderes Aeußeres als diese beiden südlichen Städte.
Zahlreiche Schiffe lagen vor der langen Reihe von
Handelshäusern, mit denen sie am Ufer hinzieht, und
auf der Eisenbahn war trotz des frühen Morgens be=
reits ein reges Leben. In der Nähe von Cairo stehen
große Dampfmühlen, die sich in weithin sichtbarer Schrift
den Namen „Egyptian Mills" angehängt haben; aber
nicht weit davon lasen wir „Gasthof zur Stadt Karls=
ruhe", was diesen Versuch, dem ehrwürdigen ägyptischen
Städtenamen eine weitere Illusion unterzulegen, nicht
recht zur Wirkung kommen ließ.

Außer diesen Städten und kleinern Landungsplätzen
war nicht viel von Belebung und Verkehr wahrzunehmen.
Einige Schiffe lagen in Baton=Rouge, Vicksburg und
Memphis und ziemlich zahlreiche in Cairo, aber selten
begegneten wir an einem Tage mehr als einem Dampfer
und sahen auf der ganzen Reise nicht über fünf Flach=
boote. Da wir noch nicht in der Sommerzeit waren,
in welcher der Schiffsverkehr und überhaupt der Handel

aus dem Innern nach Neuorleans sich auf das Nothwendigste zu beschränken pflegt, war dies jedenfalls zum Theil der allgemeinen „dullness" der Geschäfte zuzuschreiben, von der die Handelsleute an Bord endlose Klagelieder sangen. Aber man kann im allgemeinen behaupten, daß der Verkehr auf dem Mississippi sich nicht von fern in dem Maße vergrößert hat, wie die Entwickelung der Staaten erwarten ließ, die in seinem Stromgebiete gelegen sind. Wir sehen dieselbe Erscheinung im Verkehrsleben der Flußgebiete sich überall ausprägen, wo der kürzere, bequemere und sichere Eisenbahntransport mit der Flußschiffahrt in Concurrenz tritt. Aber sie tritt beim Mississippi besonders auffallend hervor, weil man nicht zweifeln kann, daß er durch Lage und Größe und durch die Beschaffenheit des ganzen Flußsystems, das zu ihm gehört, einer der größten Verkehrsförderer unter allen Flüssen ist. Ist er doch die eigentliche Hauptlebensader der bevölkertsten, reichsten und thätigsten Gebiete von Amerika. Sein beständiger Wasserreichthum, seine Tiefe, seine Breite, die verhältnißmäßig gerade Richtung seines Laufes und die Länge seiner schiffbaren Strecke machen ihn zum Muster eines großen, natürlichen Verkehrsweges. Dem entsprechend war auch seine Bedeutung eine außerordentliche, solange die Eisenbahn noch nicht die Hauptstädte seines Gebietes verband. Die wunderbar rasche Entwickelung der Mississippi-Dampfschiffahrt, welche es von zwei kleinen Dampfern im Jahre 1817 auf 220 mit 40000 Tonnen schon im Jahre 1832 gebracht hatte, mußte zu jener Zeit, wo die Ansiedelungen noch kaum die Missourimündung erreicht hatten und am mittlern Mississippi, in Tennessee und Arkansas noch spärlich waren, die größten Erwartungen erwecken. Aber ihr Fortschritt, bedeutend wie er immer war, hörte bald auf, Schritt zu halten mit der Entwickelung der Hülfsquellen und dem Anwachsen der Bevölkerung in diesem großen Stromgebiete. Ich habe diese Erscheinung bei der Besprechung des neuorleanser Handels berührt, der natürlicherweise mehr als jeder andere von dem Wachsen und Fallen des Mississippiverkehrs berührt wird. Der Grund liegt hauptsächlich in dem Zeitverlust, welchen der Schiffstransport an und für sich im Vergleich mit dem auf Eisenbahnen bedingt, den aber hier der Umstand noch besonders empfindlich macht, daß Neuorleans durch seine Lage im Hintergrunde des Golfes von Mexico die Hauptstraßen des großen europäisch-amerikanisch-europäischen Verkehrs, die alle an der atlantischen Küste ausstrahlen, immer erst auf dem langen und gefährlichen Umweg um die Halbinsel Florida erreicht. Zusammen mit den Ursachen, die oben für den Stillstand von Neuorleans angegeben wurden, machen es diese Verhältnisse erklärlich, daß z. B. Tennessee trotz seiner Lage am Mississippi seit einigen Jahren große Mengen Baumwolle nach atlantischen Häfen liefert.

Am Ohio treten wir bereits in den Wirkungskreis dieses kräftigern und regsamern Lebens, das von Osten, von der atlantischen Küste über das weite Land hin wirkt. Er führt uns durch ein Gebiet, das, mit amerikanischem Maßstabe gemessen, ein hochcultivirtes zu nennen ist. An seine Ufer reichen die fruchtbarsten und bevölkertsten Staaten des Westens, Kentucky, Illinois, Indiana, Ohio. Schon an dem Punkte, wo er, aus dem Gebirge der nördlichen Alleghanies tretend, anfängt schiffbar zu sein, gleichsam am Thore der pennsylvanischen Kohlenregion, liegt die bedeutende Industriestadt Pittsburgh, weiter flußabwärts die gewerb- und handelsreichen Städte Cincinnati und Louisville, welche beide zu den Emporien des Westens zählen. Ferner Evansville (22000 Einwohner), und gegenüber der Mündung in den Mississippi Cairo (6300 Einwohner), beide mit bedeutendem Handel und Gewerbe. Es sind das bereits ganz andere Verhältnisse, als wir sie am Mississippi gefunden haben, wo außer Neuorleans zwischen dem Meere und der Ohiomündung nur die bedeutenden Orte Vicksburg und Memphis zu finden sind, von denen nur der letztere etwas über 40000, Vicksburg aber nur 13000 Einwohner zählt. Vergleichen wir ferner die Bevölkerungszahlen der verschiedenen Uferstaaten, so finden wir in Louisiana 726915, Mississippi 827921, Arkansas 484471, Tennessee 1,258520, Kentucky 1,321011, Illinois 2,539891, Indiana 1,680637, Ohio 2,665260. Fügt man hinzu, daß in den vier Staaten am untern Mississippi die Zahl der Farmen 264069 und der Manufacturen 10684 beträgt, während sich in den vier genannten Ohiostaaten 678467 Farmen und 52607 Manufacturen befinden, so liegt der schneidend scharfe Culturunterschied auf der Hand.

Diesen Verhältnissen entsprechend ändert sich, abgesehen von der sehr verschiedenen Bodengestaltung der beiden Flußthäler, die Uferscenerie erheblich, sobald wir in den Ohiofluß einbiegen. Schon auf der Missouri= seite des Mississippi erhöhte sich das Ufer auf weite Strecken und erschien ausgedehnter angebaut und dichter bewohnt als in irgendeinem andern südlichern Theile, das untere Louisiana allein ausgenommen. Hier aber wird lückenlose Cultur des Thalbodens, der selbst jetzt, bei Hochwasser, durchschnittlich sechs bis zehn Fuß über den Fluß sich erhebt, die Regel und es verdrängt, je höher wir im Flusse gelangen, das helle Grün der Weizenfelder, das dunklere des Hafers, Obstgärten, die in voller Blüte stehen und Ansiedelungen, Dörfer und Städtchen, die gut gehalten sind, den Nie= derungswald, der im Mississippithale fast unumschränkt herrschte. Oefters hat man, wo der Strom durch eine Biegung sich zum See abzuschließen scheint, rings im Umkreise einige Dörfer, wol auch ein Städtchen am Ufer, und überall Felder und Gärten zwischen dem Flusse und den Hügeln der Thalumrandung, die schon lange nicht mehr in natürlicher Dichtigkeit bewaldet sind. Am Abend, wenn der Strom, der viel ruhiger als der Mississippi fließt, glatt wie ein Spiegel, und das ganze Bild in einer gewissen milden Stimmung und halb verschleiert daliegt, kann man sich an die Weser oder an die Donau versetzt denken. Sobald aber das Ufer wiederum niedrig wird und sich mit Sumpfwald bedeckt, oder sobald die Hügel unmittel= bar an das Wasser herantreten, sodaß keine Thalebene übrigbleibt, muß die Täuschung verschwinden. Dann sieht man alsbald, daß die Bevölkerung sich doch nur erst die bequemsten Stellen zur Urbarmachung und zum Woh=

nen ausgesucht hat, während Dörfer in höhern Lagen, oder durch Dämme geschützt wie bei uns, in den Niederungen gar nicht vorhanden, ja, auf den einladend flachen Bergkämmen und Vorsprüngen der Thalabhänge selbst einzelne Häuser ganz selten sind. Andererseits ist aber der Schiffsverkehr stärker als auf dem Mississippi. Wir begegneten besonders zahlreichen Flachbooten mit Kohlen, die flußabwärts, und andern mit Eisenerz (aus Missouri), welche aufwärts gingen. Die Boote mit dem schweren Eisenerz werden durch Dampfer, die ein einziges großes Rad am Hinterende haben, gewissermaßen geschoben, und sind es gewöhnlich zwei sehr große Flachboote, die an das Vordertheil des Dampfers befestigt sind. Die mühsame, keuchende Schleppbewegung dieser unförmlichen Conglomerate macht sich völlig ungeheuerlich. Selbst wo sie unbeschwert von solchen Anhängseln sich durch die Wellen arbeiten, sind diese sogenannten Hinterradboote höchst schwerfällige Erscheinungen. Wie das unförmliche Rad langsam eine breite Welle um die andere aus dem Flusse spinnt, scheint es jeden Augenblick, als wollte es das ganze Boot vom Hinterende her auflüften und über dem Wasser womöglich um sich selber drehen.

Kohlenboote lagen an einigen Orten zu Hunderten in langen Reihen paarweise am Ufer. Großen und kleinen Fracht- und Passagierdampfern, kommend oder gehend, begegnen wir in jeder der Windungen, welche den Fluß in eine Kette abgeschlossener Bilder zerlegen, und einen oder mehrere finden wir an der Lände jedes Städtchens, an dem wir vorüberfahren.

Die flachhügeligen Ufer dieses Flusses wirken nach der Eintönigkeit des Mississippithales wahrhaft erfrischend. Sie sind zwar in keiner Weise bedeutend, aber es sind doch nicht die ewigen endlosen Parallellinien des Wasserspiegels, Uferrandes und Gebüsches. Wie niedrig die Berge, es sind doch Thäler, selbst Schluchten, auch dunkle Höhleneingänge vorhanden, in denen wir dies und jenes wenigstens vermuthen können, wogegen schon eine kühne Phantasie dazu gehört, das Mississippithal über seine buschigten Uferränder hinaus nach andern als flachen, niedrigen, sumpfigen Scenen zu verfolgen, wie wir sie unaufhörlich daselbst vor Augen haben. In dieser Hinsicht ist es mit nicht sehr großartigen Landschaften wie mit Gesichtern: sie reizen am meisten durch das, was sie ahnen lassen, sind um so interessanter, je mehr unsere Phantasie durch ihre Züge angeregt wird, an ihnen zu deuten, auszumalen, zu ergänzen, zu verfolgen. Wenn die obersten Wipfel eines Tannenwaldes über eine noch so flache Höhe ragen, deuten sie ein Thal an, über dessen Abhang sie sich erheben, dessen Grund wir mit Bächen, Wiesen und Aeckern und mit freundlichen, heimlich abgeschiedenen Wohnstätten beleben können. So ist es auch, wenn ein Bergvorsprung ein Thal verbirgt, daß wir nur einen flüchtigen Einblick im Vorüberfahren gewinnen, wenn eine Straße oder gar eine Eisenbahn in das Land hinter den Uferhöhen führt, oder wenn ein Kirchthurm über dieselben vorragt. Hier am Ohio fehlt es in der freundlichen Uferlandschaft zum Glück nirgends an Material zu erwünschtester Ausfüllung des Hintergrundes. Ich glaube, daß es wahr ist, was man hier

oft sagen hört: der Ohio mache den europäischsten Ein=
druck von allen nordamerikanischen Strömen.

Am eindrücklichsten wird aber natürlich die Belebung
der Ufer sowol als des Flusses selbst in der Umgebung
der beiden großen Städte. Beide liegen an Stellen,
wo der Fluß scharfe Biegungen macht, ziehen sich mit
langen, schmalen Vorstädten am Ufer hin, haben bedeu=
tende Orte auch jenseit des Flusses liegen und sind, lange
ehe man sie erreicht, an dichten Rauchwolken und weit=
hin sichtbaren, imposanten Brücken kenntlich, die sich mit
erstaunlich kühnen Bogen über den Fluß spannen. Zahl=
reiche Dampfer liegen an ihren Werften, die mit Fässern
und Ballen dicht verstellt sind. Aber beide, Louisville
sowol als Cincinnati, haben weder schöne noch impo=
sante Fronten; sie wirken zunächst nur durch die Masse
ihrer Häuser.

Die drei Hauptstädte des Westens.

1. Die vier großen Verkehrsgebiete im Innern der Vereinigten Staaten. Ihre Hauptstädte. Schrittweise Entwickelung. Cincinnati ist die frühestentwickelte. Bedeutung des Ohio für die Besiedelung des Westens. Die alte Einwandererstraße. Die zwei Einwandererströme. Wachsthum der Bevölkerung im Ohiobecken. Die Lage von Cincinnati. Anlage der Stadt. Bauart. Allgemeiner Eindruck. Industrielle Bedeutung. Handel. Cincinnatis Bedeutung für den Südosten.

Das Innere der Vereinigten Staaten, jenes große Flachland, das im Osten und Westen von den beiden „Rückgraten" des Continents, den Alleghanies und der Cordillere des Felsengebirges, im Süden vom Golf von Mexico und im Norden von jener niedrigen, aber weitgestreckten Hochfläche der canadischen Seenplatte begrenzt wird, zerfällt für den Verkehr naturgemäß in vier große Abschnitte, die den vier hervorragendsten Zügen in der Bodengestaltung dieser Region entsprechen. Im Norden bestimmen die großen Seen ein natürliches Verkehrsgebiet, im Westen der Missouri, der größte westliche Nebenfluß des Mississippi, im Osten der Ohio, welcher der bedeutendste von den östlichen Zuflüssen ist, und im Süden endlich bildet der Mississippi selber den frucht=

baren Ländern, die von seinen beiden Ufern bis an die fernen Gebirge liegen, ganz naturgemäß das Thal. Ihnen fließen nicht blos ihre Wasserströme und Flüsse, sondern auch die Ströme ihres Verkehrs zu, und in seinem mächtigen Bette suchen sie alle den Weg zum völkerverbindenden Meere. Bei dem innigen Zusammenhange, der zwischen Verkehr und Städtebildung besteht, ist es nothwendig, daß jedes von diesen natürlichen Verkehrsgebieten seinen Verkehrsmittelpunkt habe, und bei der ebenso großen Dünne als Regsamkeit der jungen Bevölkerung, der ebenso großartigen als einseitigen Production, welche von Anfang an lebhaften Austausch bedingt, der Größe und Schnelligkeit des Verkehrs kann es wiederum nicht anders sein, als daß diese Mittelpunkte Städte sind, welche alle übrigen Niederlassungen dieser ganzen Region in hohem Grade überragen. In der That haben wir in diesem Gebiete vier Großstädte sich mit wunderbarer Schnelligkeit entwickeln sehen. Wir kennen bereits die des Mississippigebietes, Neuorleans, und es bleibt uns jetzt noch Cincinnati im Ohiogebiet, Chicago in dem der großen Seen, und Saint-Louis in dem des Missouri zu betrachten.

Von diesen drei „Königinnen des Westens" gebührt hier billig Cincinnati die erste Stelle, als der ersten, die sich zu einer großen Bedeutung für den jungen Westen entwickelte. Saint-Louis folgte ihr von dem Augenblicke an, daß die Besiedelung sich am Mississippi über das Ohiogebiet hinaus verbreitete, am Missouri hinauf- und über die Westufer dieser Ströme hinauszog. Der Nordwesten, der lange für unwirthlich galt,

Verkehrsgebiete und Städtebildung im Westen. 153

bevölkerte sich erst von da an, daß die Seeregion statt mit dem wenig einladenden, träger fortschreitenden Canada, auf das die Natur es zunächst hingewiesen hat, mit den Neuenglandstaaten und vorzüglich mit dem mächtig aufstrebenden Neuyork in innige Verbindung durch Kanäle und Eisenbahnen trat. Was der Ohio für Cincinnati, der Missouri und Mississippi für Saint-Louis, das wurden der Eriekanal und die Eisenbahnen, die nach dem Atlantischen Meere führen, für Chicago. Chicago ist noch mehr als die beiden andern ein Product der jüngstvergangenen Jahrzehnte, wiewol es dieselben an Größe und Bedeutung zum Theil erreicht, zum Theil schon hinter sich gelassen hat.

Die geographische Lage von Saint-Louis am Zusammenflusse der zwei Hauptarme des Mississippi und die von Chicago im Hintergrunde des am tiefsten nach Westen hinreichenden Gliedes der großen Seenkette gibt sich ohne weiteres als eine wichtige, beherrschende, zukunftreiche zu erkennen. Es sind Lagen, die in diesen Gebieten hier nur einmal möglich erscheinen, die jede Wettbewerbung ausschließen und die ganz im Einklange steht mit den Gesetzen, welche die Lage großer Verkehrs- und Culturmittelpunkte bestimmen. Von Cincinnati's Lage läßt sich nichts gleich Großartiges aussagen. Wo Saint-Louis und Chicago liegen, mußten Hauptstädte entstehen. Erwuchsen sie auch nicht ganz genau auf dem Punkte, von dem dieselben in der That hinauszustrahlen und hinauszuwachsen begonnen haben, so fanden sie ihre Stelle doch irgendwo in dessen näherer Umgebung. Wir werden in der That sehen, daß dort verschiedene Metropolenkeime hart beisammen auf engem Raume aufzugehen versucht haben, und daß der einfache Menschenverstand der ersten Ansiedler die Geeignetheit dieser beiden Punkte für die Anlage der Hauptstädte des Westens klar erkannt hat. Cincinnati hingegen ist zum Theil aus zufälligen Gründen für einige Jahrzehnte zur Metropole des Westens geworden und hat von seiner hohen Stellung zurücktreten müssen, als diese Gründe mit der Zeit wirkungslos wurden, wie es eben in ihrem Wesen liegt.

Wenn man es auf der Karte sucht, und mehr noch, wenn man es selbst besucht, und seine Lage mit der der beiden andern großen Ohiostädte Pittsburgh und Louisville vergleicht, kann man sich nicht verhehlen, daß es nicht blos hinter jenen beiden Großstädten an Vortheilen der Lage zurücksteht, sondern daß es in dem Gebiete, das es beherrscht, selbst nicht eben am allervortheilhaftesten gelegen ist. Daß es hinter Saint-Louis und Chicago zurücksteht, wird schon durch die minder große Verkehrsbedeutung des Stromes bedingt, an dem es liegt, und durch seine größere Entfernung von den Thoren des Weltverkehrs in dieser Region — Hudson, Lorenzstrom, Mississippi. Aber es liegt selbst für die Ohioschiffahrt nicht so günstig wie das weiter flußabwärts gelegene Louisville, das den Endpunkt der unerschwerten Großschiffahrt bezeichnet, und andererseits steht seine industrielle Zukunft hinter der des höher am Flusse und Endpunkte der Ohioschiffahrt überhaupt gelegenen Pittsburgh zurück, das mitten in die außerordentlich reiche Kohlen- und Eisenregion von Pennsylvanien aufs günstigste hineingepflanzt ist, und die Radien seines Einflusses fast in gleichen Entfernungen nach Neuyork, Philadelphia, Baltimore im Osten, Buffalo, Cleveland, Detroit im Norden, Cincinnati, Indianopolis, Chicago im Westen aussendet. Cincinnati hat daher nicht die Aussicht auf die beherrschende Stellung, die den beiden andern Großstädten des Westens gewiß ist. Es muß sich mit einem bescheidenern Range begnügen und sich die Wettbewerbung jüngerer, kleinerer und minder berühmter Städte gefallen lassen, die ihrerseits daran denken dürfen, sich dereinst mit der gewesenen Hauptstadt des Westens auf gleichen Fuß zu stellen. Aber die Bedeutung, die es sich nun einmal erworben und bewahrt hat, und die, wenn auch kurze, so doch inhalt- und folgenreiche Geschichte, die es hinter sich hat, sichern ihm noch für lange einen hervorragenden Platz unter den Städten Nordamerikas.

Die Gründe der raschen Entwickelung und einst so großen Bedeutung von Cincinnati sind zunächst in der Rolle zu suchen, die dem obern und mittlern Ohio in der Besiedelung des Westens zugewiesen war, und dann in der Geschichte dieser Besiedelung selber. Gegen das mittlere Ohiogebiet bewegten sich in den ereignißreichen Jahrzehnten von 1770—1800, in denen zum ersten mal die Colonisation des Westens von den alten atlantischen Staaten aus mit Energie in die Hand genommen wurde und in denen das Land zwischen dem Alleghanygebirge und dem Mississippi der Cultur gewonnen wurde, zwei große Einwandererströme, die einzigen, welche damals nennenswerth waren. Der eine kam von Südosten her, aus den Staaten, die um die Chesapeakbai liegen, und zwar vorzüglich aus Virginien, der andere aus Pennsylvanien, Neuyork und den Neuenglandstaaten. Jener besetzte die heutigen Staaten Westvirginien und Kentucky, die am linken Ufer des Ohio hin liegen, dieser drang zunächst in das Gebiet der Quellflüsse des Ohio ein und zog sich von hier am rechten oder Westufer des Ohio hinab, und von hier ins Land hinein. Dies widersprach den Verträgen mit den Indianern, welche die weißen Niederlassungen westlich vom Ohio untersagten. Deshalb ging diese Besiedelung des Ohiogebietes nicht anders als unter beständigen Kämpfen vor sich und konnte das Land diesseit des Wabashflusses erst 1810 nach der Niederwerfung des großen Häuptlings Tecumseh, das ganze Gebiet bis zum Mississippi aber, einschließlich Wisconsins, nicht eher als im Anfang der dreißiger Jahre als völlig den Indianern abgerungen betrachtet werden.

Nicht mit Unrecht war von den Waldläufern das Ohiogebiet den wanderlustigen Leuten im Osten als ein Paradies geschildert worden. Sein mildes Klima, seine vortreffliche Bewässerung und seine vorwiegend hügelige Bodengestalt, welche durch den reichen Wechsel natürlicher Wälder und Wiesen bereits die reizende Parklandschaft der östlichen Prairien von Indiana und Illinois ankündigt, machen es zu einer der lieblichsten und fruchtbarsten Gegenden von Nordamerika. Es bildet nun schon seit Jahrzehnten den Kern der Ackerbaustaaten der Union. Man begreift, daß die Einwanderung sich mit Vorliebe diesem Gebiete zuwandte und Jahrzehnte hindurch im Ohiobecken ihr Lieblingsziel sah. Erst mit der Aufschließung des Nordwestens von Neuyork und den Neuenglandstaaten aus änderte sich ihre Richtung. Die alten Einwandererstraßen, die von den drei Häfen Neuyork, Philadelphia und Baltimore aus gleichmäßig auf Pittsburgh zielten, führten von dort vereinigt in das Ohiothal hinab und von ihm dann, je nach der Wahl, süd-, west- oder nordwärts. Die jetzige Hauptstraße der Einwanderung, welche über Chicago den nächsten Weg aus dem großen Einwanderersammelplatz Neuyork nach dem fernen Westen und Nordwesten sucht, war noch vor vierzig Jahren wenig besucht. Es war nur ein Fußpfad im Vergleich mit der berühmten Straße nach dem Ohio. So wurde diese schöne Landschaft gleichsam ein Sammelbecken, in das jene Menschenströme zusammenflossen, die es aus den ältern atlantischen Staaten wie aus dem fernen Europa ununterbrochen und rastlos westwärts trieb. Was aber dann die rasche Ausfüllung dieses Beckens noch besonders beförderte, war die Stockung, welche der langdauernde unsichere Zustand im Westen und Nordwesten desselben, in Indiana und Illinois, bewirkte. Das Gebiet des heutigen Staates Ohio und ebenso Westvirginien und Kentucky waren mit verhältnißmäßig geringer Mühe in allerdings zahlreichen, aber doch nur kleinern vereinzelten Kämpfen den Indianern abgenommen worden. Dem weitern Vordringen nach Westen und Nordwesten setzten aber die etwas gefährlichern und wirksamern Indianerkriege zeitweilig einen Damm. Später hörte die Einwanderung auf, ausschließlich wie früher nach dem Ohiobecken zu strömen, und wurde mehr und mehr nach dem Nordwesten und fernern Westen abgelenkt. Man erkennt unschwer die vereinigte Wirkung dieser Verhältnisse, wenn man sieht, daß Kentucky, das Land am Südufer des Ohio, schon 1792 als erster Staat westlich der Alleghanies, Ohio 1802 als zweiter in den Kreis der Vereinigten Staaten trat, während Indiana erst 1816, Illinois nicht vor 1818 aufgenommen wurde. Auch die Bevölkerungszahlen entsprechen diesen Umständen. Ohio war von 45365 Seelen im Jahre 1800 schon nach 50 Jahren auf 1,980408, Indiana, das nur um ein Sechstel kleiner ist, von 4875 im Jahre 1800 auf 990258 im Jahre 1850, und Illinois, das um ein Neuntel größer als Ohio, von 12282 im Jahre 1810 auf 855384 im Jahre 1850 gestiegen. Im letztern Jahre war Ohio der drittgrößte Staat der Union und behauptet sich seitdem in der ersten Reihe.

Man begreift, wie dieses frühere Wachsthum des mittlern Ohiogebietes auch der Hauptstadt desselben eine überwiegende Bedeutung geben mußte, und die beherrschende Stellung, zu welcher sich Cincinnati bis zum Eintritt des Nordwestens und des obern Mississippigebietes in die große Culturbewegung Nordamerikas erhob, ist gewissermaßen nur ein Spiegelbild der Stellung, welche fast in der ganzen ersten Hälfte unsers Jahrhunderts Ohio unter den Staaten, der Ohiofluß unter den Verkehrswegen, die Ohiostraße unter den großen Einwandererwegen des Landes unbestritten einnahmen. Ein Ueberblick über das Heranwachsen der drei großen Weststädte läßt in dieser Beziehung ein wichtiges Stück Städte- und Culturgeschichte erkennen.

	1788	1800	1810	1820	1830	1840	1850	1860	1870
Cincinnati hatte	—	750	2540	9642	24831	46338	115436	161044	216239
Saint-Louis "	1197	—	1600	4598	5852	16469	77860	160773	310864
Chicago "					—	4470	29963	109260	298977

Wenn irgendwo, so sprechen hier die Zahlen. Wir sehen im Wachsthum Cincinnatis die frühe Bedeutung des Ohiogebietes, die vom Anfang dieses Jahrhunderts an stetig zunimmt. Saint-Louis lehrt, wie das mittlere Mississippigebiet von den dreißiger Jahren an energisch in diese Bahn eintrat, um bald vermöge seiner großen natürlichen Vortheile an rascher Entwickelung Cincinnati hinter sich zu lassen. Chicago endlich, die jüngste, deren wunderbar rasches Aufblühen selbst noch das von Saint-Louis übertrifft, zeigt, was das Zusammenwirken der Kanäle und Eisenbahnen mit den Vorzügen einer ausgezeichneten Lage vermag. Von 1840 an, wo diese drei Städte zum ersten mal als solche nebeneinander auftreten, wuchsen sie von 10 zu 10 Jahren in folgendem Maßstabe: Cincinnati 1:2,4:3,4:4,6; Saint-Louis 1:4,7:9,7:18,8; Chicago 1:6,7:24,6:66,8.

Doch kehren wir zunächst zu Cincinnati, zu der ehrwürdigsten unter diesen jungen Königinnen zurück. Zu dem Allgemeinen, was über ihre Lage im Vorhergehenden gesagt ist, sei noch hinzugefügt, daß diese Lage, topographisch betrachtet, ausgezeichnet ist. Die Berge, die weiter oben und unten nahe an den Fluß herantreten, haben hier einen freien Raum, eine Bucht, offen gelassen, um die sie im Halbkreise zurückgetreten sind. Aber diese Bucht ist glücklicherweise keine tiefliegende Fläche, wie es in ähnlichen Fällen gewöhnlich, sondern eine kleine Hochebene, welche außer dem Bereiche der oft sehr starken und gefährlich raschen Ueberschwemmungen des Ohioflusses gelegen ist. Auf einer Niederung würde sich hier schwerlich eine Stadt entwickelt haben. Allerdings ist diese Bucht etwas eng, ja schon zu eng für die junge Großstadt, die in allen Schluchten und auf allen Vorsprüngen der umgebenden Berge Platz zu gewinnen sucht, und von der Hitze, den Rauch- und Staubwolken, welche der Kessel einschließt, besonders im Sommer viel zu leiden hat. Auch sind die Berge vorwiegend aus einem Silurschiefer aufgebaut, der, ähnlich dem Wellenkalke unserer Triasformation, leicht zerbröckelt und stark zu Schutt- und Staubbildung neigt. Aber mit dem fortschreitenden Anwachsen der Stadt winden sich die Wohnbezirke immer mehr aus dem Kessel heraus auf die umgebenden Höhen und in das grüne Thal des Miamiflüßchens, das bei Cincinnati in den Ohio fließt. Was im Kessel, nahe beim Flusse, verharrt, sind die Geschäftshäuser, die Gewölbe, Schreibstuben, Lager- und Arbeitsräume der Kaufleute und Gewerbtreibenden. Diese werden allerdings immer von der eingeengten Lage zu leiden haben, die zum Theil schon heute durch die starke Steigung einiger vielbefahrenen Straßen und durch die keineswegs allzu breite Anlage der Straßen überhaupt sich unangenehm fühlbar macht. Die trübe, rußige Atmosphäre, welche durch die Verwendung der bituminösen Kohlen in den zahlreichen Fabriken entsteht, und an welche man von den Großstädten des Ostens her, wo vorwiegend der hellbrennende Anthracit verwendet wird, nicht gewöhnt ist, macht diesen Nachtheil noch empfindlicher. Aber um so frischer und luftiger ist es auf den umgebenden Höhen. Dort haben sich inmitten der saftigsten Wiesen und zahlreicher Baumgruppen einige Vorstädte, „Wohnstädtchen", wie in einem einzigen großen Garten und Parke, angebaut. Cincinnati sucht sich durch große Parkanlagen in diesen lachenden Umgebungen für die enge Lage seiner wichtigsten Theile, seiner Geschäftsbezirke, zu entschädigen. Man muß ihm ein fortdauernd kräftiges Aufblühen schon darum wünschen, damit es die Möglichkeit erhalte, sich immer mehr aus der engen Felsenbucht herauszuwinden und wenigstens seine Wohnstätten in reinere Höhen zu versetzen.

Die Anlage der Stadt ist regelmäßig, insoweit es die Bodenform erlaubt. Das Vorbild Philadelphias ist in ihr nicht zu erkennen. Schon die Benennung der Straßen erinnert an die Quäkerstadt.*) Auch der architektonische Charakter ist mehr dem von Philadelphia als von Neuyork zu vergleichen, wie überhaupt von allen Einflüssen, die aus den alten transmontanen Staaten herüberwirkten, die pennsylvanischen am mächtigsten gewesen sind. Nicht weniger deutlich prägt ähnlich auch Chicago den nähern Zusammenhang aus, in dem es durch die Besiedelungsgeschichte der ganzen Seeregion und durch den Verkehr mit Neuyork und den Neuenglandstaaten steht. Es erinnert schon in seinem Aeußern an keine Stadt der

---

*) Die parallel mit dem Flusse, also ostwärts laufenden Straßen sind durch Nummern, die rechtwinkelig sie durchschneidenden meistens durch die Namen der hier heimischen Bäume bezeichnet.

Union so sehr als an Neuyork. Es bestätigt sich also auch hier die Regel, daß die Cultureinflüsse, die von Osten nach Westen, ins Innere des Landes, wirkten, so ziemlich geradlinig der Breite gefolgt sind, von der sie ausgingen.

Cincinnati hat trotz seiner beengten Lage Philadelphia auch in der Vorliebe für kleine Häuser nachgeahmt, die womöglich immer nur für eine einzige Familie bestimmt sind, und hat sich ebenfalls noch nicht zu der Prachtentfaltung aufgeschwungen, welche die Hauptstraßen von Neuyork, Boston und Chicago zu Palaststraßen macht. Freilich wiegen jetzt in den centralen Theilen, den Geschäftsvierteln, die hohen, ansehnlichen Granit- und Sandsteinbauten vor, aber auf viele Theile der Stadt paßt noch heute die Schilderung, welche M. Chevalier entwarf, als er sie im Jahre 1832 besuchte. Er sagte damals: „Die architektonische Physiognomie von Cincinnati ist so ziemlich diejenige der neugebauten Theile in englischen Städten. Es sind meist Backsteinhäuser vorhanden, vorwiegend zweistöckige mit Fenstern, die von Reinlichkeit strahlen, jedes für eine Familie eingerichtet und regelmäßig an den geradlinigen, wohlgepflasterten 20 Meter breiten Straßen hingereiht. Dann und wann ist die Einförmigkeit dieser Bauten durch eine etwas mehr monumentale Erscheinung unterbrochen, z. B. durch Häuser aus Hausteinen, mit einer etwas gedrängten Säulenhalle, die, in ausgezeichnetem Geschmacke erbaut, wahre Schlößchen sind, und welche von der «Schweinemetzger-Aristokratie» bewohnt werden, oder durch kleine Landhäuser, die von Terrassen und Gärten umgeben sind, oder durch eine

Volksschule.... Auf einem andern Punkte sieht man eine Kirche, klein, eng, höchst einfach, ohne Bildhauer- oder Malerwerke, ohne gemalte Fensterscheiben oder gothische Bogen, aber wohlumschlossen und im Innern mit Teppichen und guten Oefen wohlversehen. Es gibt in Cincinnati wie in allen Städten der Vereinigten Staaten eine Menge Kirchen." Das alles findet sich noch in den mehr peripherischen Theilen der Stadt, gerade so, wie es hier beschrieben ist und wie es in den Vereinigten Staaten in jeder jungen Stadt und in den äußern Theilen der ältern, größern Städte als der herrschende Charakter hervortritt. Aber der Kern der Stadt ist schon ganz eine verkehrsreiche, lärmende, dampfende, rußgeschwärzte Industriestadt geworden.

Die industrielle Bedeutung Cincinnatis wird es ohne Zweifel überhaupt immer mehr über die commerzielle davontragen. Im Handel verstattet ihm seine Lage nicht die erfolgreiche Wettbewerbung mit Chicago, wie sie seine Bewohner früher träumten, aber für die Industrie hat es größere Vortheile als irgendeine andere bedeutende Stadt des Westens. Wenn man es überhaupt nicht für müßig hält, diesen schnellen und wechselvollen Entwickelungen, die so oft schon alle Berechnungen über den Haufen geworfen haben, Horoskope zu stellen, so wird man hinsichtlich Cincinnatis am wenigsten fehlgehen, wenn man es als eins der industriellen Zukunftscentren Nordamerikas betrachtet. Von allen Staaten des Westens ist Ohio der kohlen- und eisenreichste. Er allein hat noch ein erhebliches Stück der großen pennsylvanischen Kohlen- und Erzlager in seinen Grenzen. Weiter nach Westen verdünnen sich die

11*

Kohlenschichten, bis sie in Illinois und Jowa schon vielfach nicht mehr abbauwürdig sind und in Nebraska und Kansas ganz ausgehen. Auch wird eine rasch sich verdichtende Bevölkerung eher bereit sein, die Arbeitercohorten der Fabriken zu verstärken, als weiter im Westen.

Es ist deshalb nicht ohne Bedeutung, daß die Industrie schon an dem ersten Aufblühen Cincinnatis einen sehr hervorragenden Antheil gehabt hat. Noch immer trägt es mit vollem Rechte seinen Spott- und Ehrennamen „Porcopolis", denn hier hat die Industrie der Schweineschlächterei ihre ersten Lehrjahre durchgemacht und noch immer hat sie hier und in Chicago ihren Hauptsitz. Aber wir hören schon aus den dreißiger Jahren Urtheile über Cincinnati, die mit Bewunderung von der industriellen Thätigkeit der Bevölkerung dieser jungen Stadt sprechen. Damals rauchten allerdings noch keine riesigen Fabrikschornsteine wie heute in ihrer Bannmeile, aber sie umschloß schon eine erstaunlich große Anzahl mittlerer Werkstätten, die dem Westen bis über den Mississippi hinaus, der damals noch in der ersten raschen Besiedelung und Entwickelung begriffen war, seinen Bedarf an billigem Ackerwerkzeuge und Hausrathe lieferten. Aus den Werkstätten sind mit der Zeit Fabriken geworden und man berechnete schon 1870 die Zahl der Menschen, die hier in Großindustrien beschäftigt sind, auf 30000. Im Jahre 1872/73 wurden aus Cincinnati für 77 Millionen Dollars „miscellaneous manufactures", für $18\frac{1}{2}$ Millionen Whisky und für $12\frac{1}{2}$ Millionen gesalzenes Schweinefleisch ausgeführt. Die Gesammtausfuhr bewerthete im selben Jahr

213 Millionen Dollars, sodaß diese drei Erzeugnisse der Gewerbthätigkeit allein mehr als die Hälfte der Waaren ausmachten, die zur Ausfuhr gelangten. Indessen zeigt auch die Ausfuhr Cincinnatis sowol als seine Einfuhr seit zwanzig Jahren nicht mehr das energische Wachsthum, wie wir es an westlichen Städten gewohnt sind. Sie beliefen sich 1854/55 auf 116; 1872/73 auf 540 Millionen, was fast einer Verfünffachung gleichkommt. Für den Westen ist dies ein langsames Tempo. In den letzten Jahren hat sich Cincinnati mit Eifer das Gesetz von 1871 zu Nutzen zu machen gewußt, welches die großen Handelsstädte des Innern zu Einfuhrhäfen erklärte. Die directe Ein- und Ausfuhr von 1873 überstieg die von 1872 um 142 Procent. Ferner ist den großen Verkehrswegen, die es in seinem Flusse, seinen Kanälen und Eisenbahnen besitzt, eine neue durchgehende Eisenbahnlinie in der Ohio-Chesapeakbahn zugewachsen, welche Cincinnati mit dem neuaufblühenden Virginien und seinen Seehäfen in nähere Verbindung setzt. Auch in Südcarolina spricht man von einer Ueberschienung der Alleghanies, welche das Ohio-Emporium mit Charleston verbinden sollte. Aber die kritischen Zeiten und die schlechten Finanzresultate der Ohio-Chesapeakbahn wie der meisten südlichen Bahnen versprechen diesem Project nicht die rasche Reife, die es durch die in die Augen fallende Nützlichkeit der Linie zu verdienen scheint. Immerhin ist dieser Plan beachtenswerth als ein Zeichen der Bedeutung, welche Cincinnati für den Südosten gewinnt. Daß es 1872/73 für $11^1/_2$ Millionen Dollars Baumwolle zur

Ausfuhr brachte, ist ein weiteres Zeugniß in dieser Richtung. Es unterliegt keinem Zweifel, daß Cincinnati die bedeutendste Rolle in der Bewegung zugewiesen ist, welche einen großen Theil der Producte des Südens vom Mississippi nach atlantischen Häfen abzulenken strebt. Mit seiner verhältnißmäßig weit nach Osten hinausgerückten Lage und seinen vier Eisenbahnlinien nach Newyork, Philadelphia, Baltimore und Norfolk macht es bereits dem Verkehre auf der großen Wasserstraße und damit dem Handel von Neuorleans ernstliche Concurrenz. Seitdem Süd und Nord sich einander zu nähern und ihre wirthschaftlichen Gegensätze auszugleichen begonnen haben, hat es sich klar herausgestellt, daß diese Vermittelung zwischen dem Norden und Westen einerseits und dem Süden andererseits für Cincinnati noch mehr als für Saint-Louis eine Mission ist, welche durch die Naturverhältnisse und den Gang der Culturentwickelung vorgezeichnet ist.

2. Saint-Louis. Die centrale Stadt des Innern. Gründung und erste Jahre. Eindringen der Angloamerikaner. Bedeutung des Mississippi für Saint-Louis. Einflüsse des Südens. Ihre allmähliche Verdrängung durch die von Osten her wirkenden Einflüsse. Industrie und Handel. Allgemeiner Eindruck. Die Mississippibrücke. Bildungsmittel. Sociale Atmosphäre.

Wir kommen zu Saint-Louis, der zweitältesten Königin. Die Vortrefflichkeit ihrer geographischen Lage ist schon berührt. Es ist wahrscheinlich, daß, wenn jemand auf der Karte von Nordamerika nach einem

Punkte suchen würde, der vor allen andern würdig sei, die Hauptstadt dieses großen Gebietes zu tragen, er von selbst, nach reiflicher Erwägung aller Umstände, auf den Ort kommen würde, wo im Mittelpunkte der größern Osthälfte des Continents der Hauptstrom des Westens in den Hauptstrom des ganzen Landes, den Missisippi, mündet. Sind solche Vereinigungspunkte schiffbarer Flüsse überall naturgesetzlich zu Trägern bedeutender Städte bestimmt, so kommt hier außer der beherrschenden Bedeutung des Missouri und Missisippi in den größten Gebieten der Vereinigten Staaten noch die ausgezeichnete Mittelpunktslage dieser Mündung hinzu, um aus ihrer Umgebung einen prädestinirten Weltstadtsitz zu machen. Sie liegt ziemlich genau in der Mitte zwischen vier bedeutenden Städten, welche die Ränder des Missisippibeckens in den vier Himmelsrichtungen bezeichnen: Pittsburgh im Osten, Neuorleans im Süden, Denver (Colorado) im Westen, Saint-Paul (Minnesota) im Norden. Die Lage inmitten der fruchtbarsten Gegenden von Nordamerika, auf der Grenze des Hügellandes und der Prairien, d. h. des Ackerbaues und der Großviehzucht, sowie die Nähe der Einmündung des Illinoisflusses, der einen fast fertigen natürlichen Kanal zwischen der Seeregion und dem Missisippi bildet, erhöht die Bedeutung dieses bemerkenswerthen Punktes. Der französische Pelzjäger Laclède, welcher im Jahre 1764 Saint-Louis gründete*),

---

*) Laclède hatte von der französischen Regierung ein Privilegium zum Handel mit den Indianern des Missouri erhalten und gründete die Niederlassung Saint Louis, ohne zu

hat diese Lage freilich kaum im Hinblicke auf seine einstige Weltbedeutung gewählt. Daß aber die französischen Gouverneure, welche nacheinander „Oberlouisiana" regierten, an demselben ihren Regierungssitz aufschlugen, und daß die Ansiedelung sich verhältnißmäßig rasch bevölkerte, zeigt, daß man die Vortheile derselben erkannte. Saint-Louis ist nicht das einzige Beispiel einer großen Stadt, die aus irgendeiner Handels- und Niederlagsansiedelung der Pelzjäger entstand. War auch der Verkehr in den damals noch ganz wilden Gegenden gering, so war es doch immerhin nothwendig, daß ein solcher Handelsplatz central genug lag, um den weit herkommenden Indianern von allen Seiten leicht zugänglich zu sein. Auch Neuyork und Chicago sind ursprünglich nichts als Factoreien des Tauschhandels mit den Indianern gewesen. Bei Saint-Louis kam noch der weitere Vortheil hinzu, daß es durch die Flußgabel des Mississippi und Missouri nach zwei Seiten hin leicht gegen die Indianerüberfälle zu vertheidigen war, welche solchen jungen Ansiedelungen nicht erspart zu bleiben pflegen. Es hatte im Jahre 1780 seinen Indianerüberfall, dem eine Anzahl seiner

---

wissen, daß das ganze Westufer des Mississippi schon 1762 durch einen geheimen Vertrag an Spanien abgetreten worden war. Im Jahre 1768 ergriff Spanien Besitz von diesem „westlichen Louisiana" und ließ von Saint-Louis aus den obern Theile dieser Provinz durch Vicegouverneure regieren; 1800 kam Louisiana und damit Saint-Louis wieder an Frankreich und 1804 endlich an die Vereinigten Staaten.

Bewohner zum Opfer fiel. Aber es war der einzige und letzte.

Wie der ganze Westen Nordamerikas, der damals Louisiana hieß, sich unter französischer und spanischer Herrschaft nur sehr langsam bevölkerte, so blieb auch Saint-Louis bis zu seinem Heimfalle an die Union im Jahre 1804 eine kleine dorfartige Ansiedelung, welche damals nach vierzigjährigem Bestande nicht mehr als 140 Häuser zählte. Der District Saint-Louis zählte nicht mehr als 2280, ganz Oberlouisiana 9020 weiße Menschen. Von dieser letzten Zahl waren bereits drei Fünftel Angloamerikaner und zwar vorwiegend Leute aus Virginien und Pennsylvanien und den jungen Ohioterritorien, welche von diesen alten Staaten aus colonisirt worden waren. Die französische Bevölkerung war mit Ausnahme der umherstreifenden Pelzjäger auf die geschlossenen Ortschaften beschränkt, während die Angloamerikaner vorwiegend als Farmer über das Land zerstreut waren. Saint-Louis lag auf der Linie, in welcher damals die amerikanische Colonisation nach dem Westen vorrückte. Den Ohio hatte sie zur Zeit der Abtretung von Louisiana schon in seiner ganzen Länge besetzt und von der Ohiomündung zu der des Missouri sind es nicht mehr als 45 deutsche Meilen. War auch der directe Weg vom mittlern Ohio nach Westen noch durch die kriegerischen Indianer verlegt, welche zwischen Wabash und Mississippi saßen, so war doch die Schiffahrt auf dem Mississippi schon seit der Gründung von Saint-Louis regelmäßig bis zu der jungen Ansiedelung ausgedehnt worden. Zu Schiff kamen und gingen die Handelswaaren von und nach Neuorleans. Wenn wir hören, daß Saint-Louis im Jahre 1804 von seinen beiden Ausfuhrartikeln, Pelze und Blei, im Werthe von nicht weniger als 203750 Dollars versandte, so kann man annehmen, daß die Schiffahrt auf dem mittlern Mississippi schon damals nicht gering war. Auch das Vorhandensein von Fluß= piraten zwischen der Missouri= und Ohiomündung, gegen welche 1788 von Saint-Louis aus eine Expedition unter= nommen werden mußte, bezeugt dies. Im Jahre 1798 waren spanische Galeren mit Truppen bis Saint-Louis hin= aufgefahren. Aber erst als das erste Dampfschiff im Jahre 1815 in diesem Theile des Mississippi erschien, konnte die Straße von Süden und Osten nach der Missouri= mündung für vollständig geöffnet gelten. Das Terri= torium von Saint-Louis (seit 1812 Missouri genannt) zählte 1816 allerdings schon 60000 Seelen, aber bis zum Jahre 1830 war diese Zahl verfünffacht und 1840 verzehnfacht. Saint-Louis wuchs entsprechend. Es zählte 1810 1400 Seelen, 1830 6694, 1840 16469, 1850 74439, 1860 160773, 1870 310923. Man berechnet, daß es bis zum nächsten Jahrzehnt weit über die halbe Million hinaus sein wird.*) Daß diese Be= völkerungszunahme schon vor 1851, dem Jahre der ersten Eisenbahneröffnung in Saint-Louis, so bedeutend war,

---

*) Schon 1872 hat man bei einer städtischen Zählung 428126 Einwohner gefunden, eine Zahl, die ein außer= ordentliches Wachsthum anzeigen würde. Aber diese municipa= len Zählungen sind häufig nicht zuverlässig. Eine andere An= gabe, daß im selben Jahre 1559 neue Gebäude errichtet wurden, scheint mit einer so ungeheuern Zunahme nicht ganz zu stimmen.

zeigt deutlich den Einfluß der großen natürlichen Verkehrsstraße, des Mississippi. So starkes Wachsthum findet man in andern Staaten, die einer Lebensader von dieser Bedeutung entbehren, immer nur an eine große Ausdehnung des Eisenbahnnetzes gebunden. Heute laufen nun freilich in Saint-Louis achtzehn verschiedene Eisenbahnen zusammen, aber die Zahl der angekommenen und abgegangenen Dampfschiffe, welche 1871 2574, beziehungsweise 2604 betrug, scheint derzeit noch wenig von Rückgang der Mississippischiffahrt verspüren zu lassen. Man muß aber allerdings zugeben, daß diese Zahl seit dem großen Geschäftsaufschwunge, der dem Bürgerkriege folgte, ziemlich stabil geblieben ist, und daß hier wie überall, wo die Eisenbahnen häufiger werden, an die Stelle der Passagier- und Güterboote immer mehr die Schleppschiffahrt tritt, welche allein im Stande ist, mit jenen in eine erfolgreiche Wettbewerbung zu treten.

Saint-Louis ist zwar wesentlich durch den Mississippi, und zwar besonders in den ersten Jahrzehnten seiner Entwickelung, das geworden, was es ist, aber es hört immer mehr auf, Mississippistadt zu sein. Früher war das anders. Die Thatsache, daß es einem Staate angehört, der bis zum Bürgerkriege die Sklaverei in seinen Grenzen sanctionirt hatte und ein Zehntel bis ein Neuntel seiner Bevölkerung als Sklaven hielt, drückte Saint-Louis in frühern Jahren einen starken Zug von Aehnlichkeit mit den weiter südlich im weitern, flachern Mississippithale gelegenen Städten, mit Neuorleans, Vicksburg, Memphis, auf. Mehr aber noch trat es hervor, daß Saint-Louis durch seinen großen Strom, der nur im Süden von einer höhern Cultur umwohnt war, während ihn im Norden und Westen noch die äußerste Wildniß umgab, für alle seine Ideen, Sitten, Einrichtungen, Wirthschaftsweise u. s. f. vorwiegend auf den Süden angewiesen war. Man lese die Geschichte von Missouri im ersten Drittel unsers Jahrhunderts mit ihren Sklavenhetzen, Zweikämpfen und politischen Meuchelmorden, und man wird sich in Louisiana oder Texas wähnen. Damals war Saint-Louis, was man so nennen kann, eine Mississippistadt und zwar nicht blos in dem Sinne, wie man es ein Kind des Stromes heißt, sondern viel mehr darin, daß es die nördlichste und westlichste Repräsentantin der Ideen und Sitten war, die in dem großen natürlichen Thalbecken des Mississippi unbestritten herrschten. Dies konnte bestehen, solange die Einwanderung auf der alten Ohiostraße vorwiegend aus Virginien und Kentucky kam. Aber nach der Besiedelung Indianas und Illinois durch die in gerader Linie aus Osten kommende neuengländische und transatlantische Einwanderung stießen diese zwei grundverschiedenen Bevölkerungen gerade im Gebiete von Missouri aufeinander. Welche Mühe es gekostet, bis die östliche Culturströmung es über die südliche gewann, ist aus den politischen Kämpfen bekannt, die dem Bürgerkriege einige Jahrzehnte vorangingen. Doch war bald kein Zweifel mehr darüber möglich, welches die kräftigere sei. Nirgends prägte sich die Entscheidung so klar aus wie in Saint-Louis, in welchem man schon vor der Aufhebung der Sklaverei sicherlich nicht mehr die Metropole eines Sklavenstaates vermuthete. Das war eine rührige, fleißige Stadt, der Mittelpunkt für Gewerbe und Handel des fernen Westens und Südwestens, kurz eine Stadt, wie man sie in den andern Sklavenstaaten gar nicht kannte. Der südliche Geist verschwand aus ihr, sobald die Einwanderung aus Osten sich mit einer gewissen Beständigkeit nach Missouri zu ergießen begann, und noch mehr, seitdem eine ganze Reihe von Eisenbahnen die Verbindung mit dem Osten herstellte. Gerade diese Verbindung hatte Saint-Louis wegen der Naturbeschaffenheit der zwischenliegenden Gegenden bisher nur unzureichend pflegen können. Heute ist Saint-Louis eine Stadt nach dem Typus von Neuyork und Philadelphia, voll Leben, die größte Industriestadt im Innern der Vereinigten Staaten und wahrscheinlich die zukunftreichste unter den drei Hauptstädten des Westens. Statt der unreifen, oft verderblichen Einflüsse, die früher das Mississippithal heraufkamen, machen nun von hier aus die gesündern Ideen und Sitten des Nordens und Ostens ihren Weg thalabwärts. Unter den vielen Triumphen, die die Ableger der Bevölkerungen von Neuengland, Neuyork und Pennsylvanien durch ihre wunderbar schneidigen Waffen Fleiß, Energie und Ordnungsliebe über wilde wie civilisirte Gegner gewonnen, ist diese moralische Eroberung von Missouri sicherlich keine der wenigst rühmlichen.

Saint-Louis ist wie alle Städte des Westens in erster Linie Handelsstadt. Es sendet die sogenannten westlichen Producte, wie Salzfleisch, Mehl, Getreide, vorzüglich den Mississippi hinab; mehr als die Hälfte dieses Handels nimmt den Flußweg. Hingegen empfängt

es die größten Mengen Colonialwaaren und Gewerbs=
erzeugnisse aus den Häfen des Ostens und Südens und
vertheilt sie über das Land. Im Jahre 1871 lieferten
27 Dampfmühlen 1½ Millionen Fässer Mehl, wovon
zwei Drittel südwärts gingen; 1871/72 wurden in den
Schlachthäusern 500000 Schweine zugerichtet; seit 1861
hatten sich die Leistungen in diesem Gewerbszweige ver=
zwanzigfacht. An Rindvieh, Schafen und Schweinen
wurden 1871 nahezu 1 Million Stück eingeführt. An
Bauholz waren am 1. Januar 1871 120 Millionen
Fuß in drei Holzhöfen auf Lager. Die Kaffeeausfuhr
betrug im genannten Jahre 149000 Sack. Auf dem
Gebiete der Großindustrie nimmt Saint=Louis unter den
nordamerikanischen Städten den dritten Rang ein. Es
kommt unmittelbar hinter Neuyork und Philadelphia.
Man rechnete 1873, daß 41000 Arbeiter in Fabriken
beschäftigt waren, und der Werth der Erzeugnisse wurde
damals auf 158 Millionen Dollars geschätzt. Das in
Fabriken angelegte Kapital hatte sich von 1860—70
vervierfacht. In erster Linie steht die Eisenindustrie mit
einem Producte von 5½ Millionen Dollars (im Jahre
1872); 1873 zählte man 43 Hohöfen. Die Blei=
production ergab 1871 17½ Millionen Pfund Metall.
Eine einzige große Zuckerraffinerie setzte 1872 33
Millionen Pfund ab. An Leder wird jährlich für
15—20 Millionen Dollars erzeugt. Selbst an Baum=
wolle wurden 1871 schon 5000 Ballen verarbeitet.
Von Tauen wurden 1870 40000 Rollen ausgeführt.

Da Saint=Louis auf einer sanft aufsteigenden Thal=
terrasse erbaut ist, stellt es sich mit seinen ungeheuern

Häusermassen und vielen Thürmen sehr stolz dar, wenn man es vom Flusse aus sieht. Aber seine Wasserfront ist noch weniger imposant als die von Neuorleans. Wol sind die Werfte planirt und sogar eine Stunde Wegs gepflastert, aber dieser ganze Bezirk der Stadt gehört ausschließlich dem Geschäfte und ist dem entsprechend nichts weniger als imposant gebaut. Baracken, Lagerhäuser, Kneipen sieht man in Menge und ein Hauch von Staub und Schmuz ruht ziemlich lückenlos über dem Bilde. Man muß durch diese Schale dringen, um die Stadt von einer bessern Seite kennen zu lernen. Man braucht aber nur einige „Blocks" oder Häuserquadrate landeinwärts zu gehen, etwa bis zur fünften Straße, um sich zu überzeugen, daß man nicht blos Arbeit und Geschäft, sondern auch Behagen und Luxus hier kennt. Hier findet man ganz dieselben hohen, üppigen Häuserfronten mit den vielen Ornamenten und den großen Schaufenstern, wie in ähnlichen Hauptstraßen Philadelphias oder Cincinnatis. So groß wie in Neuyork oder dem verjüngten Chicago ist allerdings der Aufwand nicht und auch die Wohnstraßen machen nur in wenigen Quartieren den saubern gefälligen Eindruck wie in Neuyork oder Philadelphia. Die Bepflanzung der Straßen mit Bäumen ist seltener, die Häuserreihen sind ungleicher, oft durch Lücken oder kleine Baracken unterbrochen, die Häuser selbst nicht so gediegen und reinlich wie dort in den „Brownstone-fronts". Man merkt doch, daß man in einer jungen und sehr geschäftigen Stadt ist. Etwas Unfertiges, Eiliges liegt auf der Architektur fast aller Straßen. Um so mehr muß man die Fürsorge bewundern, die selbst hier nicht die Squares und Parks vergaß. Lafayette-Park, der in der Stadt selbst liegt, sodaß er von Häusern ganz umgeben ist, ist eine der hübschesten Anlagen der Art, die ich in Amerika gesehen. In den Umgebungen der Stadt sind Shaws-Garden und Tower-Grove-Park öffentliche Spaziergänge, um die Berlin diese junge Pilzstadt des Westens beneiden dürfte. Auch an Biergärten, und zwar in großem Maßstabe, fehlt es in dieser Hauptstadt des westlichen Deutschthums natürlich nicht.

Alle einzelnen Bauwerke der Stadt übertrifft weitaus die große Mississippibrücke, welche seit Juli 1874 dem Verkehre übergeben ist. Durch sie, die sich auf vier Pfeilern und mit zwei Stockwerken in der Länge von 2230 Fuß über den Fluß spannt, ist eigentlich der erste wirklich großartige und großstädtische Zug in die Physiognomie der Stadt gezeichnet, die sonst blos durch eine breite Massenhaftigkeit ihre Größe und Bedeutung kundgab. Angesichts dieses Bauwerkes fühlt man sich allerdings in die Verhältnisse einer Weltstadt versetzt. Nichts kennzeichnet auch eindrücklicher als sie die Bedeutung, die der Verkehr mit dem Osten für die Mississippistadt gewonnen hat, als dieser große Brückenbau, der die Stadt am Westufer des Mississippi mit den Schienenwegen verbindet, welche vom Ostufer nach dem Atlantischen Meere ziehen.

Zu den erfreulichsten Erscheinungen gehören dann in Saint-Louis wie in allen amerikanischen Städten des Nordens und Westens die Anstalten, welche der Volksbildung dienen. Die Volksschulen sind in 58 städtischen Schulhäusern untergebracht, die nicht zu den wenigst ansehnlichen Gebäulichkeiten der Stadt zählen. Ueber die Zahl der Privatschulen, die sicherlich in einer von so vielen Ausländern bewohnten Stadt nicht gering ist, fehlen mir genauere Angaben. Im Jahre 1840 gab es nur zwei städtische Schulen. Zwei öffentliche Bibliotheken, Mercantile Library und Public School Library, haben zusammen 70000 Bände. Mit beiden sind wohlversehene Zeitungslesezimmer verbunden. Die Tagesliteratur ist durch acht politische Zeitungen, vier englische und vier deutsche, vertreten.

Das fremdgeborene Element ist in keiner großen Stadt des Westens so selbständig und verhältnißmäßig einflußreich wie in Saint-Louis. Man zählte 1870 112000 Fremdgeborene, von denen reichlich 100000 auf die Deutschen entfallen. Dieses Element findet sich hier behaglicher und weiß sein Leben mehr in heimischer Gemächlichkeit zu führen als in der andern Fremdenstadt des Westens, in Chicago, wo die Zahl der Deutschen und Skandinavier zusammengenommen sogar die der Amerikaner übertrifft. Dem Deutschen ist Chicago die Stadt des Geschäftes, der Hetze, während er in Saint-Louis und auch in Cincinnati fast eine zweite Heimat sieht, wo man sein Leben in heimischer Art zu genießen und zu verschönern sucht. Saint-Louis gilt durch die ganzen Vereinigten Staaten als das Eldorado der Deutschen. Wie kommt es, daß er in Chicago an Energie und Unternehmungslust fast mit seinem Yankeenachbar wetteifert, während er in Saint-Louis sich so ganz deutsch gehen läßt? Man sagt, das Klima von Saint-Louis spanne ab, während das von Chicago auf- und anregend wirke. Vielleicht liegt auch die Ursache darin, daß er in Chicago mit einer von Natur regsamen, vorwiegend aus den Neuenglandstaaten stammenden Amerikanerbevölkerung zusammenlebt, während, wie wir gesehen, Saint-Louis in Besiedelung und Geschichte trägern südlichen Einflüssen sich nicht verschloß.

3. Chicago. Die Anfänge. Günstige Lage für Handel und Verkehr. Die ersten Eisenbahnen. Entwickelung des Nordwestens. Innige Verbindung mit Newyork. Verbindung mit Quebec. Handelsverkehr und Industrie in Chicago. Der Unternehmungsgeist der Bevölkerung. Der große Brand von 1871 und der Wiederaufbau.

Die Entwickelung Chicagos, welche ein Wachsthum von 300 auf 60000 Häuser in den fünfunddreißig Jahren zwischen 1836 und 1871 und eine gleichzeitige Vermehrung der Bevölkerung von 3000 auf 300000 in sich faßt, ist noch beispielloser, erstaunlicher als die von Saint-Louis oder Cincinnati. Sie ist eins der modernen Wunder, die kommenden Geschlechtern mythisch werden könnten und in der Jugendgeschichte dieses Volkes die Götter- und Halbgottthaten ersetzen. Als 1804 die Bundesregierung auf dem heutigen Gebiete dieser Stadt, in dem flachen sumpfigen Terrain, wo der Chicagofluß in den Michigansee mündet, ein Fort erbauen ließ, war keine weiße Seele im ganzen Gebiete. Als 1832 die ganze Ansiedlerbevölkerung des nördlichen Illinois sich vor einem Indianeraufstande nach diesem Fort zurückzog, betrug sie 700 Köpfe. An Chicagos Stelle standen damals außer dem Fort nur die paar Schenken und Kramläden, die an solchen Orten üblich sind, elende Hütten, wie wir sie noch heute im Westen in der Nähe der Militärposten und Indianeragenturen finden. Die Stadt entstand erst, als Tausende von Arbeitern hierher kamen, die Arbeit suchten an dem großen Kanale zwischen Mississippi und Michigansee (Illinois- und Michigankanal), der damals begonnen wurde. Im Jahre 1829 wurde eine „Town Chicago", also ein Dorf, mit einem Flächenraume von ³/₄ englischen Quadratmeilen, zuerst ausgelegt; 1833, im ersten Jahre des starken Wachsthums, wurden 150 Häuser (d. h. Holzhütten) gebaut; 1837 wurde Chicago zur Stadt erhoben und neuerdings ausgelegt, wobei ihm aber nun ein Flächenraum von 10 englischen Quadratmeilen zugemessen wurde; 1840, als Cincinnati nahe an 50000, Saint-Louis 16500 Bewohner zählte, hatte es Chicago erst auf 4853 gebracht; 1847 wurde aber eine neue Erweiterung nöthig und 1850 waren 30000 Einwohner vorhanden. Dies war aber auch das Jahr, in welchem in Chicago die erste Eisenbahn*) eröffnet wurde, und mit dieser Eröffnung trat nun die junge Stadt in die Bahn, auf der sie in Zeit von fünfundzwanzig Jahren eine der Großstädte von Amerika werden sollte.

Chicago ist das echteste Beispiel einer Eisenbahnstadt, wie man es in dieser Vollendung in der ganzen Welt vergeblich suchen würde. Zwölf Hauptlinien und 29 Zweigbahnen, also 41 Eisenbahnen münden in

---

*) Es war die Chicago and Galena Union R. R., welche nach Dubuque am obern Mississippi führt.

Chicago aus. Zu der ebengenannten ersten Eisenbahn, die von Chicago ausging, kamen allein im Laufe der funfziger Jahre noch acht weitere. Und zwar nicht durch Vortheile bewogen, die man ihnen bot, sondern angezogen durch die günstige Lage der Stadt und den Unternehmungsgeist ihrer Bewohner, der sich dieser Gunst der Lage vollkommen gewachsen zeigte.*) Fünf Hauptlinien laufen jetzt von Quebec, Neuyork, Philadelphia, Baltimore in Chicago zusammen. Daß Chicago die wichtigste Mittelstation, gewissermaßen der Grenz- und Ruhepunkt zwischen der Ost- und Westhälfte der großen Continental- oder Pacificbahn geworden ist, ist bekannt. Nimmt man hinzu, daß im Jahre 1873 11851 Schiffe mit 3¼ Millionen Tonnen den Hafen von Chicago verließen, und ferner, daß außer der prächtigen Wasserstraße des Michigansees einer der wichtigsten Kanäle von Nordamerika, der Illinois-Michigankanal, in Chicago mündet, ein Kanal, der das Verbindungsglied zwischen den Großen Seen und dem Mississippi bildet, so kann man sich eine Vorstellung machen von der Verkehrsbedeutung, die diese Stadt erlangt hat, nachdem es nun gerade 25 Jahre sind, daß sie die Eisenbahn in ihrer Bannmeile sah.

Die Vortheile der Lage von Chicago sind nicht so

---

*) „Während andere Städte des Westens, wie Saint-Louis, Cincinnati, Milwaukee, um Eisenbahnen vor ihre Thüren zu bekommen, sich in schwere Schulden durch Zeichnung oder Indossirung von Eisenbahnbonds stürzen mußten, flogen Chicago die wichtigsten Eisenbahnen des Continents gleichsam um die Wette in den Schos." E. Seeger und E. Schläger, „Chicagos Entwickelung u. s. w." (Chicago 1872).

auffallend großartig wie die von Saint-Louis, aber es ist nicht möglich, sie zu übersehen. Die Lage am Ufer einer so großen, verkehrfördernden Wasserfläche wie des Michigansees muß jeder Ansiedelung zugute kommen, aber Chicago hat den besondern Vorzug, daß es an einem der natürlichen End- und Ausgangspunkte der Schiffahrt gelegen ist. Der Schiffsverkehr sucht mit einer gewissen Nothwendigkeit in den Bahnen, die ihm geöffnet sind, so tief wie möglich vorzudringen, die Wasserstraßen in so großer Ausdehnung wie nur immer möglich zu benutzen, so spät wie möglich das Land zu berühren, weil eben die Schiffahrt immer billiger und bequemer ist als der Landtransport. Man kann dies ein Naturgesetz des Verkehrslebens nennen. Deswegen finden wir auch in größern Verhältnissen die Punkte, wo ein großer Schiffsverkehr sich in einen großen Landhandel umsetzt, im tiefsten Hintergrunde der Meere. Man denke an Triest, Konstantinopel, Odessa, Poti, Petersburg. Chicago ist für die Seeregion ein solcher Umsatzpunkt. Nur im Lake Superior führt eine Wasserstraße noch weiter nach Westen hinaus, aber dieselbe fällt schon zu weit nördlich in dünnbevölkerte und zum Theil noch unbesiedelte Gebiete. Einstweilen ist daher das Südende des Michigansees der passendste Punkt, um von allen Seiten die Erzeugnisse des Landes herbei- und aufs Schiff zu bringen. Man hat das so früh herausgefunden, daß man lange, ehe Chicago auch nur eine Stadt genannt werden konnte, Zukunftsgroßstädte an diesem Punkte aussteckte, und eine ist denn in der That, wie man sieht, über alles Erwarten gediehen. Chicago ist durch diese

Lage nicht nur die Metropole des Michigansees, sondern die Hauptstadt des ganzen Nordwestens, der Kornkammern Illinois, Michigan, Iowa, Wisconsin, Minnesota und zum Theil auch Indianas geworden. Man muß bedenken, wie ungemein rasch sich diese Staaten bevölkert haben, um das Wachsthum ihrer natürlichen Handelsstadt einigermaßen verstehen zu können. In der Zeit Zeit von 1840—70 ist die Bevölkerung von Illinois von 476000 auf 2½ Millionen gewachsen, die von Indiana von 636000 auf 1,681000, die von Iowa von 43000 auf 1,195000, die von Michigan von 212000 auf 1,184000, die von Wisconsin von 31000 auf 1,055000; die von Minnesota wurde 1840 noch nicht gezählt, aber 1850 betrug sie 6100 und 1870 439000. Wir haben also auf diesem Gebiete in 30 Jahren eine Zunahme von nicht ganz 1½ Millionen auf mehr als 8 Millionen. Denkt man sich die Arbeit und das Gedeihen einer solchen rasch anwachsenden Bevölkerung im Brennpunkte der Hauptstadt dieses Gebietes gesammelt und dem Unternehmungsgeiste verschwistert, der der leitenden Bevölkerung gerade dieser Region in so hohem Grade eigen ist, so verliert die erstaunliche Entwickelung Chicagos alles Wunderbare. Gerade wie das Aufblühen Cincinnatis, das in frühere Jahrzehnte fiel, der concentrirte Ausdruck der Thatsache war, daß der Strom der Westwanderung damals vorwiegend den Ohio entlang ging, so ist Chicagos Wachsthum nur die bis heute hervorragendste Erscheinung in einer ganzen Reihe, deren eigentlicher Inhalt die Besiedelung des Nordwestens ist.

Wie die Besiedelung jeder Region Nordamerikas

ihren besondern Ursprung, Charakter und Folgen hat, so sehen wir auch in dieser eigenthümliche Züge hervortreten. Unter ihnen sind für Chicago diese beiden bedeutend geworden: Die Besiedelung des Nordwestens, mit den dreißiger Jahren beginnend, fiel gerade in die Zeit der ersten Eisenbahnbauten, und diese Region war daher die erste von allen noch unbesiedelten, die von Anfang an der Früchte der neuen Verkehrswege theilhaftig wurde. Sei es nun durch rasche Zufuhr von immer neuen Einwandererscharen, sei es durch die Möglichkeit ausgedehnter Verwerthung der Erzeugnisse, welche der junge Boden in ungemeiner Fülle ergab, die Eisenbahnen förderten in hervorragender Weise die Besiedelung des Nordwestens. Ferner ist kein Theil der unbesiedelten Weststaaten der Union so stark mit neuengländischem Blute versetzt. Die Seeregion und überhaupt der Nordwesten war für die eigentlichen Yankees, was das Ohiothal für die Pennsylvanier und Virginier war. Da es anerkannt ist, und nirgends mehr als unter den Amerikanern selbst, daß an allen Gaben, die ein Land rasch der Cultur gewinnen, die Neuengländer allen übrigen Bestandtheilen des nordamerikanischen Volkes weit überlegen sind, so ist auch die Herkunft der Mehrheit der ursprünglichen Ansiedler des Nordwestens eine Thatsache, die Beachtung verdient. In zweiter Reihe sind aber auch die deutschen Einwanderer von großem Einfluß auf die Cultur des Nordwestens gewesen, da dessen Erschließung für die Besiedelung und den Verkehr zusammenfällt mit der Steigerung und dem höchsten Stande der deutschen Einwanderung in Nordamerika überhaupt. Deutscher Fleiß und Verstand, gepaart mit neuengländischem Scharfsinn und Unternehmungsgeist, übertreffen an colonisirender Kraft die Eigenschaft jedes andern Volkes oder Volksgemisches. Chicago ist aber doch in erster Linie eine Schöpfung des neuengländischen Unternehmungsgeistes. Die Stadt umschließt eine große Zahl von Deutschen, die aber vorwiegend dem Handwerkerstande angehören, und das Gros der deutschen Einwanderer hat sich mit der entschiedenen Vorliebe, die sie überall kennzeichnet, auf die Landwirthschaft geworfen.

Es war ein weiteres günstiges Zusammentreffen in der Entwickelung von Chicago, daß sie in derselben Zeit begann, in der Neuyork seine Stellung als Haupthandelsplatz an der Ostküste Nordamerikas gegen alle Wettbewerbung sichergestellt hatte. Als hauptsächlichstes Mittel zu diesem Zwecke diente der Eriekanal, der die kürzeste Verbindung zwischen dem Lande um die großen Seen und der atlantischen Küste herstellte. Außer der Wasserverbindung mit diesem wichtigen Kanale, deren sich Chicago in aller wünschenswerthen Ausdehnung erfreut, ist es später in directe Eisenbahnverbindung mit Buffalo, seinem westlichen Ausgangspunkte, und dann bald, wie wir gesehen haben, mit Neuyork selbst getreten. Es lag in der geradesten Linie von Neuyork nach Westen und ist in vielen Beziehungen gewissermaßen ein Bestandtheil des wirthschaftlichen Organismus von Neuyork geworden. Chicago sammelt den Ueberfluß des Westens in seine Speicher und Lagerhäuser und sendet ihn nach Neuyork, das seinerseits die Verarbeitung oder die Vertheilung über das Land und an das Aus=

land besorgt. Die enge Verbindung zwischen den beiden Städten hat es bewirkt, daß Chicago jeden Schritt, mit dem Neuyork seiner Bestimmung als einer beherrschenden Welthandelsstadt näher kam, als eine Erweiterung seines eigenen Wirkungskreises und seines eigenen Gedeihens empfand. Ich hörte treffend sagen: Neuyork ist der ältere und Chicago der jüngere Theilhaber des westlichen Geschäfts. In nicht minder enge Verbindung ist es später mit Boston getreten, das in den letzten Jahren die größten Anstrengungen macht, um von dem großen westlichen Menschen= und Güterverkehre ein Bächlein in sein eigenes Becken zu leiten. Aber von größerer Bedeutung ist die Verbindung mit Quebec, der Mündungsstadt des Sanct=Lorenz, die ebenso am meerwärts gelegenen Ende der großen Seekette beherrschend gelegen ist wie Chicago am südwestlichen Binnenende. Nachdem ein Kanal das große Verkehrshinderniß des Niagarafalles umgangen hat, ist durch diese Verbindung Chicago selbst für kleine Seeschiffe zugänglich geworden, und man kann ihm nicht mehr den Namen einer Seehandelsstadt verweigern, wiewol es in erster Linie eine großartige Binnenhandelsstadt ist. Dazu muß man dann noch rechnen, daß ein Kanal den Theil des Sees, an welchem Chicago liegt, mit dem Mississippi und dadurch mit dem Golf von Mexico verbindet.

Noch Eins ist nicht zu übersehen. Seitdem der Nordwesten in die Bahn seiner reichen Entwickelung eingetreten ist, nimmt Chicago an der großen Weltstraße nach dem Westen gleichsam die Stelle eines Eckhauses ein. Solche Stellen sind im Weltverkehre nicht weniger ausgezeichnet als im täglichen Verkehre unserer städtischen Straßen. Der Verkehr, der von Nordwesten nach Osten und Südosten, und umgekehrt von hier nach dort geht, wird durch die großen Wasserflächen der Seenkette von seiner geraden Richtung abgelenkt und zu einem Umwege gezwungen. Natürlich besteht aber das Bestreben, diesen Umweg so kurz wie möglich zu machen, d. h. möglichst nahe am Seeufer zu bleiben, um nicht zu dem einen nothwendigen Umwege noch einen andern zu gesellen, der überflüssig wäre. Man überzeugt sich leicht, daß Chicago durch seine Lage am Südende des größten Hindernisses eines directen westöstlichen Verkehrs der natürliche Durchgangs= und Kreuzungspunkt aller nächsten Wege ist, die den Verkehr zwischen dem Nordwesten, Osten und Südosten vermitteln. Keiner von ihnen kann von dieser Richtung abweichen, ohne sich von seinem Ziele zu entfernen, und wie viele ihrer auch noch werden mögen, werden sie in diesem Punkte sich immer zusammenfinden müssen.

Der Nordwesten ist die Getreidekammer der Vereinigten Staaten, und es ist nur natürlich, daß Chicago der größte Getreidemarkt des Landes ist. Der Getreidehandel, besonders in Weizen, hat in den letzten Jahren derart zugenommen, daß Chicago überhaupt der erste Getreidemarkt der Welt geworden ist. Im Jahre 1872/73, der bisjetzt größten Getreideausfuhr der Vereinigten Staaten, kamen 34 Millionen Hektoliter zur Ausfuhr. Chicago allein aber hatte in diesem Jahre eine Ausfuhr von 32 Millionen Hektoliter. In demselben Jahre führte ganz Rußland 45 Millionen Hekto=

liter aus. Der Werth der Brotstoffe, welche im Jahre 1873 in Chicago eingingen, belief sich auf 65½ Millionen Dollars.

Eine fast ebenso beherrschende Stellung nimmt Chicago im Fleischwaarengeschäft ein, welches für die schweinemästenden Staaten des Westens von so großer Bedeutung ist. In den Jahren 1871—73 wurden aus Chicago nicht weniger als 163, beziehentlich 239 und 344 Millionen Pfund gesalzenes Fleisch ausgeführt, und 1871/72 kamen $1\frac{1}{6}$ Millionen Schweine zur „Verpackung", während Cincinnati und Saint-Louis zusammen diese Zahl nicht erreichten. Die Zahl der zugeführten Schweine belief sich 1873 auf $4\frac{1}{2}$ Millionen, des Rindviehs auf 761000. An Schweineschmalz wurden 1873 90 Millionen Pfund ausgeführt, an Talg $11\frac{1}{2}$, Butter 11, Wolle $31\frac{1}{2}$, Häute 32, Taback 6 Millionen Pfund. — Die Einfuhr vom Auslande belief sich im selben Jahre auf $3\frac{2}{3}$ Millionen Dollars, der Werth des Küsten- und Canadahandels auf 7 Millionen Dollars. — Die in Fabriken angelegten Werthe vermehrten sich in den zehn Jahren 1860—70 in Neuyork um 212, Philadelphia um 238, Chicago um 707 Procent; man schätzte 1873 diese Kapitalien auf 50 Millionen Dollars und die Zahl der in Fabriken beschäftigten Menschen belief sich in demselben Jahre auf 50000.

Ueber die Bedeutung, welche Chicago als Hauptstation der Pacificbahn für den Handel zwischen San-Francisco und Neuyork und für den eigenen Handel mit dem fernen Westen gewonnen hat, liegen in den

Handelsberichten keine sichern Angaben vor. Die Hoffnungen, welche in Chicago schon das Thee- und Seideemporium Nordamerikas sahen, scheinen sich indessen noch nicht verwirklicht zu haben. Es ist aber natürlich, daß es als Ausgangspunkt der einzigen Bahn, die den Westen des ganzen Continents durchschneidet, für diese Region von großer Bedeutung geworden ist. Sein Unternehmungsgeist weiß diese Vortheile auszubeuten, und es macht z. B. mit dem Bergwerksstaate Colorado mehr Geschäfte als Saint-Louis, wiewol dies erheblich günstiger für einen solchen Verkehr gelegen ist. Daß in diesen westlichen Regionen die anbau- und entwickelungsfähigsten Striche vorwiegend gegen Norden zu gelegen sind, ist ein Umstand, der für Chicagos Verkehr mit dem fernen Westen überhaupt gewichtig in die Wagschale fallen wird.

Wie sehr indessen auch diese Zahlen und das rasche Wachsthum Chicagos, das sie bekräftigen, für den Unternehmungsgeist und die Arbeitsamkeit seiner Bewohner sprechen mögen, so stehen sie doch weit zurück hinter dem Zeugnisse, das ihnen ihr Verhalten nach dem großen Brande von 1871 ausstellt. Ich habe bei der Besprechung des bostoner Brandes von 1872 hervorgehoben, wie wenig sich die hartgeschädigte Bevölkerung dort von der Katastrophe entmuthigen ließ. Der Wiederaufbau Chicagos läßt in der Bevölkerung dieser Stadt eine noch viel erstaunlichere Kühnheit und Ausdauer erkennen. Das Unglück war unvergleichlich größer und die Ungebeugtheit nicht geringer. Der Brand wüthete in den reichsten und bestgebauten Districten, und die 17450 Häuser, welche abbrannten, stellten reichlich 50

Procent des Werthes dar, der in den damaligen 42000 Häusern der Stadt ruhte. Als ich aber im Mai 1874 Chicago sah, machte es mir den reichsten und schönsten Eindruck von allen großen Städten, die ich im Westen und Süden von Amerika gesehen. Die breiten luftigen Straßen, die Paläste von Geschäftshäusern und die gediegenen, reichen Wohnhäuser erinnerten mich an Neuyork. Es ist ein ganz besonderer Zug von Großartigkeit und Pracht in dieser Stadt. Man merkt nichts von ihrer großen Jugend, als bis man sich den mehr peripherischen Theilen nähert. Dort schimmert freilich noch die Prairie zwischen den einfachen, weißgetünchten Holzhäusern häufig durch, und man merkt, daß die Mehrzahl der hiesigen Einwohner zunächst keine Zeit und keinen Geschmack für soliden Luxus hat. Aber daß der Kern der Stadt so rasch und reich aus der Asche wiedererstand, wo ihn die Muthlosen für immer vergraben wähnten, ist eine beispiellose Thatsache. Es dürfte noch nicht dagewesen sein, daß es wie hier Leute gab, die sagen konnten: Wir haben die Stadt einmal aufgebaut, nun helfen wir sie zum zweiten male bauen. Und sie leisteten, was sie sagten. In den Geschäftsdistricten wurden nach einer kurzen Entwerthung des Grundes und Bodens sofort wieder die früher üblichen Preise für Bauplätze bezahlt. Der Handel erlahmte keinen Augenblick, und die Ein- und Ausfuhrlisten wiesen schon vier Wochen nach dem Brande größere Zahlen für entsprechende Zeiträume auf als in dem Normaljahre von 1870. Während der Großhandel sich schon einige Tage nach dem Brande in einer Breterstadt längs dem See neu eingerichtet hatte, wurden bereits die

Plätze für neue, dauerhaftere Bauten abgesteckt, und am 1. December 1871 waren in dem alten Geschäftstheile der Stadt schon wieder 212 steinerne Geschäftshäuser im Aufbau begriffen. Das Product dieses nicht fieberhaften, sondern sehr ernsten und dauerhaften Aufraffens steht nun als die prächtigste Stadt des Westens vor uns. Eine solche Leistung flößt Achtung ein. Wenn man hört, wie großartig die Wohlthätigkeit und wie groß das Vertrauen der zahllosen Gläubiger war, welche die Stadt anrufen mußte, so kann auch die Sympathie nicht fehlen. In der That, wenige Ereignisse in der amerikanischen Geschichte lassen das Volk von einer so ungetrübt hellen Seite sehen und stellen es so achtunggebietend hin.

Denver.

Eine Pilzstadt. Ihre öde Lage auf der Prairie. Das Panorama des Felsengebirges. Ihre jugendliche Geschichte. Sie wird bedeutender Eisenbahnknotenpunkt. Aeußeres Ansehen. Die Gesellschaft.

Denver, die Hauptstadt Colorados, ist eins der vielbesprochenen Wunder des Westens, eine der aufgeschossenen „Pilzstädte". In vierzehn Jahren aus einer Gruppe ärmlicher Blockhütten mitten in der ödesten Hochprairie zu einer der verkehrsreichsten Städte des Westens aufgewachsen, ist sie allerdings ein interessantes Phänomen, das nicht unbeachtet gelassen werden soll.

Denver ist weder so günstig noch so schön gelegen, wie man es von der jungen Hauptstadt eines Territoriums erwarten sollte, das man die Schweiz Amerikas nennt, dessen Besiedelung so neu und das wesentlich um der Mineralschätze seiner Gebirge willen so rasch bevölkert worden ist. Hätte es nicht das herrliche Gebirgspanorama*) vor sich, so würde es die traurigste Um-

---

*) Nach fast zweitägiger Fahrt vom Mississippithale her über die grüne, fruchtbare Prairie von Kansas und die ver-

gebung haben, die sich irgend denken läßt. Es ist sieben geographische Meilen vom Fuße des Gebirges an einer

---

trockneten, gelben Steppen, mit denen sich das Land unmerklich zur Hochebene erhebt, sieht man zum ersten male im Westen die Felsengebirge wie Keime von Wölkchen auftauchen. Zuerst erscheint die südliche Berggruppe des Pike's Peak, die in ihrer Isolirtheit, der langgestreckten Gestalt und den steilen Wänden einer großen, fernen Insel nicht unähnlich ist. Sie taucht im Süden auf, wo sie wie ein vorgeschobenes Werk vor die im ganzen sehr regelmäßig nordsüdlich verlaufende Kette hervortritt. Sie ist ein willkommener Vorbote, der viel zu versprechen scheint. Ihre Formen sind von einer großartigen Schönheit, die man nur edel nennen kann, so gehalten, so maßvoll ist bei aller Kühnheit ihr Aufstreben. Wer je die wunderbar schöne Linie des Monte-Pellegrino bei Palermo gesehen, weiß, was ich meine, denn ihr ist die dieser Berggruppe nahe verwandt. Erst strebt sie steil in die Höhe, als gälte es einen wolkenspaltenden Wipfel aufzuthürmen. Aber sie bricht, ehe man es vermuthet, und auf der einen Seite früher als auf der andern, mit einer sanften Biegung ab und vollendet nun, ohne irgendeinen scharfen Grat oder Kluft mit wellig zusammenneigenden Linien, den eigenthümlichen Umriß. Derselbe erinnert sehr entschieden an einen Löwen, der mit niedergebucktem Kopfe schläft — etwa an den Thorwaldsen'schen bei Luzern. Ein röthlicher Felston, welchen mattweiße Linien und Flecken von Schneefeldern durchziehen und den, wie wir näher kommen, das weiche Dunkelgrün des tiefern Waldkleides, des faltenreichen, gleichsam herabgesunkenen, überall einfaßt, füllt diese Form mit einer duftigen Farbe, und die durchscheinend grauen, blauen und veilchenblauen Bergschatten — ein lange entbehrter Augentrost! — sind vermildernd über das Ganze gebreitet.

Während diese schöne Berggestalt sich entfaltet hat, sind gegen Norden weitere schneestreifige Kuppen aufgetreten; sie der sanften Höhen hinaufgebaut, aus denen die „rolling Prairie" besteht; an der einen Seite wird es vom South-

sind noch vereinzelt und würden ohne die scharfen Umrisse, welche ihre Felsennatur andeuten, und die Nähe der schon zu imposanter Masse und Höhe herangewachsenen Gruppe des Pike's-Peak kaum als die höchsten Gipfel eines Hochgebirges zu erkennen sein. Ihre Formen haben zunächst nichts von alpiner Schärfe — keine Hörner, keine Nadeln, nichts übermäßig Kühnes, Scharfzackiges oder gar Uebergebogenes ist zu sehen: eine Neigung zu breiten und stumpfen Kegeln, langen Gratlinien und sanften Einsenkungen und zarten Uebergängen, selbst zu Wellenlinien scheint mit wenig Ausnahmen auf der ganzen Linie zu herrschen. In der Ferne, in der sie jetzt noch stehen, erscheinen sie in ihrem matten Blau und Grau so duftig wie ein Schatten, der sich aufzuhellen beginnt, oder den die Sonne wirft, wenn sie von leichten Nebelschleiern verhüllt wird. Auch erscheinen sie ohne erkennbaren Zusammenhang weit zerstreut an diesem und jenem Punkte des westlichen Horizonts, tauchen bald auf, versinken bald ganz, bald halb, wie eben die Prairie, welliger als ein stürmisches Meer, sinkt oder anschwillt. Aber wie die Wagenreihe unsers Zuges sich von Welle zu Welle bergauf und bergab windet und immer weiter westlich fortschreitet, kommen sie sichtlich näher, und schon gelingt es, von mancher Höhe tiefere, dunklere Massen zu erblicken, die ihnen zur Grundlage dienen und sie verbinden.

Die Gipfel und Grate wurden erst zu Gruppen ähnlich der des Pike's-Peak, sodaß mit dieser vier am Horizont standen — die nördlichste länger als die andern, fast eine Kette für sich, und in den Formen am alpenhaftesten, schärfsten, die südlichste, wie schon beschrieben, die schönste im Umriß, die beiden mittlern einander ähnlich, so groß wie die südliche und von trägern Formen, die minder lebhaft zum Auge sprechen. Diese beiden sind einander genähert, die nördliche und südliche Gruppe sind hingegen durch bedeutend größere Zwischenräume von ziemlich übereinstimmender Weite von ihnen getrennt, und

Platte bespült, der zwar noch rasch fließt, aber bereits
seicht und voll Kies= und Sandinseln ist und hier keine
der grünen Oasen geschaffen hat, wie man sie weiter
oben an seinen Ufern findet; nach allen andern Rich=
tungen aber ist es unmittelbar von der Prairie begrenzt,
welche sich selbst in seine Straßen noch in voller wüsten=
hafter Dürre hereinzieht. Kein origineller Anblick als
der der Peripherie dieser Stadt, wo die Straßen noch
nicht ausgelegt sind und weithin einzelne Häuser oder
Häusergruppen mit großen, wüsten Zwischenräumen und
anscheinend ohne Regel und Ordnung auf den vollkom=
men ursprünglichen Distel= und Cactusfeldern der Prairie
herumstehen. Einige sind schon anspruchsvoll im Be=
wußtsein, daß die Stadt sich jedenfalls einmal auch über
dieses Stück Wüste ausbreiten wird, die meisten mehr
hüttenartig. Da und dort schneidet sich das grüne Viereck
eines Gemüsegartens aus dem Graugelb der Steppe,
an einigen Stellen sind hochtrabende Straßennamen an=
geschrieben, von deren Straßen keine Spur vorhanden,
und als Staffage schleicht möglicherweise eine Kuhheerde
übers Feld. Doch hört man in der Ferne das Geklingel
der Straßeneisenbahn oder die heulende Locomotive, denkt,

über sie hinaus sieht man schon das Gebirge in undeutlichen
Wellenlinien nach den beiden entgegengesetzten Himmelsrich=
tungen hinausziehen, in deren Linien es mit unbedeutenden
Abweichungen durch den ganzen Nordcontinent und in Süd=
amerika wieder vom nördlichen Rande bis zum Cap Horn
streicht. Nicht mit Unrecht nannten es schon frühe Geographen,
die den Zusammenhang und ähnlichen Bau aller dieser Felsen=
gebirge, Sierren, Anden und Cordilleren nur ahnen konnten,
die Wirbelsäule von Amerika.

wie jung das alles und welche Schätze drüben im Gebirge und selbst hier im Boden liegen, und tröstet sich am Ende trotz des trostlosen Scheines mit der Zukunft.

Indeß muß ich gestehen, daß ich mir Denver leichter als Ruinenstadt vorstellen kann, durch die Wolf und Wüstenhund heult und die heißen Winde wehen, welche die Trümmer der einstigen hohen Cultur nach und nach in Sandhügel gehüllt haben, denn als eine der Königinnen des Westens. Mit Freuden sieht man drüben am Fuße des grünen Gebirges sich Städtchen um Städtchen an die Ufer der rauschenden Bergbäche drängen, aber in diese Steppe sich die Menschenwüstenei einer großen modernen Stadt zu denken, ist eine ganz und gar unangenehme Vorstellung. Sieht man doch außer den schlecht gedeihenden Silberpappeln (Cotton Wood) kaum ein Dutzend ansehnlicher Bäume um die Stadt, und was die künstliche Bewässerung erzeugt, mag es auch üppig aufschießen, bleibt immer ein künstliches Wesen. Nie werden diese Leute einen tüchtigen, schattigen Wald in der Nähe sehen. Und Denver hat einen selten umwölkten Himmel und trotz der hohen Lage eine versengende Sonne.

Mag jener Wunsch grausam scheinen diesem Kinde von Stadt gegenüber, aber ist es nicht empörend, wenn wir eine moderne Stadt, die eine Zukunft zu haben scheint, so unsinnig in die Wüste hineingebaut sehen? Ein paar Meilen näher gegen das Gebirge waren schon viel bessere Plätze zu finden, die eine ebenso gute, wenn nicht bessere Verkehrslage garantirten. Es ist kein vernünftiger Grund für die Wahl gerade dieses Platzes anzugeben. Der Zufall! So gründet man also Städte in unserer Zeit, die so viel gelernt haben will, und Städte, von denen man erwartet, daß sie einst Großstädte werden sollen. Da hatten doch die unwissenden Städtegründer unsers eigenen Alterthums einen gesündern Sinn und mehr Voraussicht. Indeß, mag dem nun sein, wie ihm wolle, es ist keine Frage, daß Denver gedeiht. Seitdem die Kansas=Pacificbahn, welche auf dem geradesten Wege von den Felsengebirgen nach dem Mississippi führt, Denver zum westlichen Ausgangspunkte gewählt hat und vier weitere Bahnen aus Norden, Süden und Westen hier zusammenlaufen, ist die Hauptstadt Colorados der Verkehrsmittelpunkt für das weite und großentheils noch wüste, aber rasch sich bevölkernde Gebiet des westlichen Kansas, der Felsengebirge und Neumexicos geworden. Sein Gedeihen ist das klarste Zeugniß für die Thatsache, daß heute nicht mehr so sehr die Vortheile der Lage als die Richtung der Eisenbahnlinien die Keime großer Städte ausstreuen. Wenn sie auch weiter vom Fuße des Gebirges entfernt ist, als man wünschen möchte, so ist sie doch nahe genug, um noch alle Strahlen des Straßen= und Bahnnetzes, welches dasselbe durchzieht, ohne Zwang in sich zusammenzufassen und die Ströme des Verkehrs, die kommen und gehen, selbständig nach der oder jener Richtung weiter zu leiten.

Ihre Geschichte ist kurz und umschließt noch kein Ereigniß, das der Zukunft aufbewahrt zu werden verdiente. Aber doch, wie eigenthümlich berührt uns der Bericht von ihrer ersten Gründung und ihrem Anwachsen! Selten, daß man uns von einer unserer europäischen Städte so klar wie von dieser gleichsam die ersten Ent=

faltungen, das Wurzelschlagen des Keimes eines bedeutenden Gemeinwesens zu beschreiben vermag. Und wenn man es kann, dann fehlt der Reiz des Herauswachsens aus den rohen Zuständen der Wildniß und des pilzartigen Aufschießens. Die erste Geschichte fast aller unserer Städte ist in Dunkel gehüllt, und so wirft nun der genaue Bericht, den wir vom frühesten Zustande so vieler amerikanischen Städte haben, bei der Analogie, die in diesen Dingen herrscht, einen willkommenen Lichtstrahl auf Abschnitte unserer eigenen Geschichte, deren Schatten wir anders nicht aufzuhellen vermöchten.

Im Jahre 1857 wurde die Stelle, wo jetzt Denver steht, zum ersten mal ein Wohnplatz weißer Menschen. Ein Trapper, mit dem britischen Allerweltsnamen Smith — einem in Amerika so häufigen Namen, daß er allein schon genügt, um diesem ersten Anfang der Stadt einen gewissen allegorischen, ja fast mythischen Charakter zu verleihen —, baute hier seine Hütte, in der er einsam lebte, bis im October 1858, im Beginn jenes Goldfiebers, das mitten im Winter mehr als 20000 Menschen nach diesem vorher nur von Trappern durchstreiften Gebirgslande zog, ein General Larimer das erste Blockhaus baute. Sein Name ist in einer County und einer Hauptstraße verewigt. Zur selben Zeit traf die erste Familie hier ein, im December kam der erste Schmied aus Santa-Fé in Neumexico zugewandert, im gleichen Monat eröffneten Blake und Williams den ersten Kaufladen und am 1. Februar 1859 eröffneten die Herren Murat und Smoke das erste Gasthaus, „El-Dorado" mit Namen. Im gleichen Frühling traten die „Rocky-Mountain News" und der „Cherry-Creek Pioneer", zwei Rivalen auf dem Gebiete der Presse, ans Licht, von denen aber der letztere schon nach der ersten Nummer den Geist aufgab. Zur selben Zeit wurde die erste Sägemühle in den Föhrenwäldern gegründet, die südwestlich von Denver liegen, und am 7. Mai kam der erste Postwagen der „Leavenworth and Pikes Peak Express Company" in Denver an. Die Geschichte sagt nicht, wie viele er gebracht und wieder mitgenommen, doch ist anzunehmen, daß die Zahl derer, die aus dem Territorium wegzukommen strebten, kaum geringer gewesen sein wird als die der ankommenden Goldsucher, denn viele Erwartungen hatte das unwirthliche Land und der harte Winter getäuscht, und wenn wir Berichte von dem Elend hätten, das der Winter von 1858/59 hier sah, würden schauerliche Bilder zu entwerfen sein. Indeß war in Denver das erste Kind, ein Indianermischling, zur Welt gekommen und einige waren gestorben; eine Anzahl war erstochen, erschossen und gehängt, und im Herbst 1859 war auch schon das erste Paar getraut worden. Damit war die junge Stadt doch einigermaßen geweiht. Als im März 1859 die Countybeamten gewählt wurden, wurden bereits 375 Stimmen abgegeben.

Damit indeß dieses Stück junger Urgeschichte nicht zu einfach erscheine, muß noch berichtet werden, daß zuerst der Ort Saint-Charles hieß, daß am andern Ufer des Cherry-Creek, der hier in den Platte-River mündet, eine zweite Niederlassung unter dem reizenden Namen Auraria gegründet wurde, daß im November 1858 Saint-Charles zu Ehren des Gouverneurs Denver von Kansas — Colorado war bis 1861 ein Theil von Kansas — seinen jetzigen Namen erhielt, und daß die erste gesetzgebende Versammlung, welche im Territorium zusammentrat, den beiden Niederlassungen einen Stadtbrief ausstellte, worauf am 19. December 1859 die City of Denver ins Dasein trat. Sie geht also gegenwärtig in ihr funfzehntes Jahr.

Von Anfang an war Denver, welches der Endpunkt der von Kansas her über die Prairie führenden Post= wagenlinie wurde, der Stapelplatz für das „Pike's=Peak= Goldgebiet" geworden, wie man damals das mittlere Colorado nach seinem weitest sichtbaren Berggipfel nannte. Es war für die Post= und Frachtwagen wie später für die Eisenbahn angenehm, sich dem Gebirge mit seinem welligen Vorterrain nicht mehr zu nähern, als absolut nothwendig. Für sie war Denver der passendst gelegene Ort in diesem Gebiete, und ihnen sowie den Land= speculanten, die ein Interesse an der Erhöhung der Bodenpreise hatten, ist es zu danken, daß Denver und nicht eine der gleichzeitig gegründeten Niederlassungen am Fuße der Gebirge zur Hauptstadt des Gebietes wurde.

Denver zählt heute gegen 20000 Einwohner. Im Jahre 1870, dem letzten, für welches officielle Angaben vorliegen, zählte es 9000 in nahezu 1500 Häusern; seit= dem sollen jährlich nicht unter 300 Häuser gebaut wor= den sein. Nach dem Berichte des Handelsamtes wurden im gleichen Jahre für nahe an 12 Millionen Dollars Waaren hier verkauft, waren $1\frac{1}{2}$ Millionen in den Banken niedergelegt und nahmen zwölf Lebensversiche= rungen 85000 Dollars und die Feuerversicherungen 75000

Dollars ein. Diese Zahlen dürften indeß nur annähernd richtig und vorwiegend etwas nach der höhern Seite hinaufgeschraubt sein.

Was läßt sich viel über das Aeußere einer so jungen Stadt sagen, wo eigentlich nichts ganz fertig von allem, was vorhanden? Hütten, Holzhäuser und einfache Backsteinbauten wiegen vor, und die paar größern Bauten stehen so isolirt in der Masse unscheinbarer Häuschen mit den großen Lücken der noch unverbauten Grundstücke dazwischen, daß sie nur den Eindruck von Unfertigkeit vermehren. Die Gärten, welche einzelne Häuser umgeben, sind noch jung wie die Silberpappeln, mit denen die Straßen bepflanzt sind, und können mit allem Grün, das die künstliche Bewässerung hervortreibt, den trostlosen Eindruck der Wüstenumgebung nicht verwischen. Die Straßen sind breit, ungepflastert, mit erhöhten Seitenwegen aus Bohlen versehen und werden zum Theil schon von Pferdeeisenbahnen befahren. Einige, in denen die hervorragendern Geschäfte sich befinden, sind ziemlich belebt. Sechs- und achtspännige Ochsenzüge, welche Holzwagen ziehen, Bergleute, die auf schwer bepackten Maulthieren oder Pferden auf „Prospecting" gehen, d. h. neue Minen suchen, von denen glänzende Berichte aus der San-Juan-Region gekommen sind, verlumpte, stupid dreinschauende Indianer auf kleinen abgetriebenen Pferden sind einige der auffallendern Erscheinungen, die nicht eben häufig, aber, wo immer sie auftreten, von um so charakteristischerer Wirkung sind. Da und dort bemerkt man auch Spuren, daß die Denverianer den Ruhm auszubeuten suchen, den Colorado als ein heilsames Land für Lungenfranke und als Touristentummelplatz erworben hat. Es sind verschiedene Gewölbe vorhanden, in denen Erzstufen, ausgestopfte Vögel und Säugethiere, indianische Geräthe und andere Merkwürdigkeiten zu „Fancy-Preisen" verkauft werden, und auch an Niederlagen von Jagd- und Fischereigeräthen fehlt es nicht. Die noch sehr dürftige Literatur über Colorado wird einem auf Schritt und Tritt vor Augen gebracht, und verlockend schöne Photographien der Felsengebirgscenerien sind häufig zur Schau gestellt.

Einen viel auffallendern Zug bildet jedoch in der Physiognomie der Stadt die erstaunliche Menge der Bier- und Branntweinschenken und der Gasthäuser. Sie deuten unter anderm die wichtige Rolle an, welche Denver im Leben der Bergleute spielt, welche Monate in der Einöde hart arbeiten, dann aber plötzlich, vom Wunsche nach besserm Leben ergriffen, aus ihren Thälern herabsteigen und das Viele oder Wenige, was sie erworben, in ein paar Wochen verpuffen. Die, welche genug haben, verbringen ganze Winter in Denver. Andere, die nach den Bergen streben, bleiben so lange in diesem Sitze angenehmerer Cultur sitzen, bis sie ihr mitgebrachtes Geld verpraßt haben, worauf sie dann mit um so größerer Liebe an die Arbeit gehen, bis das Spiel von neuem angehen kann. Uebrigens beherbergt auch Denver selbst übergenug Gesindel, wie alle Orte an der Grenze der amerikanischen Civilisation, die darin einer bösen Wunde gleicht, daß sie beständig von einem eiternden Rande umgeben ist.

Vor Denver selbst hebt sich das Felsengebirge im Halbkreise herauf. Vom westlichen Horizont, den es ganz erfüllt, sendet es nach Norden und Süden Ausläufer. Es ist einfach zu sagen, viel einfacher als bei irgendeiner Alpenansicht, wie es sich darbietet. Die zwanzig Meilen bis zum Fuße sind noch völlig Prairie, die bald in glatter, schräger Fläche, bald in Wellen ansteigt, um sich erst hart vor dem Gebirge selbst plötzlich zu einer Vorlagerung von Hügeln aufzurecken, die theils wallartig gestreckt, theils kegelförmig sich erheben und überall nur einen schmalen Saum vor dem Gebirge bilden. Sie sind gleich der Prairie mit kurzem, gelblichgrünem Rasen bedeckt, waldlos und nur auf den Gipfeln und Graten felsig, als hätten sie beim Aufsteigen jener ihr freilich weites, vielfältiges Gewand mitgehoben und es nur stellenweise zu ritzen vermocht. Dieser Hügelsaum zieht, vielfach durchbrochen und in mannichfaltige, doch vorwiegend langgestreckte Formen gegliedert, überall vor dem höhern Gebirge hin, und im Südhorizont, wo sich die Kette wie im Norden zum Halbkreise zu biegen scheint, sieht man denselben klar aus der Prairie mit allmählicher Erhebung ansteigen und allmählich in die höhern Berge übergehen, welche da, wo wir das Gebirge direct vor uns haben, sich unvermittelt, d. h. aus eigener Basis über ihn zu erheben scheinen.

Hinter diesem Hügel- und Bergwall, der so unvermittelt aus der Prairie aufsteigt, erhebt sich da und dort, wo er am höchsten wird, der Scheitel der weiter westlich liegenden Hochgebirgskette, die man die Snowy-Range nennt. Auch jetzt ist Pike's-Peak die südlichste dieser Erhebungen, dann kommt die vielspitzige Gruppe des James-Peak, nach dieser Gray's- und Longs-Peak, und undeutliche Erhebungen nach dem äußersten Norden hinaus. Sie liegen, mit Ausnahme des weit vorgeschobenen Pike's-Peak, jeweils 15—30 englische Meilen hinter dem ersten Bergwall. Wo dieser niedrig, sieht man zuerst dunkelbewaldete Berge und erst hinter diesen die Schneehäupter heraufkommen. Erheben würde zu viel gesagt sein, denn ihnen sind, wie schon berichtet, wenig kühne Formen eigen. Es ist zu viel Masse, zu viel in Grate und höchst seichte Zackenlinien Ausgezogenes vorhanden. Es ist, als sei eine aufstrebende Richtung zu früh, noch im weichen Zustande in sie gekommen, die mit der Neigung auseinanderzufließen in Conflict gerathen sei, und die letztere hat es am Ende meistentheils davongetragen. Nur die nördlichste Gruppe Longs-Peak macht eine Ausnahme. Sie steigt von der Nordseite in einer langen, ungebrochenen, etwas convexen Linie auf, um nach Süden sich mit kürzerm, viel steilerm Abhange zu zwei niedrigen, gerundeten Gipfeln zu senken, die sich dann mit einer Reihe von nicht so ganz zahmen Gipfeln weit nach Süden hinausziehen, wo nach größerer Lücke Gray's-Peak die aufsteigende Bewegung wieder aufnimmt.

Reise auf der Pacificbahn.

1. Die verschiedenen Theile der Pacificbahn. Anstieg in die Schwarzen Berge bei Cheyenne. Wüste. Phantastische Fels- und Baumgestalten. Schutzmittel gegen Schneewehen. Höchst öde Landschaft. Kärgliche Staffage. Pflanzenwuchs in der Hochwüste. Die Fahrt.

Was man kurzweg „Pacificbahn" zu nennen pflegt, ist keineswegs, wie man wol meint, eine directe Bahn von Neuyork nach San-Francisco, sondern ein Complex von sieben verschiedenen, selbständigen Linien. Vier von diesen liegen östlich vom Mississippi und bestehen schon seit längern Jahren, die drei andern, von denen die Western-Pacific, welche von San-Francisco nach dem Fuße der Sierra Nevada führt, ebenfalls schon älter ist, setzen die eigentliche Pacificbahn zusammen. Der wichtigste und schwierigste Abschnitt dieser Linie wird von der 1680 Kilometer langen Union-Pacific durchschnitten, welche von Omaha bis zum Großen Salzsee läuft, während die Central-Pacific die Verbindung über das Große Becken und die Sierra Nevada nach Sacramento herstellt (1190 Kilometer), von wo aus dann jene ältere Western-Pacific die nur noch 217 Kilometer lange Strecke bis nach San-Francisco befährt. In den letzten Jahren ist der öst-

lichen Hälfte der Union-Pacific eine südliche Concurrenz-
linie gebaut worden, welche als Missouri-Pacific und
Kansas-Pacific vom Mississippi, und zwar dem bedeutend südlicher als Omaha gelegenen Saint-Louis aus
durch die Staaten Missouri, Kansas und Colorado nach
Denver führt und von hier aus durch die nordsüdliche
Verbindungsbahn Denver-Pacific in Cheyenne an die
Union-Pacific anschließt. Sie durchschneidet gleich dem
entsprechenden Abschnitt der Union-Pacific die ganze
Breite der westlichen Prairien auf einem so langsam an-
steigenden Boden, daß die fast 1600 Meter betragende
Steigung zwischen Saint-Louis und Denver ohne irgendeine beträchtliche Terrainschwierigkeit ganz unmerklich
überwunden wird. Erst bei Cheyenne, welches man von
Denver aus wiederum über eine ganz allmählich um circa
300 Meter steigende Hochprairie erreicht, beginnt von
einer Meereshöhe von 1842 Meter aus der Anstieg ins
Gebirge, der indeß nicht mehr sehr bedeutend ist, da
man bereits bei 2513 Meter die Paßhöhe (bei Station
Sherman) erreicht. Der Theil des Felsengebirges, über
welchen hier die Bahn gelegt ist, trägt den Namen Black-
Mountains, Schwarze Berge.

Bei Cheyenne ist das Land eine „rolling Prairie",
ein wellenförmiges Land mit kurzem, trockenem Gras-
wuchse, wie man ihm überall als gleichsam leicht er-
höhtem Saume längs des Fußes der Felsengebirge begegnet. Die Bahn führt westwärts in fast gerader Linie
auf das Gebirge zu, übersteigt oder umgeht eine Boden-
welle um die andere und begegnet höhern, je höher sie
selber steigt. Plötzlich ist es aber, als zögen sie sich alle aus

der welligen Flachheit zu steilern Formen zusammen, sie sind unversehens zu Hügeln geworden, Felsengrate treten aus ihren Seiten, Klippen aus ihren Scheiteln und tief= aufgerissene wasserlose Thäler scheiden sie. Einige sind hoch und wild genug, um als würdige Vorberge sich den schneebedeckten Gipfeln des Longs=Peak vorzulagern, die zur linken Hand herüberragen. Vereinzelte, weit= zerstreute Föhren, von gedrücktem Wuchs, der stellenweise der Form der alpinen Legföhren nahe genug kommt, stehen vor Felswänden, in Schluchten, Spalten und sonstigen geschützten Stellen — eine bei aller gedrückten Kümmerlichkeit und Aermlichkeit erfreuliche Abwechselung nach der wüstenhaften Einförmigkeit der Hochprairie. Auch sie lehren, daß wir mitten im Gebirge sind, wie= wol die Prairie kaum eine Stunde hinter uns liegt.

Die seltsamen Formen der Felsgruppen drängen sich mit phantastischen Gleichnissen an die Sinne. Man kann sie nicht übersehen. Als Felsen wohlbekannter Art aus der Nähe unbeachtet gelassen, erregen und fesseln sie aus der Ferne unter zahllosen, täuschenden Formen die Auf= merksamkeit — auf den Bergen, als lange Linien rohen Gemäuers, als Burgen, als Trümmer von Kirchen und Kapellen, in fernen Thälern als Pyramiden, als Grab= mäler, oft zu säulenreichen Kirchhöfen gehäuft, an Ab= hängen als Hütten, als dunkle Bergwerkseingänge, als Terrassen, als Bastionen. Und außer dem Zuge, der langsam bergauf stampft, alles so ganz menschenleer, in das einförmigst graugrüne Gewand des dürren Grases ge= hüllt, selten von den Föhren unterbrochen, deren dunkle, verbogene Gestalten selbst wie verzaubert erscheinen. Wir

denken wol, daß es Bäume, sehen uns aber nach den
Formen von Bäumen vergebens um. Es sind Gnomen
des Baumreiches.

Wie Stunde um Stunde vergeht, fügt in langen
Zwischenräumen sich eine geringe Zahl weiterer Erschei=
nungen in dieses einförmige Bild. Eine Schafheerde mit
vielen schwarzen und weißen Lämmern; ein Wasserthurm,
der mit langem, eisernem Arm dem Dampfkessel Nah=
rung spendet; verlassene Hütten, die bis ans Dach in
der Erde stehen*); einige Blockhäuser für Bahnbeamte;
der Schäfer, ein Knabe, der mit langem Stab und Flinte
zu Pferde sitzt, und sein zottiger Hund, der ihm voraus
zur Heerde eilt; einige graue Erdeichhörnchen, die ein altes
Bachbett herabhüpfen.

Weiter treten an leblosen Dingen zahlreiche Schnee=
zäune, Schneemauern und der erste jener bedeckten,
aus Balken und Bretern erbauten Gänge auf, welche
später in der Sierra Nevada auf meilenweiten Strecken
die Bahn gegen Schnee zu schützen haben. Es sind
dies einfache Einrichtungen, die aber, wie ich höre,
ihren Zweck vollkommen erfüllen. Die Schneezäune sind
aus Holz roh gezimmerte Zäune, welche in geringer
Entfernung neben der Bahnlinie und oft in mehrern
Reihen hintereinander herziehen und derart schief stehen,
daß sie den von der Seite heranwehenden Schnee=
massen eine dachartig abfallende Fläche bieten, die natür=
lich gegen Seitendruck wenig empfindlich ist. Die Schnee=

---

*) Dug-outs genannt; in der Prairie wegen der scharfen
Winde häufig.

mauern sind rohe Mauern aus Feldsteinen und sind viel seltener zu sehen als die Zäune. Die bedeckten Gänge endlich, die eigentlichen Snow-sheds, sind vollkommene, gezimmerte Tunnels, die nur an den gefährdetsten Stellen angebracht sind, diese aber auf Meilen einhüllen. Wo die Bahn aus der Sierra Nevada in das Sacramentothal hinabsteigt, zieht sie durch ein Gebirgsland, welches die herrlichste Scenerie darbietet, welche man überhaupt von einer amerikanischen Bahn aus sehen kann. Aber gerade auf dieser Strecke ist durch diese Snow-sheds die Welt buchstäblich mit Bretern vernagelt, und nur wo vielleicht zufällig eine Latte weggebrochen ist, gewinnt man ein ganz flüchtiges Augenblicksbild eines grünen Sees, der im Tannendunkel tief im Thale unten liegt, der ersten Wälder, deren Anblick auf die Kahlheit der Hochebene hin doppelt erfreulich, der Wasserfälle und Rauschbäche: Mit welcher Begier stürzt man daher ins Freie, um Umblick zu halten, sobald der Zug eine Minute hält! Uebrigens ist diese Bedeckung der Bahn hier wahrscheinlich nothwendiger als irgendwo zwischen Mississippi und Stillem Meer, denn jene Seite der Sierra, die westliche, empfängt die feuchten Westwinde aus erster Hand, und was am Hinterlande an Schnee und Regen zu wenig fällt, fällt hier oft zu viel. Auf der Strecke aber, welche wir jetzt befahren, dem Ostabhange, ist nicht die Masse des Schnees der Hauptgrund der zahlreichen Schutzmittel, mit welchen man die Bahn umgeben hat, denn es fällt selbst bei Sherman, also auf der Paßhöhe, selten mehr als ein paar Zoll, sondern die äußerst heftigen Winde, welche ihn von den Bergen herab ins Thal tragen und ihn voraussichtlich gerade in den natürlichen Einschnitten, welche die Eisenbahn zu passiren hat, am häufigsten zusammenwehen würden.

Auf der Paßhöhe culminirt die kahle, wilde Einförmigkeit der Gebirgswüste und bleibt nun der herrschende Zug im Bilde, bis wir an den Großen Salzsee hinabgelangen, in dessen Nähe die Natur freigebiger und durch eine stellenweise schon intensive Cultur zu reichen Leistungen bewogen wird. Es gibt wol Oasen saftigen Graswuchses und fröhlicher Weiden= und Pappelgebüsche, und die wasserreiche Hochebene von Lamarie, die größte von ihnen, ist von beträchtlicher Ausdehnung (gegen zwölf deutsche Meilen lang), aber in der Ferne sieht man immer die kahlen Höhen, und wo das Wasser nicht hinkommt, hat mitten in der grünen Wiese die Wüste in abschreckender Dürre wieder überhandgenommen. Oft muß der Boden schon mit Salzen geschwängert sein, da selbst am Rande mancher Gewässer, die hier häufig von Süden her die Bahnlinie kreuzen, um sich in den etwas weiter nördlich nach Osten zum Missouri abfließenden North=Plattefluß zu ergießen, der Pflanzenwuchs um nichts kräftiger ist als auf den ganz dürren erhöhtern Stellen. Freilich sind auch diese Bäche ärmlich genug, besonders in der Sommerszeit, wo sie zu kaum mehr sichtbaren Wasserfäden werden. In sehr entschiedener Weise prägt sich dieses am Bitter=Creek aus, in dessen Thale die Eisenbahn eine Zeit lang hinführt, denn sein Wasser selbst ist so salzgeschwängert, daß man es zu trinken scheut. Hier war eine der gefährlichsten Strecken für die vielen Auswanderer, welche vor der Vollendung der Pacificbahn mit ihren Familien auf Wagen und Pferden, oft karavanenweise, durch die Wüste nach den Ländern der Verheißung im fernen Westen zogen.

Wenn beim Herabsteigen von der Paßhöhe sich die Schneegipfel von Longs-Peak in zartesten Umrissen und tiefem Blau an den Südhorizont zeichnen, ist es bei solch ödem Charakter der nähern Umgebung eine wahre Erquickung. Der Contrast der todten Farben mit dieser gleichsam sanft glühenden des fernen Gebirges ist außerordentlich, und man begreift, wie eine geheimnißvolle Ahnung von Reichthum und erfreulichem Leben auch ohne alle sagenhaften Ueberlieferungen so viele über diese Oede weg nach dem Gebirge zog. Es ließ sich unendlich viel in diese blaue thürmende Ferne dichten, viel auch hineinwünschen. Scheinen doch schon die Wolken, die über ihnen hängen, eine ganz andere Fruchtbarkeit anzudeuten, als sich in den Salzkräutern und rauhen Borstengräsern dieser Hochebene kundgibt!

Einen Tag und eine Nacht sauste der Zug durch diese Wüste, die, von den Oasen abgesehen, nur in leichten Schattirungen ihr Ansehen ändert, im wesentlichen Charakter aber sammt Felsen und Föhren immer dieselbe bleibt. Die Staffage bereichert sich langsam. Einige Jäger tragen erlegte Antilopen um die Schultern, wie man auf altchristlichen Bildwerken den guten Hirten das Lamm tragen sieht. Antilopen kommen bald darauf in Heerden von zwölfen und zwanzigen mehrmals in Sicht und nähern sich auf weniger als Schußweite dem Zuge, suchen einigemal sogar in großen Sprüngen mit

ihm Schritt zu halten. Auswandererwagen schleichen
im Sande hin, von magern Pferden gezogen und mit
Rindern und Ziegen im Gefolge, welche von den be=
rittenen Männern der Gesellschaft getrieben werden;
die Frauen und Kinder lugen neugierig unter der Decke
vor, die im Halbbogen über den Wagen gespannt ist.
Wir passiren kleine und große Stationen, an denen
selten ein Mensch aus= oder einsteigt, und von denen die
kleinen aus vereinzelten, die großen aus zusammen=
gehäuften Hütten bestehen. Die letztern sind immer
Mittelpunkt des localen Handelsverkehrs, daher mit
Waaren aller Art vollgepfropft und mit Ankündigungen
und Reclamen bedeckt, und an Schenken ist nirgends
Mangel. „Wenn nicht die mäßigen Chinesen das Gros
der Eisenbahnarbeiter bildeten", sagte mir ein Orts=
angehöriger in Ogden, „so würden Sie in jedem zweiten
Hause eine Schnapskneipe sehen." Eine dieser Hütten=
gruppen heißt Como wegen eines elenden Tümpels in
der Nähe, der nach dem oberitalienischen See genannt ist.

Ich sprach von Schattirungen in der kärglichen
Pflanzendecke dieser Wüste, und dies ist wörtlich zu
nehmen, denn ihr Ansehen ändert sich nicht unerheblich,
je nachdem eben die Gewächse dichter oder zerstreuter
stehen. Das scheint ein geringer Unterschied, aber in
diesem Bilde, das in Formen und Farbe so einförmig,
wird jeder kleinste Zug zu einer Sache von Bedeutung.
Sie ist wesentlich aus denselben Pflanzen zusammen=
gewoben, wie die der Hochprairien: dürren Gräsern,
holzigen Lupinen, Artemisien, Chenopodien, Salzkräutern,
die oft niedere Strauchgestalt erlangen — vorwiegend

14*

dürre, grau= oder gelbgrün gefärbte, blattarme Gewächse. Oenotheren mit zollangen weißen Hängeblüten, Gillien mit langen scharlachrothen Röhrenblüten, Felder wilden Roggens, manchmal auch Wachholderbüsche bringen dunklere Schattirungen hinein — saftigeres Grün der Blätter, lichtere mannichfaltigere Farben. Oft neigt aber die Schattirung nach der grauen und gelben Seite. Dann zieht sich der dürre, aber noch ziemlich dichte Graswuchs immer mehr zu vereinzelten, runden Rasenflecken zusammen, die sich zu Halbkugeln zusammendrängen, wie die Gewächse der hohen Alpen= und Polarregionen, und das Gelb des Sandes scheint auf allen Seiten hervor. Selbst diese werden an vielen Stellen immer seltener, verschwinden am Ende und lassen eine Wüste zurück, die nicht öder zu denken ist. Eine Strecke zieht diese sich hin, dann sieht man wieder grünlichen Schimmer an tiefern Stellen, Büsche von wildem Roggen, Artemisienbüsche und in einer tiefen, schmalen Schlucht geht vielleicht sogar ein Bach oder ein Wasserfaden zwischen niederm, kümmerlichem Weidengebüsch hin.

Da bei so langem Zusammensein sich mehr Geselligkeit entwickelt, als man sonst bei Eisenbahnreisen zu finden pflegt, so kann man freilich auf ein paar Stunden die Wüste vergessen, durch die man fährt. Man fühlt sich fast wie auf einem Schiffe von der äußern Welt abgeschnitten und auf den engen Kreis der Mitreisenden verwiesen, von denen die meisten drei, viele fünf und acht Tage zusammenbleiben. Man ist zum Glück in den Salon= und Schlafwagen räumlich nicht so beschränkt, wie man es in Eisenbahnwagen des europäischen Systems

sein würde, kann von Sitz zu Sitz, von Wagen zu Wagen
gehen, kann ein Tischlein zum Speisen, Lesen oder Karten‍=
spielen vor sich hinconstruiren, kann sich waschen und
beliebig viel kaltes Wasser trinken. Das befördert das
Wohlbefinden und damit die Geselligkeit. Es ist hier‍=
zulande nicht schwer, Bekanntschaften zu machen, und da
in den Schnellzügen der Pacificbahn doch durchschnittlich
immer 60—80 Personen fahren, kann jeder, der auch
nur halbwegs umgänglich ist, einen oder einige Menschen
finden, deren Gesellschaft ihm zusagt. —

Das Technische einer solchen Fahrt ist, vom Stand‍=
punkte des Nichtingenieurs betrachtet, einfacher als man
sich vorstellt. In europäischen Zeitungen hat man oft
die sogenannten Hotelzüge, welche nicht die normalen
Züge sind, als die gewöhnlichen Beförderungsmittel der
Pacificbahn beschrieben, und daher hat sich die Vor‍=
stellung verbreitet, als ob jeder Zug ein Hotelzug sei.
Dem ist nicht so. Die Bahngesellschaften haben im
Gegentheil auf der ganzen Strecke in bestimmten Ent‍=
fernungen Restaurationen eingerichtet, bei denen der Zug
dreimal im Tage hält und wo man für je einen Dollar
ein durchschnittlich ganz annehmbares Mahl erhält. Nur
zwischen Chicago und Saint‍=Louis fand ich einmal beim
Tagzuge, der morgens abgeht und abends ankommt, einen
sogenannten Hotelwagen im Zuge. Eigentliche Hotel‍=
züge gehen meines Wissens nur einmal jede Woche von
San‍=Francisco und Neuyork ab und sind denn in der
That, nachdem einmal für genügende Restaurationen
überall auf der Strecke gesorgt ist, nur noch eine Spie‍=
lerei. Die Zeitersparniß will nichts heißen, da doch

Brennstoff und Waffer eingenommen werden muß, und es jedem wohlthut, wenn er nach sechsstündiger Rüttelung und Schüttelung seine verrosteten Gliedmaßen auf festem Boden wieder etwas in Uebung bringen kann.

Ein solcher Zug, wie er täglich von Omaha und San-Francisco abgeht, besteht aus einem Wagen erster Klasse, einem Wagen zweiter Klasse, einem Gepäck- und mehrern Schlafwagen. In zweiter Klasse ist eine Rauchabtheilung. Von Omaha kommend, wechselt man Wagen in Ogden (Utah) und in Sacramento, aber von Saint-Louis über Colorado kommend, wechselt man in Kansas-City, Denver, Cheyenne, Ogden und Sacramento. Die Fahrpreise sind erheblichem Wechsel unterworfen. Im Sommer 1874 zahlte man von Newyork nach San-Francisco 140, von Saint-Louis und Chicago 118, von Omaha 100, von Denver 90 Dollars.

2. Contrast der Rocky-Mountainbahn zu deutschen Alpenbahnen. Durchgängiger Wüstencharakter. Oasenhafte Alpenbilder. Trestle-Works. Zum Großen Salzsee hinab. Der See in Abendbeleuchtung. Neuerdings in der Wüste. Oase bei Station Humboldt. Ueber die Sierra Nevada. In Californien.

Die Felsengebirge stehen zwar schon wegen der vorwaltenden Dürre an Schönheit der Landschaft weit hinter den Alpen zurück, und höchstens die wilden, grotesken Felsformen und die mit ihnen auf weite Strecken erfüllten Schluchtenthäler oder Cañons können mit großartigen Scenen aus unsern Hochgebirgen verglichen werden. Aber man kann doch nicht verkennen, daß derjenige Abschnitt, welcher von der Pacificbahn durchschnitten wird, das Gebirge zufällig in seiner ärmsten und einförmigsten, ja fast abschreckenden Ausbildung vor Augen führt. Da die Mehrzahl der Reisenden ohne Seitenabstecher durchs Land fährt, wird dieser einseitige Eindruck leicht verallgemeinert, und oft hört man daher die schiefsten, unglaublich unterschätzenden Urtheile, die das ganze Felsengebirge als eine solche Wüste darstellen. Sie sind sehr zu bedauern, und ich wünsche, daß recht bald die projectirten Linien durch Colorado und Utah und durch Arkansas und Arizona zum Stillen Meer ausgeführt werden mögen. Auf ihnen wird der Reisende umgekehrt wie auf der Pacificbahn mit die schönsten Theile des in sich so sehr verschieden beschaffenen Gebirgszuges zu Gesicht bekommen.

Jetzt besteht freilich ein großer Contrast zwischen der Landschaft, durch welche unsere Alpenbahnen führen, mit der dieser ersten Felsengebirgsbahn. Wenn ich die Paßhöhe des Brenner mit der der Black- oder Humboldt-Mountains vergleiche, scheint mir jenes Alpenbild, das ja noch lange keins der großartigsten und schönsten ist, das Werk einer unendlich reichen und künstlerisch gestaltenden Phantasie, während diese hier selbst an den kühnsten Stellen wie leere Umrisse erscheinen, wie Rahmen, die erst noch auf Ausfüllung mit Formen und Farben warten. Der gewaltige Wasserreichthum, die zahllosen Quellen und kleinen Wasserfäden der Alpen treten gerade dort so wirksam auf, während hier meistens nur ein etwas lichterer grünerer Ton in der graulichen Pflanzendecke von verborgener spärlicher Feuchtigkeit spricht. Diese Leere und Armuth bekommt durch die vorwiegend trägen

Linien der Bergumrisse und die dann und wann mit regelloser Wildheit zusammengeworfenen Felsenmeere selbst etwas Rohes, Abstoßendes, das allerdings nichts als eines reichern Pflanzenkleides bedürfte, um vielleicht selbst gefällig zu erscheinen. Nacktheit ist eben hier, ganz wie beim menschlichen Körper, eine sehr anspruchsvolle Eigenschaft, die nur da nicht abstößt, wo die schönsten Linien sie begrenzen.

Anläufe zu alpinen Bildern erscheinen doch mehreremal. Es sind indeß Anläufe. Wir steigen von der Hochebene der Black-Mountains zum Becken des Großen Salzsees durch einige Schluchtenthäler hinab, die von ziemlich wasserreichen und wilden Bächen durchrauscht sind und auf der Thalsohle und an den Abhängen grüne Wiesen und reiches Buschwerk tragen. Blaue, schneestreifige Alpengipfel, die vor uns auftauchen, schmale Felsenthäler mit saftigem Graswuchs am Ufer ihrer Bäche, die da und dort aus den Seiten der Felsenwälle hervorbrechen, Uebergang der Hochebene in ein Hügelland und aus den Hügeln in Berge, Föhren, die wieder häufiger sich an die Felsspalten schmiegen, künden den Eintritt in das Wahsatchgebirge, die Schranke an, welche das wüste Hochland des Wyomingterritoriums vom Becken des Großen Salzsees trennt. Durch Echo- und Weber-Cañon, zwei Thäler, deren wilde Felszerklüftung — 2000 Fuß hoch bauen sich die Sandsteinwälle, -Thürme und -Pfeiler senkrecht auf weite Strecken auf — nur in der Wildniß der östlichen Felsengebirge von Colorado ihresgleichen findet.

Hier waren einst die gefährlichsten Stellen der Bahn

in den ersten Monaten nach ihrer Vollendung, denn ein ähnlich schwieriges Terrain findet man nur am Westabhange der Sierra wieder, wo es nach Californien hinabgeht. Jetzt sind die Brücken längst so solid wie irgendwo auf einer westlichen Bahn, der Bahnkörper befestigt und vor abstürzenden Trümmern geschützt. Die sogenannten Trestle=Works, Viaducte, die aus scheinbar ganz leichten Balken gezimmert sind, sehen freilich noch immer gefährlich aus für den, der nicht viel von amerikanischen Bahnen kennt; aber ihre sinnreiche Zusammenfügung macht sie zu ganz zuverlässigen Trägern, und wer z. B. Gelegenheit gehabt hat, auf südlichen Bahnen zu reisen, wo man oft meilenweit die Sümpfe mit solchen Trestle=Works überbrückt hat, vertraut sich ihnen auch hier ohne Beängstigung an, selbst wenn es thurmhoch unter ihnen in die Tiefe geht.

Die Schneeberge, die lange vor uns standen, mit ihren trägen, höchstens flach pyramidalen Umrissen spärlich bewaldet, vorwiegend kahl, sind nun zur Seite gerückt und wir fahren an ihren Abhängen hin. Die Felsenthäler machen breitern Thalbecken mit herrlichen Grasmatten und stillern Wässern Platz, der Boden nährt wieder Blumen, die an die saftigen „Bottoms" der östlichen Prairien erinnern, trägt weite Wiesen und Felder hochhalmigen, goldenen Getreides und längs der Bäche Weiden= und Erlendickicht, das durch Schlinggewächse fast undurchdringlich verflochten ist. Als die Mormonen auf ihrem Zuge nach dem Salzsee aus der Wüste des Hochlandes in diese Thäler herabstiegen, verglichen sie nicht mit Unrecht das Land, das vor ihnen lag, mit dem Gelobten Lande, das den Juden nach ihrem Wüstenzuge beschert ward.

So gleitet nun die schwere Wagenreihe wie von ihrem eigenen Gewichte getrieben gegen den Großen Salzsee hinab, den leider die Dämmerung nur undeutlich erblicken läßt. Ehe wir ihn erreichen, wird in Ogden halt gemacht und Wagen gewechselt. Von hier geht die Zweigbahn nach der Mormonenhauptstadt Salt-Lake-City ab, die man in zwei Stunden erreicht. Von der Union-Pacific kommen wir nun zur Central-Pacific, und es ist jedem wohl, die eine Hälfte der Wüste absolvirt zu haben. Wir verlieren einige Passagiere, die nach Salt-Lake-City reisen, um das Mormonenthum oder die Silberminen zu studiren. Eine unglückselig nervöse Dame aus Ohio, die allein hierher gereist ist, um sich nach den Aussichten eines Bergwerksunternehmens zu erkundigen, in welchem sie ihr halbes Vermögen angelegt hat, verläßt uns hier mit bangen Ahnungen. Keine seltenen Erscheinungen hier im fernen Westen, diese armen Betrogenen, die nach dem Verbleib ihres Vermögens forschen, das in irgendeinem silberarmen Schacht auf Nimmerwiedersehen verschwand.

Indem der Zug weiter im Thale des Weber-River hinabrollt, sehen wir in Kürze den breiten Spiegel des Salzsees vor uns. Die Eisenbahn geht einige Meilen hart an seinem Rande hin, sodaß man deutlich den Schatten der gegenüberliegenden Berge im Wasserspiegel sieht, die schwärzliche Farbe des Wassers und den grünlichen Schimmer seiner Oberfläche erkennt. Das Thal reicht mit einer einförmigen, marschigen Grasebene an den See und zieht am diesseitigen Rande mit derselben zwischen ihm und den Bergen hin; drüben aber scheinen die Gebirge, deren halbalpine Formen und Schneegipfel wieder an die Felsengebirge von Colorado erinnern, hart an den See zu treten. Das unbestimmte Licht des letzten blassen Abendroths geht über die weite Wasserfläche, wo nicht der Wind ein Wellengekräusel erregt, das von fern wie mattes Silber erscheint. Die Luft ist weicher einzuathmen, dunstreicher, ihre Wolken zahlreich, dicht zusammengeballt und mit den verwischten Rändern, die Regen andeuten, nach unten hängend. Der Regen beginnt zu fallen, indem wir wieder vom See weg thalaufwärts streben, und ehe die Nacht einbricht, hängt er seine grauen Schleier vor die kahlen, gelben Bergreihen, in deren Thälern unsere Fahrt für weitere dreißig Stunden hingehen wird. Erwachend finden wir uns am nächsten Morgen in einer noch wüstern Wüste, als die wir gestern verlassen haben, in einem Thale voll Sand, Felsen und spärlichem grauen Buschwerk, aus dessen wolligen Zweigen und Blättchen die klare Morgensonne einen durchdringenden Wermutgeruch destillirt — eine höchst originelle, aber passende Zugabe zum Wüstencharakter. Die Matten, die Wasserfläche, die weichen Wolken, der Regen von gestern Abend stehen bei der Wiederkehr des Wüstenbildes wie eine Fata-Morgana in der Erinnerung.

Hat sich denn der Zug zurückgewandt? Das alles, was nun auftaucht und vorüberflieht, das Nahe und Ferne, selbst die grauen Kräuter am Boden, sahen wir doch gestern erst. Es schien gestern etwas milder, aber der Unterschied ist gering. Wir sind wieder auf einer Hochebene, welche beiderseits von niedrigen, steinigten Hügeln und in der Ferne von Gebirgszügen eingefaßt wird. Vor und hinter uns schließen sie den Gesichtskreis ab, um bei der Annäherung hinter die Hügel zu treten, über welche auf beiden Seiten ihre flachen Gipfel hervorragen. Die Gipfel sind aber, und das mag ein Zeichen sein, daß wir dem ersehnten Meere näher sind, tiefer herab mit Schnee bedeckt als in den östlicher gelegenen Ketten des Felsengebirges. Bald unterbricht eine Klippe, eine Felswand, eine Felsgruppe die Oede, bald ein dunkler Wachholderbaum, dessen kurze Zweige sich dicht an den Stamm drängen. Mehr ist nicht zu sehen, wenn es nicht der weiße Salzring um den Rand eines trockenen Tümpels ist. Und die Formen der fernern, höhern Gebirge, welche nun schon der Humboldt-Kette angehören, sind kaum verschieden von allem, was wir von den Felsengebirgen kennen. Es sind vorwiegend bastionenhafte Felsmassen, die nicht sehr steil, aber auch nicht mit vielen Stufen von Vorbergen aufsteigen, von trägen, breit pyramidalen Formen. Die klar erkennbaren, vielgewundenen und zerknickten Bänder seiner Schichten, der Mangel der Pflanzendecke geben ihm einen etwas felsenhaftern Charakter, als auf Grund des Reliefs und der Umrisse ihm zukommt. Doch immer rechtfertigt dieses Gebirge den Namen des Felsengebirges. Wieder kommen Burgen, Wälle, Pfeiler, Coulissenreihen unerwartet aus dem Sande der Hügel hervor. Sind keine Felsen vorhanden, so erscheinen die Hügel wie grandiose Sandhaufen. Der Pflanzenwuchs ist so gering, es würde kaum den Charakter der Landschaft ändern, wenn auch dieser Sand von der Sonne und Trockniß zu Felsen zusammengebacken würde.

An wenigen Stellen, wo Feuchtigkeit genug sich sammelt, ohne zur Bildung von Salz- und Sodatümpeln zu führen, sind Oasen grüner Wiesen in den Verlauf des endlosen Wüstenbildes geschaltet. Sofort zeigt hier der Boden seine eingeborene Fruchtbarkeit und bringt das ganze Jahr hindurch Massen von Heu hervor, von denen wir viele Tausende gepreßter Ballen an einigen Stationen aufgestapelt sahen. Dasselbe wird nach nahen und fernen Minendistricten versandt, die hier in Nevada noch häufiger als in Utah und Colorado in den allerunwirthbarsten Gegenden gelegen sind. Sie würde ohne künstliche Fütterung von Californien und den paar Oasen her völlig lebensunfähig sein. Bei Argentea durchschneidet die Eisenbahn eine solche Oase, welche unerwarteterweise sogar das Bild eines sumpfigen, pflanzenreichen Marschlandes hereinzaubert. Höchst erfreulich sind dort die weiten dunkelgrünen Felder der Binsen, die ihre braunen Köpfchen in gleicher Höhe wiegen, wie das Getreide seine Aehren, die Tümpel und trägen Bäche, vor deren Wasserspiegel die Schleier blütenreicher Schwimmpolygonen und dichtgedrängter Schleimgewächse gezogen sind, die Weidenbüsche endlich mit den saftigen Sonnenblumen in ihrem Schutze. Aber kaum erfreuten wir uns des neuen Bildes, so hat sich der Boden wieder zu heben angefangen, ist dürr und salzig geworden und trägt wieder Artemisien und Fettsträucher — bittersalziges, graues, holziges Gewächs.

Bei der Station Humboldt — dieser Name kehrt hier in Gebirg und einzelnem Berg, in Fluß, See, Ansiedelung und berühmten Quellen wieder — sind sogar Mais- und Kleefelder, die prachtvoll stehen, und ein unerwarteter Blumengarten zu sehen, aber man sieht sich nicht lange nach der Ursache des überraschenden, höchst seltenen Phänomens um. Vor dem Stationshause sprudelt eine große Quelle auf und ist als Springbrunnen gefaßt, der das herrlichste Bergwasser in hohen Bogen wirft. Selbst Obstbäume gedeihen in der Feuchtigkeit. Die Quelle ist die größte Sehenswürdigkeit zwischen Utah und Summit, dem Gebirgsscheitel der Sierra Nevada. Uns Neulingen sind übrigens kaum minder sehenswerth auch die Söhne des Himmlischen Reiches, die gelben, gemessenen, grinsenden, welche im Speisesaale dieser Station das Abendbrot servirten.

Ein herrlicher Sonnenuntergang setzte diesem letzten Reisetage in der Wüste ein gutes Ende. Gleich der Morgenröthe und dem Heraufkommen des Mondes und der Sterne gewann er eine ganz andere Bedeutung in dieser Einöde, wo so Weniges den Durst des Auges zu sättigen vermag, welches an reichere Bilder gewöhnt ist. Es ist auch in dieser Hinsicht die Wüste dem Meere zu vergleichen. Es war ein doppelter Sonnenuntergang, vielmehr eine doppelte Abendröthe, denn tief am Westhorizont lagen Wolkenmassen, die just sich zu heben begannen, als die Sonne hinter ihnen untergegangen war. Die erste Abendröthe war schon fast überall verblaßt, als sie sich lösten und im Abendhimmel, der alsbald wieder golden wurde, wie Goldschiffe mit Purpursegeln dahinschwammen.

Wir waren die Nacht weiter im Thale des Humboldt=
Flusses emporgestiegen und waren am Morgen nahe der
Paßhöhe, die bei der Station Summit die Höhe von
7017 Fuß erreicht. Eine wilde Gebirgsnatur war an
die Stelle der Wüste getreten. Schneefelder waren unter
den Gipfeln der nächsten Berge ganz nahe zu sehen,
wilde Bäche kreuzten die Bahn, Tannen= und Fichten=
haine standen an steinigen Abhängen hinauf und in den
Klüften, die zwischen Felswänden ins Gebirge dringen.
Wir sahen in Thäler hinab, wo ein Meer von dunkeln
Wipfeln blaue Seen und hellgrüne Matten umdrängte
und auf den Abhängen Heerden weideten. Der Zug
sauste durch meilenweite Schneetunnels, die den Ausblick
beschränkten, und überholte alle die wilden Bergbäche,
den Yaba=, den Bear=, den American=River, die von
hier zum Sacramentofluß hinabrauschen. Tiefer hinab
kamen Wälder fremdartiger Eichen, langnadelige Föhren
mit riesigen Zapfen, Cedern unbekannter Art, und eine
hohe, weiße Lilie, unserer Gartenlilie sehr ähnlich, stand
häufig in ihrem Schatten. Dies ist nun californische
Natur, und die Wolken, die über uns ziehen, kommen
vom Stillen Meere.

Als wir das Gebirge verließen und ins Thal des
Sacramento und San=Joaquin gelangten, waren auf
Meilen und Meilen Weizenfelder das erfreuliche Kleid
des Landes, und an heitern Bildern von regsamen
Städten und Gruppen von Farmhäusern unter schat=
tigen Eichen war nirgends Mangel. Feigen und Trau=
ben bot man an jeder Haltestelle feil. Als wir gegen
Abend das niedrige Gebirge des Küstenzuges (Coast=

Range) überstiegen hatten, kam uns ein kühler Seewind entgegen, und nach Sonnenuntergang trug uns die Dampffähre über den Arm der Bai, welcher Oakland von San-Francisco trennt. Wieder lag in einem glänzenden Lichtmeere eine Weltstadt vor den Augen, und die Wüste war rasch vergessen.

San-Francisco.

1. Die Bai von San-Francisco. Ihre günstige Handelslag:. Lage der Stadt. Handel und Verkehr.

An dem Punkte, wo der Sacramento und San-Joaquin, die beiden Hauptflüsse Californiens, zusammenfließen und ins Meer münden, ist durch eigenthümliche Fels- und Dünenformation eine Art Lagune gebildet, die an manche der Etangs erinnert, welche hinter dem dünenhaften Küstenstreife des nördlichen Mittelmeerufers in Frankreich hinziehen. Ihre Lage und Gestalt sind ähnlich. Es ist eine längliche Bai, die parallel mit der Küste sich hinter der äußern Küstenlinie hinzieht und nur mit schmaler Oeffnung ins Meer hinaus mündet. Dieselbe ist über zehn geographische Meilen lang und durchschnittlich zwei geographische Meilen breit und heißt im südlichen Theile, der vom nördlichen durch einengendes Zusammentreten des Küstenstreifens und des eigentlichen Festlandes gesondert ist, San-Francisco-Bai, im nördlichen San-Pablo-Bai. Das gemeinsame Thor der beiden gegen das Meer zu heißt Golden Gate, das Goldene Thor. Es trug diesen Namen schon, ehe ihm die Entdeckung der Goldschätze der Sierra Nevada und die darauffolgende ungeheure Goldausfuhr ein ganz besonderes Recht auf denselben verliehen. An der Binnenseite des südlichen Armes des Küstenstreifes, welcher die Bai von außen einschließt, ist San-Francisco erbaut worden. Der Eintritt zur Bai liegt bei 37° 48' nördl. Br.

Es ist wie immer eine verwickelte Reihe von Ursachen, welche dieser Bucht die Bedeutung eines der hervorragendsten Handelshäfen der Welt und der Stadt, die an ihrem Ufer erbaut ist, den Rang einer Welthandelsstadt verliehen haben. Vor allem ist sie an und für sich ein so guter Hafen, wie die Natur ihn nur bauen konnte, denn die Straße des Golden Gate ist mehr als eine geographische Meile lang, dabei überall tief genug für die größten Schiffe, die Bai selbst aber, mit ihrer Fläche von über zwanzig geographischen Quadratmeilen, bietet Ankergrund für zahllose Schiffe. Sie kann überdies vermittels ihrer schmalen und langen Ausmündung und der zahlreichen Inseln, die sie umschließt, verhältnißmäßig leicht vertheidigt werden. Sie ist ferner ebenso vortrefflich gelegen gegenüber dem Lande, dem sie angehört, wie gegenüber den fremden Ländern, welche andere Theile des Stillen Meeres einfassen und mit deren Häfen daher San-Francisco in erster Linie theils zu concurriren, theils Handel zu treiben hat. Für Californien bietet die Bai den Vortheil, daß sie der beste Hafen des Staates ist, und auch die Oregonküste ist hafenarm, sodaß zwischen dem Puget-Sund und der mexicanischen Grenze erst nach Vollendung des viel südlicher bei Los-Angeles gelegenen Hafens von San-Pedro (neuerdings Wilmington genannt), den die Regierung der Vereinigten Staaten baut, ein zweiter einigermaßen nennenswerther Hafen vorhanden sein wird. Es ist ferner die Bai von San-Francisco für Californien der centralstgelegene Hafen, dem die Einmündung der beiden Hauptflüsse noch die besondere Bedeutung verleiht, daß hier die Flußschiffahrt sowie die wichtigsten Verkehrswege centriren. Die letztern haben bei der eigenthümlichen Bodenbeschaffenheit des Landes im ganzen und großen den bedeutendern Flußläufen zu folgen. Der Sacramento wird gegenwärtig bis über Sacramento hinaus, der San-Joaquin verhältnißmäßig ebenso weit mit Dampfschiffen befahren, und außer der großen Ueberlandlinie Neuyork-San-Francisco münden in San-Francisco vier mehr locale, d. h. californische, Eisenbahnen aus.

Sucht man sich das Verhältniß San-Franciscos zu den übrigen Hafenplätzen der nordamerikanischen Westküste klar zu machen, so tritt also vor allem die Thatsache hervor, daß das eigenthümliche Productionsgebiet, welches so ziemlich mit den Grenzen des Staates Californien zusammenfällt, keinen zweiten Hafen besitzt, der dem von San-Francisco den Rang streitig machen könnte; daß ferner von der Juan-de-Fuca-Straße südwärts weder an der Küste der Vereinigten Staaten, noch Mexicos, noch Mittelamerikas ein Hafen gefunden wird, der so geräumig und gleichzeitig so geschützt ist und eine so leichte Einfahrt bietet wie der von San-Francisco. Der altberühmte Hafen von Acapulco, nach diesem wol der beste an der langen Küste, ist doch nur ein kleines Becken gegenüber der californischen Bai.

Die Verbindungen mit dem Hinterlande und mit den

Nachbarküsten kommen hinzu, um San-Franciscos Bedeutung zu erhöhen. Als Ausgangspunkt der Ueberlandlinie von Neuyork wird es noch in Jahren keine Concurrenz zu fürchten haben, und der Verkehr des nordamerikanischen Continents mit Asien und mittelbar auch ein Theil des europäisch-asiatischen Verkehrs wird voraussichtlich nicht sobald über einen andern Punkt gehen, denn es ist keine geradere Linie zwischen den betriebsamsten und handelsthätigsten Theilen des atlantischen Nordamerikas und dem Stillen Meere zu denken. Mit der längst projectirten Durchstechung der mittelamerikanischen Landenge wird allerdings der directe Schiffsverkehr dieser Ueberlandlinie Concurrenz machen, aber die Entwickelung der Hülfsquellen des Landes, das westlich vom Großen Salzsee liegt und in San-Francisco immer gleichsam das Herz seiner ein- und ausfließenden Metall- und Waarenströme erblicken wird, dürfte den hiervon zu erwartenden Verlust mehr als ausgleichen, und der Personenverkehr sowie die kostbaren Waaren werden den Landweg vorziehen. Auch steht diese Durchstechung noch in einer Ferne, die einstweilen praktische Erwägungen und Schlüsse ausschließt.

Ob indeß nicht für die Stadt selbst an irgendeinem andern Theile dieses natürlichen Hafenbeckens eine günstigere Lage zu finden gewesen wäre, darf man wol bezweifeln. Man sagt, es sei nur ein Zufall gewesen, der sie an diesem äußersten Vorsprunge der Landzunge habe aufwachsen lassen; die ersten Schiffe, welche Vorräthe für die Goldsucher brachten, seien aus Unkenntniß der damals so wenig bekannten Oertlichkeiten nach der alten spanischen Niederlassung Yerba-Buena, die an diesem Orte bestand, statt nach dem günstiger gelegenen Vallejo dirigirt worden, das bereits einer der bedeutendsten Orte der ganzen Provinz war und nicht blos ein besseres Klima, sondern auch durch seine Lage im Sacramentothale ein viel besseres Ziel für die Eisenbahnanschlüsse geboten haben würde als das peninsulare San-Francisco. Noch vor einigen Jahren war es nicht unwahrscheinlich, daß eine der San-Francisco gegenüberliegenden Inseln der Bai zu einer künstlichen Halbinsel und zum Endpunkte der wichtigsten Eisenbahnlinien gemacht werden könnte. Münden doch die Pacificbahn und die südcalifornische Linie gegenwärtig mitten in der Bai auf einem Nothbahnhofe, der auf Pfählen steht und die Verbindung mit der Stadt nur durch Dampffähren bewirkt. Gegenwärtig scheint aber jener Plan aufgegeben. Die Eisenbahnen begnügen sich mit den provisorischen Bahnhöfen und wollen später eine feste Ueberbrückung der Bai an einer schmalen Stelle im Süden der Stadt anlegen.

Ueber den gegenwärtigen Stand des Handels von San-Francisco entnehme ich dem Berichte des „San-Francisco-Journal of Commerce" für 1873 — der einzigen einigermaßen zuverlässigen Zusammenstellung — folgende Angaben: Die Ausfuhr erreichte in diesem Jahre einen Werth von 29,711311 Dollars, während sie 1872 um etwas mehr als 6 Millionen geringer gewesen war. Ueber 25 Millionen hiervon kommen auf Producte Californiens und der Nachbarstaaten, worunter Weizen und Mehl mit 21, Wolle mit $6^{1}/_{2}$, Wein mit $1^{1}/_{2}$ Million als Hauptgegenstände zu nennen sind; nach diesen folgen mit geringern Zahlen Lachs ($1/_4$ Million), Quecksilber ($4/_5$ Million), eingemachte Früchte u. a. Der größte Theil dieser Ausfuhr ging nach England, welches für nahe an 21 Millionen Dollars Producte von San=Francisco erhielt. In den Rest theilten sich die östlichen Staaten der Union, Mexico, China, Australien, Japan, die central= und südamerikanischen Staaten und einige der Inselgruppen im Stillen Meere. Am Import betheiligte sich China mit 7, England mit 6, Mexico mit $4^1/_2$, Japan mit 4 Millionen Dollars. Der Gesammtwerth importirter Güter belief sich auf etwa 20 Millionen für ausländische und 30 Millionen Dollars für amerikanische Güter.

Im Jahre 1872 liefen (nach Hittell's „Resources of California") 3670 Schiffe in den Hafen von San=Francisco ein; die durchschnittliche Tonnenzahl derselben betrug 330. Die Tonnenzahl der fremden Schiffe betrug 505000, der amerikanischen von der atlantischen Seite 96000 und der Küstenschiffe 634000. Von Küstenschiffen liefen 2972, aus Südamerika 122, aus Europa 88 (davon 8 deutsche und 72 englische), aus Australien 77, China und Japan 80, Polynesien 68, Ostindien 38 ein. Die Pacific=Mail=Steamship=Company, welche ihren Sitz in San=Francisco hat, läßt auf der japanischen Linie zweiwöchentlich 10 Dampfer von 39000 Tonnen Gesammtgehalt, auf der Panamalinie zweiwöchentlich 7 mit 19000, nach Honolulu 1 mit 13000, nach San=Diego (Süd=Californien) 4 mit 3200 Tonnen laufen. Die californisch=japanische Linie hat von Yokohama aus eine Zweiglinie nach Hongkong und die Dampfer der Panamalinie berühren die wichtigsten Häfen Westmexicos, vor=

züglich Mazatlan und Acapulco, und zum Theil auch mittelamerikanische Häfen. Eine britische Linie unterhält monatliche directe Verbindungen mit Hongkong und eine ganze Anzahl kleinerer Dampfer besorgt den Verkehr San-Franciscos mit den weiter nördlich und südlich gelegenen Häfen von Californien, Oregon, Washington-Territory, Britisch-Columbia und bis nach Alaska hinauf.

Nicht weniger als der Handel- und Verkehr findet auch die californische Industrie in San-Francisco ihren Mittelpunkt. Von den 66 Millionen Dollars Werthen, die sie im Jahre producirt, sollen 37 auf San-Francisco kommen.

2. San-Franciscos Zukunft. Zweifelnde Stimmen. Mängel des architektonischen Eindrucks. Herrliche Umgebungen. Dünen. Stadtplan.

Ueber dem schmeichelhaften Gedanken, daß San-Francisco die Stellung einer Weltstadt einnimmt, muß man nicht vergessen, daß diese Stellung kein activer oder, besser gesagt, kein productiver Factor ist. Das heißt, eine Stadt wird nicht in erster Linie dadurch Weltstadt, daß sie durch ihre Lage hierzu designirt ist, sondern dadurch, daß sie ihre Stellung auszunutzen weiß. Nur an den seltenen Punkten, wo Verkehrsströme zwischen alten, dichtbevölkerten Regionen sich zusammendrängen oder kreuzen, werden Weltstädte aufwachsen, die von der Entwickelung des Hinterlandes unabhängig sind. Singapore ist vielleicht das einzige Beispiel dieser Art, das aus dem laufenden Jahrhundert anzuführen ist. Ganz anders ist der Fall mit San-Francisco, dessen ohne Zweifel vortreffliche Lage zwischen zwei so großen Handelsgebieten wie Ostasien und Nordamerika an und für sich nicht fähig ist, die Verkehrsströme des Welthandels dieser Regionen durch das Goldene Thor zu leiten, wenn nicht eben die Stadt durch ihre eigene Entwickelung eine weitere Anziehung übt, als von Natur in dieser vortrefflichen Lage gegeben ist. Sie könnten mit der Zeit andere Wege finden. San-Franciscos Entwickelung aber wird ihrerseits immer in einem ziemlich directen Verhältnisse stehen zur allgemeinen Entwickelung des „Pacific-Slope" im allgemeinen und Californiens im besondern.

Californiens Entwickelung wird durch die Eigenthümlichkeiten des Klimas und Bodens wahrscheinlich früher an ihrer Schranke ankommen als die der nördlicher gelegenen Gegenden von Oregon und Washington-Territory, welche wahrscheinlich in allen Eigenschaften, die für die Verwerthung des natürlichen Reichthums von Bedeutung sind, den culturfähigsten Theilen Mitteleuropas näher stehen als irgendein anderes Land in den Grenzen der Vereinigten Staaten. Aber San-Francisco ist dafür schon heute viel mehr als die Hauptstadt Californiens, und wenn auch selbst in viel kürzerer Zeit, als man vernünftigerweise hoffen darf, eine nördliche Pacificbahn im Puget-Sunde zur Ausmündung kommen sollte, wird es vom Range des „pacifischen Neuyork" nicht herabsteigen, solange es eine regsame Bürgerschaft umschließt, welche die Vortheile der Lage nicht blos ausnützt, sondern durch eigene Thätigkeit erhöht.

Die Hoffnungen sind groß, doch ist dies natürlich. Haben die Leute gehörig gearbeitet und sich ehrlich geplagt, bis die Dinge so weit waren, so ist es nur billig, daß sie mit Stolz auf ihre Leistung schauen und das Größte und Beste für dieselbe von der Zukunft hoffen. Ich will mich nicht beklagen, daß ich das alte Lied von der Weltstadt der Zukunft, die alten Phrasen und Uebertreibungen in jedem Buche und jedem Hefte wiederfand, wo ich nach Thatsachen und klaren Gedanken suchte. Es liegt ja ziemlich klar vor Augen, daß San-Francisco eine prächtige Handelslage hat, und die Aussichten in das Werden, welches hier bevorsteht, der Gedanke an die Culturfrüchte, die auf dem reichen Uferlande längs der Sierra Nevada und dem Cascadengebirge heranreifen, an die innigen Beziehungen, an denen neue Handelswege zwischen dem ältesten Stück der Alten und dem jüngsten der Neuen Welt, zwischen Ostasien und Californien schon zu weben beginnen, sind genügend, um selbst ein kühles Gemüth zu sehr kühnen Gedankenflügen anzuregen. Doch ermüdet man am Ende im Anschauen dieses beständig unfertigen Hineinbauens in eine unbekannte Zukunft, die besonders den flachern Geistern keine Ruhe läßt, sich zu immer neuen, immer nichtigen Hypothesenbauten anzuspannen. Es ist unbefriedigend in hohem Grade, wenn es wie hier Mode, ja Manie wird.

Das Seltsamste an den Reflexionen, mit denen man ohne Unterlaß jeden kleinsten Wechsel dieser Dinge begleitet, ist die Unzufriedenheit mit der Entwickelung der Stadt. San-Francisco könnte größer, der Handel bedeutender, die Bevölkerung reicher sein. Ich lese in einer sonst nicht ungeschickten Darstellung der Entwickelung San-Franciscos: „Man begreift leicht, daß Chicago nur eine Stadt von 75000 Einwohnern sein könnte, aber daß San-Francisco weniger bevölkert sein könnte, als es ist, ist schwer einzusehen." Aehnliches kann man öfter hören, denn viele sind nicht zufrieden mit der Bevölkerung, der sie den großartigen Unternehmungsgeist absprechen, welcher Chicago groß gemacht hat, die sie beschuldigen, daß sie die Geschäfte in provinzialer Engherzigkeit betreibe, daß sie die junge Weltstadt weder mit großen öffentlichen Werken, noch mit den schönen Bauten schmücke, die eine Stadt ihres Ranges nicht entbehren könne, und dergleichen. Aber diese Verdrießlichen denken nicht daran, wie zusammengewürfelt doch diese Bevölkerung, aus der jetzt erst die Generation der im Lande Geborenen herauswächst, wie arm sie an Erfahrungen und Traditionen ist, da ja noch immer so vieles Experiment ist, was sie anfaßt, wie seicht der Einwanderungsstrom seit Jahren und wie unwahrscheinlich ein stärkerer Zufluß, solange diejenigen Theile von Amerika, welche Europa näher liegen, noch Raum für so viele Millionen bieten.

Darin haben sie vielleicht noch am ehesten recht, daß San-Francisco in seinem Aeußern kaum etwas von der Schönheit und Großartigkeit kundgibt, ohne welche wir uns eine Stadt von 200000 Einwohnern kaum mehr vorstellen können. Mit Ausnahme von zwei oder drei Quadraten, California-Street (der Börsen- und Bankstraße) und der Montgomery-Street, in welcher die größten Gasthäuser und Kaufläden stehen, sind die Straßen vorwiegend von einfachen, grau angestrichenen, oder holzverschalten, meist kleinen Backsteinhäusern eingefaßt, die in den weniger reichen Theilen der Stadt einen ganz so provisorischen Eindruck machen wie die Häuser in den halb= nomadischen Prairiestädten des fernen Westens. Es paßt das nicht in eine so zukunftsreiche Weltstadt, aber man entschuldigt es mit den Erdbeben, die mehrmals in San= Francisco bedeutenden Schaden angerichtet haben. Den Mangel bedeutender Kirchen und sonstiger Monumental= bauten mag die Jugend der Stadt entschuldigen und zum Theil auch der Mangel an guten Bausteinen in unmittel= barer Nähe. Wenn dieser Mangel einst gehoben sein wird, wird die nächste Umgebung der Stadt sich erst in ihrer vollen Schönheit darstellen.

Einstweilen ist der Gesammtanblick das Schönste an der Stadt. Man hat den besten Ueberblick von dem soge= nannten Telegraphenberge aus, einem erhöhten Vorsprunge der Landzunge, auf welcher die Stadt erbaut ist. Hier hat man an hellen Tagen, die freilich selten sind, den blauen, grüngeränderten Spiegel der Bai und den Kranz der run= den, braunen Berge vor sich. Auch die Inseln und Vorgebirge sind wie die Ufer gerundet und braun, doch manchmal nicht ohne jede Andeutung der verborgenen Felsennatur, die sie in steilen Klippen vor sich her senden. Man sieht, wie die blaue See das Land umfaßt, das als schmale Halbinsel sich in die Bai vorstreckt, und indem man über den andern Rücken des Hügels hinschaut, welcher der Bai abgewandt ist, sieht man, wie er mit Häusern und Gärten bedeckt ist, wie mehrere andere Hügel ebenso bebaut sind und wie rings um ihren Fuß ein flacher Boden sich hinstreckt, der dem Meere abgewonnen ist und eine dichtere Häusermenge trägt als die Hügel. Dies ist das Geschäftsquartier. An seinem Rande liegen die langen, hölzernen Lagerhäuser, die Werfte und die unzähligen Schiffe.

Am schönsten ist aber die Bai. Schon die Einfahrt durch das Goldene Thor gibt sofort das Bild eines geräumigen und sichern Hafens, denn wir sehen überall die Fels- und Bergumrandung des herrlichen Beckens. Hier ist sie so nahe, daß wir den weißen Saum der Brandung am Ufer entlang unterscheiden, und dort nebelhaft wie Wolkenstreifen tief am Horizont. Raum ist in Fülle vorhanden. In der Ferne erkennt man schon einzelne Theile von San-Francisco und vor allem das weithin sichtbare Wahrzeichen, die Ziegeninsel, die man an ihrer dunkelbraunen Strauchbekleidung vor den hellern Dünen und Felsen des Ufers unterscheidet. San-Francisco ist zum Theil noch von einem vorspringenden Hügel verdeckt, dessen jenseitiger Abhang ein belebter Stadttheil, während der, den wir vor uns haben, vorwiegend kahl, dünenhaft erscheint und nur zerstreute Häuser trägt. Erst wenn wir über die Spitze dieses Vorsprungs hinausgefahren sind, erblicken wir die langen Rechtecke der Häuser, die an drei Hügeln hinaufziehen. Heute (und in der Regel) liegt die Stadt sammt den nächsten Theilen der Bai im Nebel, und die Hügel, welche San-Francisco tragen, stehen mit ihren dach- und thurmgekrönten Kämmen wie ein vielzerklüftetes Felsengebirge hinter dem Schleier.

Aus der Nähe betrachtet, löst sich freilich ein schönes Element dieses Fernblicks, die gelbe Düne, die überall hervorschaut, wo das braune Gesträuch lückenhaft ist, in eine weniger angenehme Eigenthümlichkeit San=Franciscos auf. Man geht keiner von den Straßen nach, die landeinwärts führen, ohne daß man zuletzt an Häuser kommt, die auf Sandhügeln stehen, oder daß man selbst durch den Sand zu waten hat, den im fernern Weichbilde der Stadt noch nicht überall die Bohlenwege verdrängt haben, welche hierzulande sehr allgemein an die Stelle unserer Steintrottoirs treten. Nicht fern von den Mittelpunkten der Stadt begegnen wir den originellsten Formen von Flugsandhügeln, und wenn Häuser ihre scharf abgewehten Abhänge bedecken, was häufig der Fall, so läßt der Eindruck von Unsolidität, den ein solches Bild macht, nichts zu wünschen übrig.

Die Stadt selbst ist nicht so regelmäßig ausgelegt wie die ältern amerikanischen Städte im Osten und Süden. Wer diese Städte gesehen hat, erstaunt in San=Francisco über nichts so sehr wie über die vielen Unregelmäßigkeiten der Anlage. Sie, die jüngste, ist in mancher Beziehung die regelloseste. Dies ist mehr der Anlage als der Terrainbeschaffenheit zuzuschreiben, denn wenn auch der Boden, auf dem die Stadt steht, hüge= liger ist als der von Rom, so ist doch für so viele Sack= gassen, für die spitzwinkeligen Straßenecken und den unterbrochenen Verlauf so mancher Straßen kein anderer Grund anzugeben, als die voraussichtslose Willkür der ersten Anlage. Was die Hügel und Thäler betrifft, welche steil und tief mitten durch die Stadt ziehen, so würde eine wenigstens theilweise Ausebnung verhältniß= mäßig leicht gewesen sein, da sie vorwiegend aus Treib= sand bestehen. Aber es ist die einstimmige Klage, daß diese Stadt nie ein Bauamt besaß, das seinen Aufgaben gewachsen war oder mit Ehrlichkeit die Interessen der Stadt gegenüber den Einzelinteressen gewahrt hat. Man muß dabei nicht vergessen, daß bei dem raschen Wachsthume und der anfänglichen Armuth San-Franciscos große Zukunftspläne allerdings schwer zu fassen und noch schwerer auszuführen waren.

Schaut man auf den Plan von San-Francisco, so muß man zur Ansicht kommen, daß die Stadt aus drei Theilen zusammengefügt sei, die von ursprünglich verschiedener Anlage, oder daß sie durch ein Zusammenwachsen von drei Seiten her entstanden sei. Sie nimmt einen viereckigen Raum in einer Ecke der gleichfalls viereckigen Landzunge ein, auf welcher sie erbaut ist. Das Stück an der Nordseite und das an der Südseite sind beide mit dem Netz rechtwinkelig sich schneidender Straßen bedeckt, welches wir als den hervortretenden Charakter des Planes aller neuern amerikanischen Städte finden, aber zwischen beide schiebt von der Ecke herein sich wie ein Keil eine ganz andere Anlage, deren Straßen durch viel größere Zwischenräume voneinander getrennt sind, spitz- und stumpfwinkelig auf die der beiden andern Stücke treffen, deren Verlauf sie in fast allen Fällen unterbrechen. Auch biegen sie sich an gewissen Punkten und laufen nach der Biegung in einer Richtung weiter, welche mit der ursprünglichen einen rechten Winkel bildet. Das Binnenende dieses merkwürdigen Keils nähert sich wieder dem Plane der beiden Seitenstücke, und die Grenze zwischen dem Nordstück und dem Keil bildet die Lebensader der Stadt, die Market-Street, in der Nähe von deren Mündung die meisten Dampfer- und Bahnstationen gelegen sind. Diese ist bestimmt, die Hauptstraße der Stadt an Stelle der bisherigen Hauptstraße (Kearny-Street) zu werden, welche bereits zu den überwundenen Entwickelungsstufen zu zählen beginnt.

3. Merkwürdige Witterungsverhältnisse. Staub. Straßenleben. Chinesen. Minergesellschaft.

Die Witterungsverhältnisse von San-Francesco weichen von denen des übrigen Californiens so sehr ab, als ob ein Dutzend Breitegrade die Hauptstadt von dem Lande trennte. In drei Stunden kommt man z. B. von Sonoma nach San-Francisco und erfährt dabei einen Temperaturunterschied, der alles hinter sich läßt, was man beim raschen Uebersteigen der Alpen auf einer der Alpenbahnen oder etwa bei einer nächtlichen Fahrt von Lyon nach Marseille zu überwinden hat. Ist es im Sommer, so herrscht im Sonomathale die süditalienische Hitze, wie sie dem Breitengrade entspricht, während in San-Francisco das Seeklima sich in der extremen Form eines feuchten Nebels oder eines kühlen Windes ausprägt. Es gibt hier im Juli Tage, an denen man morgens und abends ein tüchtiges Ofenfeuer ertragen könnte, und während es drückend heiß wird, wenn Wind und Nebel ausbleiben, kann es nach einem solchen heißen Tage gegen Abend kalt und in der Nacht nebelig werden. Man erstaunt gar nicht, wenn man im hohen Sommer bald einer Dame in Musselin, bald einer in Pelzjacke begegnet. Jetzt kann dies, in einer Stunde jenes berechtigt sein. Temperaturunterschiede von 25 Celsiusgraden an einem Tage sind nicht unerhört, trotz der allgemeinen Gleichmäßigkeit des Klimas. Darum sieht man hier selten Leute in Sommerkleidern. Fast jedermann trägt im Winter und Sommer wollene Kleider von derselben Dicke. Der biedere Farmer aus dem Innern, der in Leinen und Sombrero angezogen kommt, hat nicht selten die Erfahrung zu machen, die ein ländlicher Zeitungsschreiber folgendermaßen schildert: Beim ersten Morgengange schüttelt einen die Kälte, ungeachtet der wollenen Kleider, des Unterzeugs und des bis oben zugeknöpften Ueberziehers. Um 8^{30} macht man zwei Knöpfe an dem letztern auf; um 9 Uhr knöpft man ihn ganz auf, um 9^{50} zieht man ihn aus; um 10 Uhr vertauscht man den wollenen Rock mit einem Sommerrock; um 11 Uhr zieht man alles Wollene aus und hüllt sich in Sommerkleider; um 2 Uhr muß man aber wieder Wolle anziehen, und gegen 7 Uhr kommt wieder der Schauer über einen trotz des dicken Ueberziehers.

Diese Wechsel, welche durch die eigenthümliche Lage San-Franciscos und das tief herab feuchte und kühle Klima der Westküste Nordamerikas zur Genüge erklärt werden, würden indeß kaum so empfindlich sein, wenn nicht regelmäßig vom Vormittag bis Abend heftige Winde von der Bai her wehten; und diese Mittagswinde wiederum würden an und für sich selbst mitsammt dem raschen Temperaturwechsel zu ertragen sein, wenn sie nicht in den Dünen, auf und neben welchen ein so großer Theil von San-Francisco erbaut ist, ein ausgezeichnetes Material fänden, um die Luft mit Staub zu schwängern und ganze Wolken von Sand übers Land und in die Bai zu tragen. Diese Unreinheit der ohnehin zehrenden Seeluft macht denen, die schwache Lungen haben, das Klima von San-Francisco ganz besonders gefährlich. Ich hörte die „bracing influence", die an- und aufregende Wirkung der Luft von San-Francisco, öfter beklagen als loben. Es ist jedenfalls keine Luft für nervöse Leute. Die populäre Morgenzeitung „Morning-Call" beschrieb einmal einen solchen Wind mit folgenden Worten: „Gestern war es so windig und unangenehm, wie menschliche Phantasie es sich nur erdenken und menschliche Natur es nur ertragen mag. Staubwolken durchwirbelten die Straßen und verdüsterten die Luft, und die Masse des Sandes, der durch die Fensterritzen und die Thürschwellen drang, war wahrhaft schrecklich. Was an Boden aus der Stadt und County von San-Francisco in die Bai hinausgeblasen wurde, würde, das Land zu niedersten Preisen berechnet, ein hübsches Besitzthum für eine Familie bilden."

September, der wärmste Monat in San-Francisco, hat eine Mitteltemperatur von 32° C., Januar, der kälteste, von 27°. Der durchschnittliche Temperaturunterschied zwischen den drei Monaten des Winters und des Sommers beträgt nicht mehr als 4° C. Wie in ganz Californien tritt auch in San-Francisco die Regenzeit mit dem Spätherbste ein und macht im Frühsommer der trockenen Jahreszeit Platz. Daß Schnee selten fällt und in der Regel nicht länger als ein paar Stunden liegen bleibt, ist unter solchen Temperaturverhältnissen begreiflich. Auch Gewitter kommen oft mehrere Jahre hindurch nicht vor. Dagegen sind Erdbeben nicht selten und treten manchmal mit einer Intensität auf, welche bedeutenden Schaden an Gebäulichkeiten bewirkt und selbst Menschenleben beschädigt. Das Erdbeben von 1870, das mehrere Häuser am Hafen umwarf, erzeugte in den ersten Tagen eine wahre Panique. Viele wollten damals die Stadt verlassen, aber ein paar Wochen später war der Schreck so weit vergessen, daß noch im selben Jahre die Bauspeculation eine unerhörte Ausdehnung gewann.

Die Urtheile über die Annehmlichkeiten dieses Klimas sind um so mehr getheilt, als San-Francisco noch nicht alt genug ist, um seine Bewohner zu einem klaren Bewußtsein über die Wirkungen gelangen zu lassen, welche dasselbe auf die menschliche Constitution ausübt. Jedenfalls sind seine Vorzüge wesentlich negativer Art, und selbst die negativen Vorzüge möchten nicht überall ungetheilter Anerkennung begegnen. Nicht jeder Deutsche wird es loben, wenn sein Winter durch eine wässerige Regenzeit ersetzt wird, wiewol er sich für die armen Leute freuen mag, die hier der Sorge für Brennholz oder Kohlen fast überhoben sind. Der Milderung der Sommerhitze wird dadurch viel von ihrem Werthe genommen, daß sie in so ausgedehntem Maße durch Nebel bewirkt wird. Ob der Mangel der sommerlichen Abspannung und der winterlichen Ruhezeit am Ende nicht zu einer ähnlichen Ueberspannung des Systems führen wird, wie sie im Osten Nordamerikas der rasche Witterungswechsel und die vorwaltende Trockenheit der Luft erzeugt, ist eine Frage, die ich nicht unbedingt verneinen möchte. Die junge Generation der hier geborenen Californier soll zwar gesünder sein als die Jugend der Oststaaten. Jedenfalls ist aber das Klima anspannend.

Das Straßenleben von San-Francisco macht womöglich einen noch buntern Eindruck, als man nach der Lage und dem weitreichenden Verkehre der Stadt erwarten konnte. Es fehlt hier sowenig wie in andern nordamerikanischen Städten an Vertretern der schwarzen Rasse in allen ihren Abstufungen, und für die vielen tausend Söhne des Himmlischen Reiches, die gegenwärtig in den Vereinigten Staaten leben, ist San-Francisco mit seiner Chinesenbevölkerung von jetzt fast 20000 Seelen so gut die Hauptstadt wie für die Amerikaner. Die weiße Bevölkerung ist ihrerseits durch den starken Zusatz spanischen und mexicanischen Blutes und durch die verhältnißmäßig große Zahl von Juden, Italienern und Franzosen, die in und um San-Francisco wohnen, etwas mehr südlich angehaucht als z. B. die Bevölkerung von Newyork, und manchmal glaubt man selbst in den grellen Farben der Kleider diese Zumischung zu erkennen. Die Bevölkerungsstatistik wies im Jahre 1870 unter den 150361 Einwohnern, welche San-Francisco zählte, 76000 weiße Amerikaner, 74000 fremdgeborene Weiße, 12000 Chinesen, 1341 Neger und Negermischlinge und 55 Indianer nach.

Dann und wann ist in dieses bunte, vielsprachige Gemisch auch einer der seltenern Fremden eingesprengt, welche der Schiffsverkehr nach den Seestädten zu bringen pflegt. Mehrmals sah ich verdrießlich ausschauende, dunkle, Malaien, die am kleinen schwarzen Turban und schwarzen, enggegürteten Kaftan zu erkennen waren, Vollblutmexicaner mit breiten, braunen, knochigen Gesichtern, echte Indianer, Japanesen, Russen. Farbenreich ist das Treiben eben nicht, denn die Chinesen sind fast alle in dasselbe Schwarzblau, wenige in Grau gekleidet, und die Weißen huldigen im allgemeinen der einförmigen Mode, welche mit geringen Abänderungen überall herrscht, wo europäische Cultur hingedrungen. Auch einige Chinesen und Japanesen sah ich in europäischen Kleidern sich eckig bewegen.

Die Chinesen, die hier eine sehr bedeutende Stellung einnehmen, führen fast in jeder Beziehung das eigenartige Leben fort, wie es an den Ufern des Yangtße Sitte ist. Soweit sie nicht in den Häusern ihrer Dienstgeber wohnen, sind sie alle in ein paar enge Straßen zusammengedrängt, wo sie ganz so dicht wohnen und denselben vollkommen jenes ameisenhaufartige Ansehen geben, das die Reisenden uns als einen Charakter der größern chinesischen Städte beschreiben. Um die Feierabendstunden kommt keine Straße San-Franciscos denen der Chinatown an wimmelnder Belebung auch nur von fern gleich, und die gleichförmige und gleichfarbige Kleidung der durchschnittlich gleichgewachsenen Chinesen gibt dem Bilde einen merkwürdig uniformen Charakter, an den man am wenigsten in Amerika gewöhnt ist. Solange aber die Arbeitszeit dauert, sieht man weitaus die meisten immer an der Arbeit; durch die offenen Thüren sieht man in die Werkstätten, wo sie waschen und bügeln, Schneiderarbeit thun, Cigarren drehen, mit merkwürdiger Behutsamkeit und Langsamkeit die Schweine zerlegen, die ihnen ihre hauptsächlichsten Fleischspeisen liefern u. s. f. Auf der Straße sieht man sie Holz sägen, Lasten tragen, Kehricht einsammeln und selbst Kinder hüten, und in den Häusern der Weißen verrichten sie alle Arbeiten, welche bei uns den „Mädchen für alles" zufallen. So entgeht man ihnen an keinem Orte und überall sind sie in derselben etwas langsamen, behutsamen, sorgsamen, aber doch emsigen Weise geschäftig, und sind immer dieselben beschränkten, passiven Naturen mit den gelben, schlitzäugigen, stumpfblickenden, bartlosen Dutzendgesichtern. Sie sind nicht laut nach außen hin, aber sobald sie unter sich sind, hört ein gänseartiges Schnattern, Lachen und Johlen nicht auf.

Welcher Contrast zwischen dieser stumpfen, beschränkten Masse und den Tausenden fieberhaft energischer, auch im Lebensgenusse fieberhafter und maßloser Menschen aus den jungen Staaten und Territorien des „Pacific-Slope", der verschiedenen Gattungen von Hinterwäldlern, die beständig in San-Francisco ein- und ausströmen — der Miner vor allen, die aus den nahen Gold- und Silberregionen gern nach „Frisco", ihrem Kleinparis, herabsteigen, sobald sie genug erarbeitet haben, um ein Spielchen zu wagen, oder wenigstens ein paar lustige Tage sich gönnen zu können! Man kennt diese rauhen, verwogenen, halb verlebten und halb abgearbeiteten Gestalten, selbst wenn Hastings, der Kleiderkünstler, dessen Annoncen alle Felsen und Zäune zwischen Oregon und Mexico bedecken, sie in die neueste Mode gekleidet hat. In den Schenken, den Theatern, auf der Börse, wo in Bergwerksactien speculirt wird, fehlen sie nicht, und wer kein Physiognomiker ist, erkennt sie am Tabackskauen und maßlosen Spucken sowie am betrunkenen Zustande, der ähnlich dem nächtlichen Blühen mancher Pflanzen bei ihnen eine ganz natürlich mit dem Sonnenuntergange verknüpfte Erscheinung zu sein pflegt.

Einst waren diese goldburstigen Westerlinge der Kern der Bevölkerung von San-Francisco. Aber ihre wilde Ungebundenheit paßte nicht in den Rahmen der werdenden Großstadt, und sie stießen mehrmals heftig mit den stabilern, besitzenden und gesitteten Klassen zusammen. Nach den ersten zehn Jahren der Stadt waren sie überwunden und jetzt sind sie selber fremd in der reichen, großen Stadt, welche ihnen doch ihren Ursprung verdankt. San-Francisco ist eben nicht blos an Reichthum, sondern auch an Bildung und Gesittung rasch gewachsen, viel rascher als irgendeine von den andern jungen Städten des Westens. Man merkt, daß die weitere Entfernung die Auswanderer nicht nur der Menge, sondern auch der Güte nach „siebt". Viel Hefe bleibt am Wege sitzen und der Strom ist klarer geworden, wenn er in die goldenen Ebenen des gesegneten Californiens herabfließt. Auch der rasch wachsende Reichthum und das behagliche Leben in dem glücklich gearteten, schönen und fruchtbaren Lande mildern die Sitten, während die Lage am Weltmeere und die großen Aufgaben, die sie stellt, den Blick erweitert und auch geistige Interessen mannichfaltiger Art erweckt. Für geistiges Leben herrscht in San-Francisco ein reger Sinn, wie Lick's Stiftungen, die großartige Bancroft-Bibliothek, die neugegründete Akademie der Wissenschaft, die Volksbibliotheken beweisen.

Einige californische Schriftsteller haben sich einen Namen auch jenseit der Grenzen der Union gemacht. Man sagt, daß die Malerei hier bereitwilligere Pflege finde als in andern großen Städten des Westens. Es wäre auch ein Wunder, wenn die herrliche Scenerie, die Californien in seiner Sierra, seinem Küstengebirge und seinem Meere besitzt, nicht den Sinn für Schönes und Großartiges weckte und nährte.

Ruinen.

Amerika altert schnell. Culturruinen an der Pacificbahn und in den Erzgebieten. Spuren des Kriegsungewitters im Süden. Ruinen in Florida.

Amerika ist jung, aber es ist schon lange nicht mehr der Säugling, den Europa einst so fest an die Brust nahm. Das schöne Sprüchlein Goethe's, das vom Mangel der Ruinen und Basalte spricht, trifft nicht mehr zu, verwirrt vielmehr vielen Leuten die Begriffe. Man muß bedenken, daß wenn die Cultur hier jung an Jahren, sie um so rascher gelebt hat. Sind die Züge, die sie da und dort in die Physiognomie des weiten Landes gegraben hat, weniger die ehrwürdigen Züge wirklichen Alters, als Spuren früher Schicksale, so sind sie nichtsdestoweniger ergreifend. Amerika kam zur besten Zeit in die Schule der Alten Welt, denn in keiner Reihe von Jahrtausenden hätte ihm diese so viele Mittel zu raschester Entwickelung darbieten können als in den paar hundert Jahren, die seit seiner Entdeckung verflossen sind. Nicht wenige glauben sogar, daß die Entwickelung zu rasch vor sich gegangen und der jüngern Schwester vorzeitig alle Züge aufgeprägt habe, die nicht ganz gesund aussehen. Doch ist dies eine Ansicht, über die sich hier nicht mit Nutzen sprechen läßt.

Unsere Burgen- und Klosterruinen sind freilich von etwas anderer Art als die Ruinen, denen man hier begegnet. Jene sind die Grabmäler einer Zeit, die durchaus vergangen ist, Grabmäler vergessener Anschauungen, schwerverständlicher Zustände. Die Trauer, die sie erwecken, ist unbestimmt wie das Gefühl, das ein verschliffener Grabstein oder ein namenloses Grab erweckt. Sie nimmt etwas von dem allgemeinen philosophischen Bedauern an, mit dem wir von höhern Standpunkten herab auf das Treiben der Welt herabschauen und es als eitel und hohl erkennen. Aber in der unmerklich einschleichenden Freude über unser eigenes Fortleben und Ueberwinden mitten in dieser Asche mischt sich diesem Gefühle oft auch etwas Tröstliches bei. Große Erinnerungen, Erinnerungen stolzer, schöner Zeiten und großer Prüfungen des eigenen Volkes sind mit solchen Trümmern verknüpft. Wie anders diese Zeugnisse eines raschen Lebens! Diese beruhigen uns nicht, da sie nicht fern und nicht großartig genug, da sie meistens offenbar einem Verfalle geweiht sind, der ebenso rasch sein wird, wie das Leben war, das sie erzeugte. Sie sind zwar dort von bedeutender Erscheinung, wo sie die Schwäche des Menschen im Kampfe mit der Natur vor Augen führen und wo die Natur in ihrer stillen, mächtigen Weise schon wieder über das Menschenwerk weggewuchert. Aber sie fordern in allen Fällen unsere Aufmerksamkeit durch die innige Beziehung heraus, in der sie zum Leben von gestern und heute stehen.

Es klingt wahrscheinlich merkwürdig, wenn man sagt, daß das Riesenwerk der Pacificbahn eine Menge Ruinen geschaffen hat, Ruinen von Städten, Dörfern und zahllosen einzelnen Häusern, die nun längs ihrer ganzen Linie im Schutte liegen, wo sie merkwürdig abwechseln mit den lebensvollen Stätten des Verkehrs, welche dieser Welthandelsweg mitten in der Wüste ins Dasein rief. In vielen Gegenden, wo keine Ansiedelungen bestanden, wuchsen Städte von ein paar tausend Einwohnern an der neuen Bahn auf, als diese gebaut wurde, und wurden nach und nach wieder verlassen, als diese weiter in die Wildniß hineingeführt wurde. Bear-River-City in Wyoming ist eine der hervorragendsten dieser jungen Ruinenstädte. Man sieht hart an der Bahn eine flache Stelle, wüster noch als die Wüste, die sie rings umgibt, mit eingestürzten Lehmmauern, die oft noch die Hüttenumrisse erkennen lassen, zerstreuten Backsteinen, Balken, Bohlen, Zaunpfählen und vielen kleinern Culturzeichen bedeckt, unter denen Flaschen und zinnerne Conservenbüchsen besonders zahlreich vertreten sind. Zahlreiche längliche Gruben zeigen die Lage früherer „Dug-outs" an, d. h. halbunterirdischer Hütten, wie man sie in der Prairie wegen der Wärme und des Schutzes, den sie gegen Stürme gewähren, überall als anfängliche Wohnstätten erbaut. An einer Stelle sehen wir einen schienenlosen Eisenbahndamm, der einst in die Ansiedelung hineinführte. Als diese Stadt am damaligen Endpunkte der Union-Pacific entstand, glaubte man, daß sie den Kern einer dauernden Ansiedelung bilden würde; sie zählte ein paar tausend Einwohner, und es ging sogar eine Zeitung, der „Frontier Index", von ihr aus. Jetzt ist sie ganz und gar verlassen. Andern ist noch neuerdings ein ähnliches Los gefallen. Die Station Wahsatch, welche etwas weiter westlich liegt, beherbergte früher einen Locomotivschuppen und Werkstätten sowie ein Speisehaus, bei welchem die Züge eine halbe Stunde zu halten pflegten. Kürzlich ist das alles nach dem nahen Evanston verlegt worden, und nun wird Wahsatch bald ganz verlassen sein, da seine kärgliche Bewohnerschaft natürlich nach Evanston übersiedelt. So ist es an vielen Stellen gegangen: Neues, Großes wuchs auf und brachte schon im Aufwachsen Zerfall und Zerstörung mit sich. Andere „Eisenbahnstädte" richten sich aber auch wieder nach dem ersten Sinken auf. So ist Cheyenne (im Wyomingterritorium), welches in den ersten Jahren des Baues der Pacificbahn rasch zu einer Stadt von 4000 Seelen aufwuchs, später wieder gesunken, bis es der Endpunkt der von Süden, von Colorado heraufkommenden Bahn wurde. Es ist jetzt ein wichtiger Knotenpunkt und hält seine bedeutende Zukunft sicher in Händen. Auf diese Art wird wahrscheinlich noch aus mancher der Ruinen an der Pacificbahn wieder einmal neues Leben sprießen. Haben doch die Kohlen- und mancherlei Erzlager, die in ihrer Nähe liegen, schon jetzt einige ganz ansehnliche Orte und mehrere Seitenbahnen ins Leben gerufen.

Wie viele Ruinen, selbst Ruinenstädte, bergen nicht schon die Goldgebiete von Californien und Colorado, die pennsylvanische Oelregion und so mancher andere erzreiche District! Ohne die Nachhaltigkeit dieser Naturschätze und die Bedingungen zu prüfen, unter denen ihre Ausbeutung lohnend sein möchte, griff die Unternehmung im Anfange immer mit fieberhafter Energie an, schuf enorme Werkstätten und Maschinenräume und rief Tausende von Arbeitern zusammen, um zu spät einzusehen, daß auch hier tastend und Stein für Stein sorgsam aufeinanderbauend vorgegangen werden müsse, wenn irgend Dauerndes erreicht werden sollte. In dem jungen Colorado gibt es buchstäblich keinen einzigen Minendistrict, der nicht seine verlassenen Poch- oder Schmelzwerke aufzuweisen hätte, und in einigen sind sie ganz gewöhnliche Erscheinungen. So auch in gewissen Gegenden Utahs und Neumexicos. Merkwürdige Bilder entstehen, wenn der Friede und die Ruhe des Urwaldes oder der Einöde sich über eine solche Stätte breitet. Es kann scheinen, als habe die Menschheit das Feld geräumt und der Natur ihre alten Rechte zurückgegeben, die diese nun geräuschlos aber mit mächtiger Wirkung wieder antritt.

Im Adirondakgebirge, welches den nördlichen Theil des Staates Neuyork durchzieht, trat ich einst in einem dunkeln Waldthale in den Bann einer solchen Trümmerstätte, deren Eindruck mir unvergeßlich bleibt.

Wir waren nach tagelanger Wanderung durch den Gebirgsurwald, matt und hungerig, und gingen ohne zu ruhen auf dem Pfade fort, der zu einem Eisenwerke führen sollte. Wir stiegen eine Höhe hinauf und von ihr in ein Hochthal hinab, das unserer Geduld ein paar unerwartete Bodenwellen und einen jungen Wald entgegenstellte, in welchem die Zweige manchmal tief herabhingen und nicht gar sanft ins Gesicht oder an die

Ohren schlugen, wenn man träg geworden war und sich
nicht hütete. Von der letzten Höhe sahen wir zwei Seen
in der Tiefe liegen, stiegen wieder hinab, gingen an ihnen
hin und über einen Bach und betraten mit wohlthuenden
Gefühlen einen breitern Weg, der etwas Civilisirtes in
seinem Aussehen hatte und stellenweise sogar von einem
Hage eingefaßt war. Auch an einem Haferfelde kamen
wir vorüber. Nach einer Weile kam ein Hügel in Sicht,
der an seinem Abhange, wo wir gegen ihn schauten, einen
breiten, schlotüberragten Bau trug. Derselbe sah alt und
grau aus. Unser Weg führte gerade auf diesen Bau zu,
aber als wir vor seine Thür kamen, war alles wie aus=
gestorben, und ein paar Häuser, die rückwärts am andern
Abhange des Hügels standen, waren so leer und sahen so
vorzeitlich gealtert aus wie er. Die tannenen Breter der
Verschalung waren schon eisgrau, da und dort klaffte auch
eins oder hing herab; in den Fenstern war fast nirgends
eine ganze Scheibe und die Thüren waren nicht in der
Art, die ihnen eigen, sondern durch Balken geschlossen,
die man gegen sie gestemmt hatte. Gesträuch, junge Birken
und Fichten, selbst ein paar Lebensbäume fehlten nicht
und standen, wie das in Ruinen zu sein pflegt, am
häufigsten gerade an den Orten, wo ein Mensch, der da
lebte, sie niemals leiden möchte: mitten vor Thüren und
Fenstern, auf Gartenbeeten, vor einer Steinbank. Der Weg
ward hier straßenartig breit, führte bergab und mitten
in eine Ansiedelung hinein, die noch stiller dazuliegen
schien, je ausgedehnter und mannichfaltiger sie war, als
was wir bereits gesehen. Da war eine breite Straße,
Bäume, zwischen 30 und 40 Jahre alt, rechts eine

Scheune mit offenem Thore, das schief in seiner Angel hing, links ein Schulhäuschen, am kleinen Thurme kenntlich, weiterhin ein Kaufladen, dann kleine Wohnhäuser mit Schuppen und Scheunen, mitunter ein größerer Werkraum, dann ein Magazin, vor dessen Thür Haufen von Holzkohlen lagen. So zog die ganze Straße hin und war fast wiesengleich mit Gras bewachsen. Keine Stimme, keine Bewegung als in den Silberpappeln und den Ebereschen zu beiden Seiten, oder wenn der Wind, der jetzt vom abendrothen Himmel, von der Seite der untergehenden Sonne herkam, an das Unkraut stieß, das mannshoch in den wohlumzäunten Gärten stand. Endlich kam ein Haus, das ganze Fenster und hinter den Fenstern Vorhänge hatte; das mußte also wol bewohnt sein. Freilich regte sich auch da kein lebendes Wesen, aber es lehnte doch eine geladene Vogelflinte an der Mauer und lag Pferdemist, nicht sehr alt, am Gartenzaune. Es war das Gasthaus, das einzige bewohnte Haus der Niederlassung. Die Führer klopften, riefen und pfiffen, und endlich kam etwas Lebendes die Straße herauf, und zwar mit fröhlichem Leben sofort: zwei Hunde, die sich bellend jagten, daß es hell in den Abend hinausklang, und hinter ihnen ein großer Mann mit verwittertem Gesicht, der freundlich wurde, als er unsere Führer als alte Bekannte grüßte und Herr Lamb unsere Namen nannte, worauf er eines jeden Hand in den Schraubstock seiner Rechten faßte. Er war der Wirth des Hauses, führte uns in unsere einfachen Zimmer und ging dann, ein Abendessen zu besorgen. Als wir uns gereinigt und ausgeruht hatten und wieder vor die Thür traten, kam auch ein Fuhrwerk die verlassene Straße herab, hielt vor dem Hause, und eine hohe, schmale Frau, auffallend einfach und schmucklos gekleidet, in einem sehr kurzen Rocke, sprang unbefangen mit dem Geschick eines gewohnten Thuns vom Sitze, warf dem Pferde die Zügel über und ging mit starken Schritten ins Haus. Es war die Wirthsfrau, die in North-Elba Proviant geholt hatte, und so kannten wir nun die beiden Hüter dieser Einsamkeit, die einzigen, die jahraus jahrein hier leben.

Wir hörten an diesem Abend die einfache Geschichte der verlassenen Niederlassung, welche diese ist: An vielen Orten im Thale tritt Eisenerz zu Tage, reicher an Gehalt und vor allem an Masse als in den zahlreichen Lagern, die in der Adirondakregion vom Champlainsee bis zum Schroon im Urgesteine liegen. Im Jahre 1826, als die Ausbeutung an mehrern Orten schon begonnen hatte, die Gegend aber, in der wir uns jetzt befanden, noch ein indianischer Jagdgrund war, den die Weißen kaum kannten, befand sich David Henderson, derselbe, der später am Lake-Calamity umkam, bei den damals noch jungen Eisenwerken von North-Elba. Ein Indianer trat hier zu ihm, zog ein Stück Eisenerz aus seinem Gürtel und sagte ihm, daß über eine Bank solchen Erzes das Wasser fließe, an dem er den Biber jage. Es war ein ungemein reiches Erz. Sofort fand sich eine Gesellschaft unternehmender Männer zusammen, die sich seiner Führung anvertraute und am zweiten Tage mitten durch den Urwald zu dem Orte kam, wo heute die verlassenen Werke stehen. Sie fanden alles, wie der Waldmensch es berichtet hatte: einen breiten Damm aus Eisenerz, über den der Fluß ging, und an verschiedenen Stellen im Thale deutliche Anzeichen eines Erzreichthums, der, wie es damals im Berichte hieß, den Bedürfnissen der Welt auf Jahre hinaus genügen könnte. Eine ungewöhnliche Wasserkraft und ringsumher der Holzreichthum unberührter Wälder schien den hohen Werth dieses Lagers außer Zweifel zu setzen. Um jede Verzögerung, auch jedes vorzeitige Bekanntwerden des Fundes zu verhüten, brach die Gesellschaft noch in derselben Nacht in einem fürchterlichen Sturme auf, machte ihren pfadlosen Weg zurück, sandte ohne Verzug zwei Vertreter mit dem Indianer, den es nicht räthlich war, aus dem Auge zu verlieren, nach Albany und ließ ein weites Gebiet in der Adirondakregion ankaufen, die damals noch fast ganz Staatseigenthum war. Bald wurden nun Wege durch die Wildniß gelegt, eine Ansiedelung begonnen, Oefen und Schmieden gebaut, und die Unternehmung schien trotz der Entlegenheit von allen Verkehrsstraßen aufs beste zu gedeihen. Im Jahre 1850 wurde der große Hohofen vollendet, den wir beim Eintritt in das Dorf zuerst sahen. Aber die Entwickelung der Eisenindustrie in andern Theilen der Vereinigten Staaten, welche nahe an Kanälen und Eisenbahnen lagen, die steigende Einfuhr europäischen Eisens, wol auch der Tod des unglücklichen Henderson, welcher der Geist der ganzen Unternehmung gewesen, ließen es in der Mitte der funfziger Jahre räthlich erscheinen, die Arbeit einzustellen, und so ward das glücklich und großartig Begonnene verlassen. Wol wird aber der Stillstand nun nicht mehr von langer Dauer sein, denn im

Thale des Hudson ist die Adirondakeisenbahn schon ins
Gebirge geführt, und in dem des Saranak kommt sie
vom Champlainsee herauf, um die Wildniß gegen den
See und gegen Canada hin aufzuschließen. Noch ist
das ganze, reiche Gebiet sammt allen Einrichtungen,
die in den dreißig Jahren des Betriebes entstanden
sind, Eigenthum der Gesellschaft, und jener Wirth ist
hierher gesetzt, um ein Auge auf diese Dinge zu haben.

Derselbe sammt seinem Ehegemahl waren wieder
echt amerikanische Existenzen. Sie waren im fernen
Westen gewesen, kannten Colorado, Californien und
Stücke von Mittelamerika und fühlten sich nun auch in
dieser Abgeschiedenheit offenbar nicht unbehaglich. Beide
sind tüchtige Jäger und den langen Winter gehen sie
so oft wie möglich auf ihren Schneeschuhen aus, um
Rehe und Pelzthiere zu jagen. Harte Naturen sind
es. Die Frau war in allen Theilen schmal, schmächtig,
aber knochig, und ihr Gesicht hatte eine Energie und
ein paar kühle, merkwürdig scharfe Augen, die ihr kühne
Dinge zutrauen ließen. Sie war von der Art, bei der
man schwer sagen kann, ob jung oder alt, denn es war
kein Raum in ihren festen Zügen für Fülle und Falten
reiferer Jahre — schlank wie ein Mädchen und doch in
keiner Weise weiblich weich. Es sprach eine Art von Un=
geschlechtlichkeit aus dieser seltsamen Mischung. Er war
einsilbig, ernsthaft, zeigte keine innere Bewegung, doch
was er sprach, war klar und sicher hingestellt. Kinder
sind nicht vorhanden.

Spät am Abend kam noch eine Gesellschaft von
Wanderern, die den Weg von North=Elba herüber ge=

macht hatte, den wir den nächsten Tag antreten wollten; es waren junge Männer aus Newyork und Boston, und sie führte ein Farbiger, ein Mulatte, der ein ruhiger, vertrauenerweckender Mann war. Ein Mann afrikanischen Blutes führt lustreisende Weiße durch das Gebiet, das vor ein paar Jahrzehnten noch indianisch gewesen! Wie zieht das völkerverbindende Linien in die Welt hinaus aus dieser Oede und Einsamkeit!

Den nächsten Morgen, als die helle Herbstsonne über diesen sonderbaren Dingen aufging, war der Eindruck noch eigenthümlicher als am Abend. Da zirpten die Grillen im Rasen der breiten Straße, da träumten die Schmetterlinge sorglos, ungestört wie auf einer Wiese um die Blumen her, da erschien in der morgendlichen Thaufrische dieses Menschenwerk so matt, so zerfallen, die Natur so kräftig, so triumphirend, da sah man, wie sie mit Macht wieder in ihre Sphäre einrückte, nach kurzer Frist, nach unmerklich kürzerer freilich, als sie es allerorten, selbst in Babylon und Theben gethan hat. Wir gingen in die Häuser und Werkstätten, sahen im Kaufladen unter zerbrochenen Laden und Gläsern schöne Mineralien aus den Eisengruben, sahen die Büchersammlung, die zum Besten der Arbeiter beschafft worden war, traten in das Haus, das die Bank beherbergt hatte, und sahen in die großen Rechnungsbücher, die alle an einem Tage des Jahres 1856 mit einem dicken, melancholischen Tintenstriche schräg über die Seite abschlossen. Auch die kleine Schule ward besucht, sie war für etwa dreißig Kinder bestimmt, einfach und gut eingerichtet gewesen, aber jetzt klaffte schon ein

bedenklicher Sprung in der Decke und in nicht ferner
Zeit wird es eine völlige Ruine sein. Dann gingen
wir an dem Bache hinauf, der einst die Werke trieb,
standen auf der breiten Bank von Magneteisen, über
die er hinschießt, und sahen eine Stelle, wo das Erz
in gewaltigen Blöcken wie Stein aus der Felswand
gebrochen ward, kamen auch an anstehende Felsen vorüber, die breite, schwarzgraue Erzadern in der Sonne
funkeln ließen, und traten in Kellerräume, die wie
Gnomenstuben in dasselbe glitzernde Erz gebrochen waren.

Wie weitet sich doch das Bett aller Gedanken und
Gefühle, wie strömt alles viel milder im Kreise so
ruhigen Zerfallens, so naturgemäßen Zurückstrebens der
Dinge zu ihrem alten Boden. Da beeilt sich so gar
nichts, da zwingt keins das andere. Es ist lange her,
daß diese Dinge von Menschen bewohnt und gehandhabt
wurden, sie stehen nun schon tief am Horizonte und
bringen, wiewol in scharfen Formen gegenwärtig, mit
nichts auf uns ein, sind ganz nur versenkt in ihr
Staub- und Aschewerden. Sie sind so mannichfaltig,
doch bedeuten sie alle dasselbe. Von welcher Seite man
sie auch betrachten mag, man sieht in allen ihren Erscheinungen nur Einen Zug, Linien, die nach kurzem
Aufsteigen sich wieder zurücksenken, wo ihr Anfang ruhte,
und da man nun in ihrer Mitte steht, meint man, diese
Linien sich aneinanderreihen, sich verschlingen und bald
alles, was um sie ist, in Wellenformen auflösen zu
sehen. An die Stelle der tiefsten Verschiedenheiten tritt
Eine Bewegung, die alles erfaßt und sich gleich macht.

17*

Große Worte, wie ewig, endlos, anfangslos, und Meer der Ewigkeit, erhalten hier plötzlich Sinn und Begriff.

Andere Trümmer weist der Süden auf. Der Bürgerkrieg war kein Gewitter, wie andere Kriege sind, welche die Luft reinigen und bei neubefestigtem Frieden neues Gedeihen wecken. Er ist als Hagelsturm über das Land gezogen, hat vieles zertrümmert und alles beschädigt, was nicht durch höchst seltene Zufälle geschützt war, und auf weite Strecken selbst für ferne Zeiten das Wachsthum geknickt.

Zerfallene Pflanzerwohnungen, die oftmals ländlichen Schlössern in breiter Anlage und Umgebung gleichen, verödete Kirchen, Reste von Negerhütten, Ställen, Scheunen kehren heute als beständiger Zug in der südlichen Landschaft wieder. Man geht wol auf einer Landstraße, die mit Sandaufschüttungen, Kiesbänken, Bohlenwegen sich mühsam über dem Sumpfe der umgebenden Reisfelder hält, und sieht von weitem einen dichten Hain großstämmiger Lebenseichen zur Rechten oder zur Linken, und unter den trüben Guirlanden der Tillandsien, des sogenannten spanischen Baummooses, das von allen Aesten hängt, stehen Hütten zerstreut. Man geht über einen Knüppel- oder Reisigdamm und findet, daß die Hütten thür- und fensterlos, daß höchstens zwei, drei von zerlumptem Negervolke bewohnt sind, daß die Bäume des Haines sich zu einer herrlichen vier- oder sechsreihigen Allee ordnen (wiewol nun einige aus den Reihen am Boden liegen und modern, andere ordnungslos da und dort aufgesproßt sind) und daß im Hintergrunde ein großes, einst weißgetünchtes, nun graues, verwittertes

Haus steht. Auch dieses Haus ist nicht bewohnt, wie es bewohnt sein sollte und sicherlich einst bewohnt war; ein weißer Pächter hat zwei Stuben in einem Seitenflügel inne, das übrige steht ungehütet, und wenn mir recht ist, sah ich ein paar Schwalben ihren Pfeilflug in die Fenster lenken, als ich die Allee heraufging. Oder man geht einen verwachsenen Weg im Walde, einen Weg, den manchmal nur die verfaulten Bohlen und Pfähle finden lassen, die ihn früher über dem feuchten Grunde hielten; man kommt auf eine weite Lichtung und sieht mitten in ihr ein Haus, das abgedeckt und von Fenstern und Thüren befreit ist, daß es schon wie eine Ruine dasteht. In der Nähe von Charleston, in der ziemlich wilden und öden Umgebung des Goose=Creek, kam ich auf einem Schlendergange durch den undichten Föhrenwald, der dort das Land bedeckt, nach einer Lichtung, wo es lebhaft zuging. Zwölf oder zwanzig Neger und Negerinnen waren daran, ein Haus, die einstige Wohnung eines großen Pflanzers, abzubrechen, sie hatten eben die Rückwand eingestoßen, lasen die Backsteine aus dem Schutt und trugen sie nach ihren Häusern. Am selben Tage kam ich nach der sogenannten Goose=Creek= Kirche, die mitten im Walde auf einer kleinen Höhe steht und ganz von Lebensbäumen und Cypressen umgeben ist. Ein Wall zieht sich um das Kirchlein und den kleinen Kirchhof, und ein Grabstein von 1856 zeigt, daß ein Greis, der die nahe Pflanzung besaß, der letzte Herr war, der hier begraben wurde. Das Kirchlein fängt erst an zu zerfallen, Thüren und Läden sind noch geschlossen, um es vor Wind und Wetter, wilden Thieren und Menschen zu bewahren, und im Innern steht alles an seinem Orte; aber der Mörtel fällt von den Wänden und zwischen den Stufen der Treppe drängen sich Moos genug und Cypressenschößlinge ans Licht. Hinter dem Hügel, auf dem die Kirche oder Kapelle steht, ist ein Weiher, der eine Masse Vögel anzieht, und ich habe niemals so mannichfache Weisen des Spottvogels zusammenklingen hören als an diesem Orte, wo an einem Morgen, als ich auf der Kirchentreppe saß, mindestens vier ihre Stimmen erhoben und nicht müde wurden in ihrem wetteifernden Singen. Die Einsamkeit um diese verlassene ehrwürdige Stätte vergaß sich fast bei solch-fröhlichem Leben. Die Fülle des Lebens in Pflanzen und Thieren, die Kraft und Freude, mit der es sich in diesen ersten Frühlingstagen voll Verheißung regte und zum Lichte drängte, schien um das Gotteshaus wie eine Brandung anzufluten, und wie ich so saß und sann, verschlang sich mit diesem Bilde das einer verfallenen Hütte, auf die ich am Ashleyflusse jüngst gestoßen, aus deren Fenstern eine junge Eiche, ein kräftiger Strauch, seine Aeste ans Licht reckte und über deren Schwelle sich Brombeerranken so reichlich gelegt hatten, daß kaum ein Fuß zu setzen war. Bald werden die Wellen des Lebens mächtiger auch an diese Mauern schlagen, werden sich Wege suchen, das todte Steinwerk zerbröckeln, und was wird in ein paar Jahrzehnten anders da sein als Trümmer, die von Grün und Braun und der Blütenpracht der Schlinggewächse überflutet sind?

Als ich einmal an einem drückend heißen Märztage durch die Föhrenwälder ober Palatka (in Florida) wan=

derte, ziemlich tief im Lande, wo schon kein Weg und
Steg mehr ist, kam ich durch dichtes Straucheichen- und
Palmettogebüsch nach einer auffallend lichten Fläche auf
der Höhe eines Sandrückens. Hier war kein anderer
Baum von einiger Größe als eine Vogelkirsche, die eben
in voller Blüte stand, aber junge Föhren und Eichen
wuchsen überall auf; das Gras war nicht so hoch wie
im umgebenden Walde, und daß kein einziger Palmetto
zu sehen, war erstaunlich, denn nach Lage und Boden
wäre dieses zähe Unkraut, das ringsum in Fülle wuchs,
zu vermuthen gewesen. Ich warf mich unter den Vogel-
kirschenbaum und schaute durch sein blütenreiches Geäste
in den blauen Himmel und nach der Sonne, die schon
hinter den Bäumen war. Ein Bild voll Frieden lag
vor mir. Es war von diesem Punkte die schönste Aussicht, die ich in Florida gesehen. Man sah rechts und
links und nach vorn über ein ununterbrochenes Wald-
gebiet, das dunkel von vorwaltenden Föhren und nur
am Rande des Saint-Johnsflusses, der, breit und allerseits
abgeschlossen, wie ein See in der Mitte lag, von der
lichtern Sumpfvegetation und den Orangengärten eingefaßt war. Es war eine Aussicht, die einer wählen
mochte, der mit Bedacht ein Haus in dieser Gegend
baute. Es fiel mir an dem Baume auf, daß er so
breitästig und regelmäßig gewachsen war, wie wenn er
einmal beschnitten worden wäre. Dann sah ich rothe
Nelken am Boden kriechen, die an diesem Platze doch
nur verwildert sein konnten, und dieselben ordneten sich
bei näherm Zusehen in einen Kreis um den Baum und
in eine Reihe längs dem Rande des höhern Grases.

War das ein Garten in dieser Einöde gewesen? Ich ging umher und fand, daß die Lichtung sich als Rechteck aus dem Gebiete des höhern Baumwuchses und des hohen, wilden Grases ausschnitt, ich fand zerbrochene Backsteine um eine Bodenhöhlung und erkannte an vermoderten Pfählen die Umrisse eines Hauses; dann fanden sich zwei Baumstümpfe, hart über dem Boden abgehauen und mit den hellgrünen Sprossen der sauern Orange bedeckt, fanden sich auch Erdbeeren, die sonst in diesen Wäldern nicht so dicht aufwachsen. In der That mußte eine Pflanzung hier gestanden haben, doch hörte ich nichts Bestimmtes, wann und warum sie verlassen worden war, nur daß sie seit mehr als zehn Jahren nicht mehr bewohnt gewesen, wurde mir gesagt. In wieder zehn Jahren werden die Spuren verwischt sein, wie die Erinnerung schon im Gedächtniß der Menschen verwischt ist. Es war wol einer der Nordländer, die um Genesung oder um Ruhe ins Land kommen, der sich hier in der Einsamkeit niederließ, von jenen, die an schönen Punkten Pflanzungen anlegen, bald aber der Idyllen müde werden, an die ihr thätiges Leben sie nicht gewöhnte, oder die einsam sterben und das mühsam Geschaffene dann oft gänzlich dem Verfalle überlassen.

Auch Schanzen und Schlachtfelder aus den Indianerkriegen sind in Florida nicht selten. An manchen Orten stehen die Mauern einstiger spanischer Missionen oder Kirchen, und ganz Saint-Augustin, das neuerdings ein so besuchter Wintercurort geworden, ist seinem ältern Theile nach ein halbverfallener Rest aus den Zeiten der spanischen und französischen Herrschaft. Diese Gegen-

Schluß.

den haben sich in den letzten Jahrzehnten ungemein gehoben und dadurch ist mancher Zug von Verfall verwischt worden. Aber ich hörte erzählen, daß in den dreißiger Jahren am Saint-Johns ganze Reihen verwilderter Plantagen, verfallener Pflanzerwohnungen und Zuckerhäuser zu finden gewesen seien, die aus der Zeit des englischen Besitzes der Colonie stammten. Die wilden Orangenbäume, die man in den Wäldern Floridas findet, und die zu der hier weitverbreiteten Sage Anlaß gegeben haben, daß dieser kostbare Baum auch der Neuen Welt ursprünglich eigen sei, kommen aus derselben Zeit her.

Genug indessen von Trümmern und Verfall! Sie verstehen sich von selber, denn sie gehören ja zum Leben. Wäre es nicht seltsam, wenn ein Strom flösse und lagerte kein Geröll ab? Er mag so rasch fließen, daß sein Bewegliches blendet und die Reste verhüllt, die liegen bleiben, dabei werden aber am Ende diese nur häufiger werden, bis sie den Strom zum Tümpel eindämmen. Das Leben ist eben nicht stärker als der Tod.

www.ingramcontent.com/pod-product-compliance
Lightning Source LLC
Chambersburg PA
CBHW031959230426
43672CB00010B/2213